·养老问题研究文库·

老年人参与政府购买养老服务的行动逻辑与实现路径

李文杰◎著

中国经济出版社
CHINA ECONOMIC PUBLISHING HOUSE
·北京·

图书在版编目（CIP）数据

老年人参与政府购买养老服务的行动逻辑与实现路径 / 李文杰著．--北京：中国经济出版社，2023.8

ISBN 978-7-5136-7401-0

Ⅰ．①老… Ⅱ．①李… Ⅲ．①养老-社会服务-政府采购制度-研究-中国 Ⅳ.①D669.6 ②F812.2

中国国家版本馆 CIP 数据核字（2023）第 138117 号

责任编辑　夏军城
责任印制　马小宾
封面设计　任燕飞

出版发行　中国经济出版社
印 刷 者　河北宝昌佳彩印刷有限公司
经 销 者　各地新华书店
开　　本　710mm×1000mm　1/16
印　　张　19
字　　数　341 千字
版　　次　2023 年 8 月第 1 版
印　　次　2023 年 8 月第 1 次
定　　价　98.00 元
广告经营许可证　京西工商广字第 8179 号

中国经济出版社 **网址** www.economyph.com **社址** 北京市东城区安定门外大街 58 号 **邮编** 100011
本版图书如存在印装质量问题，请与本社销售中心联系调换（联系电话：010-57512564）

前　言

随着我国人口老龄化和高龄化进程加快，作为政府职能转变和市场机制引入的重要体现，政府购买养老服务已成为满足老年人养老需求、破解供给效率瓶颈的重要方式。政府购买养老服务涉及政府、服务供应商、老年人、第三方机构等多个参与主体，在此过程中形成了新的多元主体结构和权责关系。在我国服务型政府建设过程中，公共服务供给正逐步引入市场工具，“顾客参与”“消费者参与”“服务使用者参与”等理念逐渐融入公共服务供给过程。老年人作为服务的实际享用者，应参与服务供给的全过程，促进供需沟通、质量监管和反馈改进，以保障政府购买养老服务的实际效果。但在理论研究和实际操作中，对作为实际的消费者和当事人的老年人参与问题关注不够，使政府购买养老服务的效果大打折扣。

围绕“促进老年人参与政府购买养老服务”这一主题，本书重点关注以下四个问题：①老年人为何要参与政府购买养老服务，即参与的动机和原因是什么？②老年人如何参与政府购买养老服务，即参与的过程如何？③老年人参与政府购买养老服务会带来什么样的影响，即参与的结果如何？④如何构建老年人参与的有效路径，即如何促进老年人参与？四个问题之间有着紧密的逻辑关系，是当前政府在购买养老服务实践中亟待解决的重要问题。

为此，本书立足于上海市政府购买基本养老公共服务实践，以老年人参与为研究主线，借鉴顾客参与理论和新公共管理理论中有关“顾客参与”和“服务使用者参与”的研究成果，从“动因—过程—结果”构建了老年人参与模型，从“个人因素”和“组织因素”两个层面探讨老年人的参与动因，从“决策参与、服务参与和评估参与”三个维度界定老年人的参与过程，从“感知服务质量”和“服务满意度”两个方面评价老年人的参与结果。在文献回顾和专家小组讨论的基础上设计了老年人参与状况的调查问卷，并对上海市普陀区、徐汇区、闵行区、杨浦区和浦东新区享受政府购买基本养老公共服务的老年人进行了问卷调查，了解其详细参与情况。同时设计了半结构化访谈，对部分老年人及其主要照顾者、政府部门人员、服务机构人员和第三方机构人员开展访谈，全面把握老年人参与的问题和影响因素。调查和分析发现，老年人参与的动因、过程和结果三个层面都存在问题，老年人内在参与动机不足，受多种因素制约；参与层次较低、参与的广度和深度有限；参与效果不佳，高满意度掩盖了政府购买效果不佳的事实。具体而言，本书的主要发现如下。

第一，在参与动因方面，老年人参与受个人因素和组织因素的双重影响，但组织因素起主导作用。从个人因素来看，利益动因是主要动因，老年人为了获取需要的照护服务、减少家庭资源的消耗而积极参与政府购买养老服务。部分老年人责任动因强，具有公民责任和权利意识，但受政治效能感影响，责任动因很难转化为实际行为。从组织因素来看，虽然外部制度环境的改善为老年人参与营造了良好的环境，但对老年人参与行为的驱动作用有限，而组织支持和组织沟通对老年人参与影响最大。动因要素的影响是双重的，当前仍存在老年人参与的动因障碍问题，内在参与动力不足，且受到外部组织因素制约。因此，政府应重视老年人参与动因障碍问题，积极营造外部条件，引导老年人从利益动因向责任动因转变，调动老年人参与的主动性和积极性。

第二，在参与过程方面，老年人在服务阶段参与较多，但在决策阶段和评估阶段参与不足。在决策阶段，老年人在购买合同制定和招投标过程中参与不足，既造成老年人对购买信息的了解不充分，也限制了后续阶段的参与效果。在服务阶段，老年人合作生产的能力有限，以被动接受服务的互动为主，难以对服务质量开展有效监督。在评估阶段，老年人参与第三方评估作用有限，对项目、质量、效果等方面的反馈渠道有限，进而影响购买项目优化。整体来看，老年人主体地位未受重视、老年人参与缺乏程序基础，参与过程中表现出来的缺位和不足影响政府购买养老服务良性运行。因此，政府应重视老年人参与过程不足的问题，尽快建立常态化的老年人参与机制，促进老年人有效参与政府购买养老服务的全部过程。

第三，在参与结果方面，接受服务的老年人普遍表现出较高的服务质量感知和满意度，以往文献中也有类似结论。本书进一步研究发现，参与过程中的“服务参与”对老年人感知服务质量和满意度预测作用明显，而“决策参与”和“评估参与”预测作用弱；“结果质量”对服务质量整体的贡献较小。虽然感知服务质量与老年人满意呈现高度正相关关系，但在“结果满意度”上预测明显不足。老年人感知服务质量高的原因在于服务机构的公办背景，硬件和软件投资充足，服务管理流程严格，老年人普遍对服务质量比较认可。老年人高满意度的原因在于：一方面，老年人服务期望模糊、服务的无偿性或低偿性，造成低期望与高感知之间的巨大反差；另一方面，老年人需求部分满足、各方对批评意见的顾虑以及政府和服务供应商运作等因素，也对老年人高满意度的形成产生了影响。所以，当前的老年人满意是一个综合结果，不完全是需求满足带来的结果，政府购买养老服务存在“结果假象”问题，项目和老年人真实需求之间仍存在一定的脱节，政府购买养老服务的实际效果不佳，造成这一问题的重要原因在于老年人参与动机障碍和参与过程不足。

第四，政府购买养老服务在“自上而下”的制度运作过程中，老年人参与动因障碍、过程不足和结果假象都是影响制度良性运行的重要诱因。因此，在促进老年人参与方面，应发挥政府的主导作用，不断完善老年人参与的程序设计和制度保障，在重要节点和关键环节吸纳老年人参与。老年人参与既是“目的”又是“方法”，解决老年人参与问题需要政府、服务供应商、老年人、第三方以及其他利益相关者的合作互动。只有融合老年人参与的内在诉求和外在条件，消除动因障碍，才能调动老年人参与积极性；只有在制度设计上吸纳老年人全过程参与，才能保障购买目标和制度良性运行；只有坚持以结果为导向进行老年人参与制度建设，才能避免“结果假象”，取得真正购买效果。

本书创新之处在于：在研究视角方面，将老年人视为政府购买养老服务的参与主体，系统探讨了老年人参与的不足与影响，丰富并拓展了相关研究的视角和思路。在研究工具方面，基于顾客导向理论构建了老年人参与模型，并设计了问卷和访谈调查，在系统分析老年人参与问题上具有一定的工具价值。在研究结果方面，通过对参与动因的分析，发现老年人参与的驱动力不足，存在制约因素；通过对参与过程的分析，发现老年人参与不足，影响制度良性运行；通过对结果的分析，发现老年人需求并未完全满足，高满意度表征掩盖了购买效果不佳的事实，理论模型与现实问题密切关联对应。此外，本书针对动因、过程和结果的现存问题，从三个层面提出促进老年人参与的路径，为完善政府购买养老服务制度提供了管理层面的建议。对老年人参与问题的探讨，无论是对实现政府购买养老服务目标，还是满足老年人需求都具有一定的现实意义和学术价值。

目录
CONTENTS

第一章 绪论

第一节 选题背景与研究意义

一、研究缘起

（一）政府购买成为养老服务的重要提供方式

随着我国人口老龄化和高龄化进程加快，老年人对养老服务的需求迅速增加，对养老服务质量的要求也不断提高。当前，养老服务供需矛盾比较突出，原因不仅在于养老服务供给的绝对数量不足，还在于养老服务供给效率低下。在此背景下，政府不断转变职能，积极探索通过向社会力量购买的方式实现养老服务的高效供给。2013 年 9 月，国务院颁发的《国务院办公厅关于政府向社会力量购买服务的指导意见》提出，“建立比较完善的政府向社会力量购买服务制度，形成与经济社会发展相适应、高效合理的公共服务资源配置体系和供给体系”。[①] 同年 11 月中国共产党第十八届三中全会审议通过的《中共中央关于全面深化改革若干重大问题的决定》再次提出，“要全面正确履行政府职能，推广政府购买服务，凡属事务性管理服务，原则上都要引入竞争机制，通过合同、委托等方式向社会购买”。[②] 具体到政府购买养老服务领域，2013 年以来中央政府和各部委颁布了多项法规和文件来引导和规范政府购买养老服务。2016 年 9 月，国务院新闻办公室发布的《国家人权行动计划（2016—2020 年）》明确提出，“到 2020 年全面放开养老服务市场，通过购买服务、股权合作等方式支持各类市场主体增加养老服务和产品供给”。[③] 2016 年 12 月发布的《国务院办公厅关于全面放开养老服务市场提升养老服务质量的若干意见》提出，“要释放市场活力，提升养老服务质量，推

---

① 国务院．关于政府向社会力量购买服务的指导意见［EB/OL］. http：//www. gov. cn/xxgk/pub/govpublic/mrlm/201309/t20130930_ 66438. html.

② 中国共产党中央委员会．中共中央关于全面深化改革若干重大问题的决定［EB/OL］. http：//www. gov. cn/jrzg/2013-11/15/content_ 2528179. htm.

③ 国务院新闻办公室．国家人权行动计划（2016—2020 年）［EB/OL］. http：//www. scio. gov. cn/zxbd/wz/document/1492804/1492804_ 1. htm.

进居家社区养老服务全覆盖”。[①] 有关政府购买公共服务的一系列文件密集出台，标志着政府购买公共服务这一新型服务供给方式得到了广泛认可。中央政府在逐步完善政府购买养老服务的顶层设计和操作办法，积极推动政府购买养老服务进入一个全新的阶段。因此，对政府购买养老服务的关键理论与实践问题开展研究，显得尤为迫切与必要。

（二）上海市政府购买养老服务的积极实践

国家不断对政府购买公共服务进行引导和规范，以政府购买公共服务的方式推行政府职能转变已经成为各级政府的普遍性选择。[②] 上海市立足于人口深度老龄化的现实，积极探索政府购买养老服务制度。

上海市较早进入人口老龄化社会，是全国老龄化程度最高的城市。1999年底，上海市 60 岁以上老年户籍人口占总人口的比重已达 10.2%；2016 年底，上海市 60 岁及以上老年户籍人口占总人口的 31.6%，其中，80 岁及以上高龄老年人口有 79.66 万人，占老年总人口的 17.4%，占总人口的 5.5%，[③] 远远超过全国平均水平。随着人口老龄化、高龄化与少子化进程加快，上海作为一个“未富先老”的国际化大都市，其城市化和老龄化进程加速引发了很多养老服务的组织与管理问题。[④] 一方面，已有的养老服务结构与数量难以满足日益多样化、复杂化的养老服务需求；另一方面，旺盛的养老服务需求导致持续的公共财政压力。

我国内地政府购买公共服务实践发端于上海，始于 1998 年浦东新区政府为罗山会馆购买养老服务。[⑤] 上海市将政府购买公共服务作为改善社会管理和公共服务供给的手段，并以此为目标探索建立具有上海特色的政府购买公共服务制度体系。面对人口老龄化所带来的服务供给不足等问题，上海市通过政府购买的方式，实现对养老服务资源的有效配置，通过政策引导和资金支持，形成一个政府、社区、老年人及家庭、社会组织和市场主体共同参与的养老服务供给体系。

---

① 国务院办公厅．关于全面放开养老服务市场提升养老服务质量的若干意见［EB/OL］. http：//www. mca. gov. cn/article/zwgk/mzyw/201612/20161200002746. shtml.

② 石亚军，高红．政府职能转移与购买公共服务关系辨析［J］. 中国行政管理，2017（3）：11-14+156.

③ 上海市民政局．2016 年上海市老年人口和老龄事业监测统计信息［EB/OL］. http：//www. shrca. org. cn/5779. html.

④ 汤艳文．养老服务的社会组织与管理——上海经验［M］. 桂林：广西师范大学出版社，2014：28-29.

⑤ 王浦劬．政府向社会组织购买公共服务研究：中国与全球经验分析［M］. 北京：北京大学出版社，2010：4.

上海市政府将市场机制与社会合作机制引入养老服务领域，在增加财政投入的同时，不断引导社会力量参与养老服务供给，逐步构建涵盖服务供给、服务保障、政策支撑、需求评估、行业监管“五位一体”的社会养老服务体系。上海市政府购买养老服务的实践逐渐成为一个学术研究场域，吸引了国内外诸多研究者的关注，具有重要的研究价值和代表意义。

（三）政府购买养老服务赋予老年人新的角色和权利

政府购买公共服务改变了以往政府与公民之间的二元供给结构，形成了以政府、服务供应商、公众、第三方机构为主的四元主体结构和权责关系。四元主体间的良性互动自始至终贯穿于需求确定、服务设计、购买内容和方式的确定、购买过程监督、购买结果评价等全过程。[①] 四元主体结构赋予了老年人新的角色和责任，使老年人既享有政府公共服务的权利，同时又要以消费者身份对公共服务进行监督和评价。政府购买公共服务的出发点和落脚点是满足公众需求，在实现过程中，服务效果如何，服务对象有着切身体会，对购买的每一个环节都有着极大的发言权，调动服务对象参与的积极性是政府购买公共服务的题中应有之义。所以，需要重新界定老年人的角色，强调其公民资格，让老年人从养老服务的被动消费者变为主动参与的治理者。

政府向社会力量购买养老服务的过程也是老年人参与的过程，老年人既是服务的消费者，也是服务的合作生产者和参与者。在养老服务供给过程中，坚持“服务使用者参与”理念，减少老年人参与过程中的“行动限制”，降低老年人参与过程中的“行动风险”，提升老年人的“行动的有效性”等，可以保证老年人的需求得到及时、有效的表达；服务中的矛盾得到公正、公开的处理；服务效果评估能够真实、及时地得以实现。[②] 老年人的参与能够更好地规范政府购买养老服务的原因和目的、内容和过程以及评价和监督。老年人可以通过体验服务，不断发现养老服务供给的新问题并加以解决，且可在参与过程中，形成老年人与政府之间的良性互动，“促进公众现代公民意识和素质的不断提高以及政府购买公共服务机制良性运行”。[③]

---

① 王浦劬，郝秋笛．政府向社会力量购买公共服务发展研究：基于中英经验的分析［M］．北京：北京大学出版社，2016：12.

② 张旭升，牟来娣．政府向民间组织购买居家养老服务的实践困境及破解之道——以 M 市 Y 区为例［J］．中共福建省委党校学报，2018（1）：1-8.

③ Bovaird T. The ins and outs of outsourcing and insourcing：What have we learnt from the past 30 years?［J］. Public Money & Management，2016，36（1）：67-74.

（四）老年人参与的缺位和不足

当前，政府购买养老服务还在探索和建制阶段，虽然实践中已经形成从起点到终点的制度流程，但是在某些重要方面仍缺乏精细化管理，在深层次上制约着政府购买养老服务的进一步发展。"政府购买养老服务制度逐步实施后，养老服务供求失衡的壮观并没有得到有效缓解，这表明政府购买养老服务制度仍需进一步完善和调整。"①

从主体关系和主体结构上来看，老年人的主体地位并未受到重视。政府购买养老服务过程中各主体间的地位不平衡，呈现政府行政主导强、社会组织竞争程度弱、受益主体参与少的倾向。政府作为购买者占据绝对主导地位，控制和决定着购买决策、购买内容、购买程序、监督管理以及效果评估，而老年人作为消费者由于参与渠道有限，对购买内容、购买过程缺乏控制，只能作为被动的服务接受者。无论是在理论上还是在实践中，"在政府购买养老服务的四元主体结构中，服务的消费者没有得到足够的关注，仍处于相对弱势的地位，消费者的参与甚至只是作为一种形式或陪衬而存在，存在严重的缺席问题"。②

"公众参与被认为是提高政府购买公共服务有效性的重要因素，也是构建服务型政府的重要内容。"③ 但从现有参与机制来看，老年人参与尚缺乏制度化安排，既没有明确的参与规则也没有具体的操作办法，参与程序化、组织化和法定化程度不足。老年人作为养老服务的权利主体，其知情权、表达权、参与权和监督权等基本权利未得到有效保障。我国政府购买养老服务过程中，呈现出"政府强主导，老年人弱表达"的状态。政府的"强主导"不仅表现在自上而下的制度建构中，也反映在自下而上的制度修正中；老年人的"弱表达"表现在老年人在政府购买养老服务过程中没有影响力，利益诉求渠道不畅，造成需求信息传递扭曲，服务供给与实际需求脱节，服务供给难以真正满足老年人的养老需求，同时也导致政府资源浪费和投入—产出效率低等问题。在政府购买养老服务过程中，老年人参与存在缺陷、角色和责任存在缺位，造成服务供给中的沟通障碍，加剧了养老服务资源分配的不均，无法有效地调动潜在社会资源以填补服务供给余缺。

---

① 倪东生，张艳芳．养老服务供求失衡背景下中国政府购买养老服务政策研究［J］．中央财经大学学报，2015（11）：3-13.

② 王浦劬，郝秋笛．政府向社会力量购买公共服务发展研究：基于中英经验的分析［M］．北京：北京大学出版社，2016：104.

③ 方国阳，邵建树，靳晓．公众参与如何影响政府购买公共服务的有效性？——基于政府购买服务项目的案例分析［J］．中国行政管理，2022（4）：36-46.

"虽然政府购买公共服务在世界各国已成为一种普遍的制度安排，但其经济效率和社会效果仍待检验，同时在各个阶段都还存在外包失灵的风险。"① 已有研究注意到，"政府购买公共服务的偏离现象"② 造成"老年服务需求与服务使用之间不能完全匹配"③ 的问题。问题的根源在于"老年人参与不足，造成需求信息失真，从而引起购买服务的目标发生偏离"。④ "随着治理理念的不断深化和发展，政府应将公民参与融入到政府购买公共服务的全过程，不断纠偏，促进公民有效参与。"⑤ 老年人作为政府购买养老服务的受益对象，其意见及相关建议对改进购买过程及推动社会组织发展至关重要，并且直接影响政府购买养老服务的社会效益。老年人作为公共服务消费者的角色缺位和公民权利被忽视，是政府购买养老服务中一系列问题的重要诱因。只有在政府购买养老服务过程中吸纳老年人参与、发现老年人需求、听取老年人意见、接受老年人监督，才能真正解决为谁购买、购买什么、怎么购买、是否物有所值等一系列问题。

二、研究问题

政府购买养老服务是转变政府职能、应对人口老龄化危机、增加养老服务供给、提高养老服务供给效率的重要方式。但在理论研究和实际操作过程中，对服务的实际消费者和享用者的老年人的参与问题关注不够，使政府购买养老服务的效果大打折扣。无论是从保障老年人权益出发，还是从实现政府购买养老服务目标来看，如何实现老年人有效参与，提升政府购买养老服务有效性，是摆在政府面前的重要课题。因此，本书的出发点是"面对当前老年人参与不足的问题，如何促进老年人充分有效地参与，以增进政府购买养老服务有效性"。

第一，促进老年人参与，首先应明确老年人参与动因，即了解老年人参与政府购买养老服务的内在动机和外部条件。促进老年人参与的因素可能是自身养老服务需求、家庭需要、公民责任感以及政府的组织引导等。限制老年人参与的因素既可能是信息获取、专业知识、公共责任感等个人因素，也

---

① 周俊．政府购买公共服务的风险及其防范［J］．中国行政管理，2010（6）：13-18.

② 吴月．政府购买公共服务的偏离现象及其内在逻辑研究［J］．求实，2015（10）：66-71.

③ 陈岩燕，陈虹霖．需求与使用的悬殊：对社区居家养老服务递送的反思［J］．浙江学刊，2017（2）：30-37.

④ 王浦劬，郝秋笛．政府向社会力量购买公共服务发展研究：基于中英经验的分析［M］．北京：北京大学出版社，2016：152.

⑤ 李洪山，范思阳．治理理论视角下公民参与政府购买公共服务研究［J］．理论导刊，2017（2）：9-12.

可能是参与渠道不畅、信息公开程度不够等制度和环境因素。所以，深入分析老年人参与动因，发现哪些因素影响老年人的参与行为，探索促进老年人积极参与的动力机制，是促进老年人有效参与的前提和基础。

第二，促进老年人参与，必须明确老年人参与过程，分析老年人在政府购买养老服务各个阶段的参与现状、不足以及产生的影响。政府购买养老服务过程中应该在那些与老年人高度相关的、必须考虑老年人意见的、有关键影响的环节吸纳老年人参与。因此，对老年人参与过程的分析应从政府购买养老服务过程中老年人参与行为发生环节入手，分析老年人实际参与行为和产生的影响。由于服务的不可分离性，老年人的时间、精力和财力投入相对集中在服务的递送环节，决策环节和评估环节的参与相对有限。政府购买养老服务的各个环节都离不开老年人的参与，老年人该怎样参与政府购买养老服务、老年人参与的结构维度和参与过程该怎样界定和衡量是摆在研究者面前的大问题。老年人参与政府购买养老服务，不能为了参与而参与，无序参与反而增加政府购买成本、降低购买效果。必须坚持一定的原则和目标，吸纳老年人参与政府购买养老服务的全过程，才能保障参与的效果。

第三，促进老年人参与，必须关注老年人参与的积极结果。为老年群体提供数量更多和质量更好的基本养老公共服务是政府购买养老服务的主要目标。政府购买养老服务的社会效益和实际效果主要通过老年人对服务质量的感知和满意度来衡量，然而对政府购买养老服务的社会效益能否真正实现还缺乏深刻的认识。虽然养老服务供应商已经按指标提供服务且通过了老年人满意度的评估，但是政府购买效果却未必最佳。老年人参与会带来很多影响，如老年人参与政府购买养老服务会带来哪些积极或消极结果？老年人参与能否带来服务质量的不断提升，满足老年人多层次的服务需求？老年人感知服务质量和其满意度之间存在什么关系？这些问题仍需要深入研究。因此，必须关注老年人参与的积极结果，认识老年人参与的积极作用和意义，寻找影响老年人参与结果的重要因素。

第四，促进老年人参与，必须探索可操作的参与路径。老年人自身存在着参与意识和参与能力不足、参与的归属感不强等问题，外部存在着参与环境不良、参与渠道不畅、参与制度不完善等问题。老年人参与政府购买养老服务是一个动态过程，涉及多方利益和复杂权责关系，当前很多操作性细节还不是很清晰。如何实现老年人适度、有效的参与，是摆在政府面前的难题。不能为了参与而参与，“参与不是目的，而是一种手段”。在当前体制环境和政府购买实践的基础上，探索老年人参与政府购买养老服务的可操作路径、增进养老服务供给才是最终目标。

总之，明确政府购买养老服务中老年人参与的作用和意义；认清老年人参与在政府购买养老服务中的促进和阻碍因素；有效推进老年人参与政府购买养老服务的各个阶段；为老年人提供完善的参与制度保障，提高老年人的满意度，都是完善政府购买养老服务制度的题中应有之义。本书围绕老年人参与问题进行研究，为促进老年人参与提供理论支持和实践参照。

三、研究意义

本书对政府购买养老服务中老年人参与这一重要实践问题进行了深入研究，不仅有利于推动我国政府购买养老服务理论的建构与发展，而且有利于养老服务供给领域的创新实践，具有重要的理论价值与现实意义。

（一）理论意义

随着政府职能的不断转变，创新社会治理实践、各级政府部门实践为老年人参与政府购买养老服务奠定了基础，但是其理论建构和实践机制还不完善。

1. 促进服务营销理论在公共服务领域的应用

在服务营销领域，强调合理“顾客参与”或“使用者参与”，不仅能为服务机构带来巨大的生产力，还能为顾客带来高质量的服务产品，并让顾客更满意。营销活动不仅限于企业活动，还可以拓展到非营利性组织与公共机构，尽管公共部门和私人部门在本质上存在区别，但顾客对服务的需求和互惠互利的诉求是相通的。所以，越来越多的西方国家政府在公共管理中采用工商管理领域的方法和工具。“养老服务具有准公共产品的特性，不同的供给结构和递送方式将影响递送的效率，而服务从生产者到老年消费者的最终递送仍旧遵循传统的产品营销环节，所以市场营销理论适用于养老服务供给的研究。”① 本书把营销理论中的顾客参与分析框架引入养老服务研究中，尝试建立一个系统的和基于老年人（顾客/服务使用者）资源和能力的理论分析框架，有利于促进政府和社会组织树立“以顾客为导向”的服务理念。理念要顺应时代的发展而不断创新，只有新理念才能产生新行动。

2. 有助于深化公共服务顾客导向的认识

老年人参与政府购买的意义远不止促进决策的科学性、民主性这么简单，老年人参与不仅体现了一种工具价值，而且对于公民社会、公民权的发展极

① 朱浩．城市社区养老服务的递送机制研究——以杭州市为例［D］．杭州：浙江大学．

为有益。随着新公共管理理论中"顾客导向"理念的发展以及政府职能的转变，对公众参与的倡导呈如火如荼之势。解决参与问题的关键在于构建完善的老年人参与机制，在政府主导和各种驱动力的作用下发挥参与自觉性，最终实现老年人有效参与的目标。将老年人视为政府购买养老服务的"顾客"，这一定位改变了政府主导地位，重新将政府的价值和意义确认为是为老年人提供优质高效的公共服务。此外，如何有效化解当前老年人参与的困境，提升老年人参与的有效性，是服务型政府和创新社会治理建设的题中应有之义。

（二）实践意义

从内容上来看，政府购买养老服务中的老年人有效参与是一个相对较新的问题，针对性研究不多。本书以老年人参与问题为切入点，探讨了老年人参与政府购买养老服务的动因、过程和结果，实现老年人有效参与，不仅能够增进养老服务供给，还关系到老年人权益的实现。

1. 有助于老年人权益的实现

在我国，参与权、知情权、表达权和监督权等都是公民的基本政治权利。"公民权是种生活方式，包含着对公共事务的参与水平且包含着一种将个人利益置于更广泛的社会利益之下的临时意愿。"① "参与相关决策过程能够赋予参与者对自己的生活方向和周围环境一定程度的控制权，有助于参与者成为负责任的行动者，并产生强烈的荣誉感和归属感。"② 实现老年人的知情权、参与权和监督权，能够对政府购买养老服务形成有效约束，有利于完善监管体系、提升养老服务质量。

2. 完善政府购买养老服务制度

在政府购买养老服务过程中，老年人参与不仅可以产生更优的购买结果，还可以发现购买过程中的问题，并探索新的解决途径。老年人参与能够帮助政府系统识别老年人的个性化需求和共性需求，保障政府购买养老服务决策的科学性和民主性，满足老年人个性化、多样化的养老服务需求，实现养老服务需求与供给的有效对接；巩固政府与老年人的信任合作关系，并获取更好的政策执行效果。老年人参与不仅能够影响政府购买项目设置和资源投入方向，还影响服务过程中服务机构和人员交付服务的效率和效果。

---

① 珍妮特·V. 登哈特，罗伯特·B. 登哈特. 新公共服务：服务，而不是掌舵［M］. 丁煌，译. 北京：人民大学出版社，2004：79.

② 黄毅，文军. 从"总体—支配型"到"技术—治理型"：地方政府社会治理创新的逻辑［J］. 新疆师范大学学报（哲学社会科学版），2014（2）：35-44.

3. 提升老年人满意度

政府在购买养老服务过程中给予老年人讨论的机会，听从他们的意见和建议，可以提高他们的自尊心，对于培养老年人的公民责任意识、树立乐观的生活目标有积极的影响；而政府在服务过程中缺乏沟通、冷漠则会引发老年人对生活的失落情绪。政府购买养老服务的整个过程都离不开老年人参与，老年人参与得越充分，越能提高服务创新程度，促进购买服务更加适合老年人的需求。老年人的参与也能保障和提升养老服务质量，提升老年人的参与感、获得感和满意度。所以，加强政府购买养老服务中的老年人参与研究，有利于实现“保障基本需求、繁荣养老市场、提升服务质量，让广大老年群体享受优质养老服务，切实增强人民群众获得感”的目标。[①]

第二节 研究综述

一、政府购买养老服务制度设计与运行的相关研究

（一）政府购买养老服务方式的兴起

自 20 世纪 70 年代开始，伴随着公私多元合作与放松规制理念的兴起，福利国家为回应环境变化和社会需求，积极转变政府角色，探索将市场机制引入社会公共服务领域，由第三方向社会和公众提供公共服务，并逐步完善政府购买的监督与评价机制。[②] 政府直接供给公共服务，会出现低效率、低回应性、低质量和低满意度等问题，内部监督和约束机制效果不佳，由此开始在公共服务领域引入市场机制，通过政府向社会力量购买的方式实现公共服务多元化供给。[③] 政府购买服务方式逐步取代了传统福利模式下的公共服务供给方式，“高回应”“高效率”“高质量”“竞争性”成为政府公共服务输出的标准定位，社会组织和公民社会也在政府服务购买的互动中得以充分发育。政府通过各种途径和方式了解公众需求，按照公众的实际服务需求与政府财

---

① 国务院办公厅．关于全面放开养老服务市场提升养老服务质量的若干意见［EB/OL］. http：//www.gov.cn/zhengce/content/2016-12/23/content_ 5151747.htm.

② 张汝立．外国政府购买社会公共服务研究［M］. 北京：社会科学文献出版社，2014：4.

③ Mary K Marvel，Howard P Marvel. Shaping the provision of outsourced public services［J］. Public Performance & Management Review，2009，33（2）：183-213.

力来决定购买内容。[①] 随着社会对公共服务规模、服务质量和管理效率期望的不断提高，出现地方政府作为利益主体不愿意退出公共服务、抵制服务外包现象，而公共财政压力和公民的行动对促进政府购买公共服务有直接作用。[②]

随着政府购买公共服务方式的兴起，政府购买养老服务得到逐步发展和完善。随着人口的老龄化、高龄化，社会普遍认为老年服务体系是应对失智失能、高龄等老年问题的基本对策。但是现实中养老服务体系的社会化、专业化、市场化和社区化程度不高，养老服务供给过程中存在着严重的发展障碍和问题，而解决这些障碍和问题离不开政府和社会的广泛介入。[③] 对于非基本养老公共服务应全面开放市场、引入竞争，发挥市场配置资源的决定性作用；对于基本养老公共服务应引入竞争机制，通过政府购买的方式鼓励企业和社会组织参与。[④] 社会护理服务通常由营利性部门、公共部门和非营利部门联合提供。这些服务提供商通常通过准市场接受委托，在准市场中所有部门的供应商都通过竞争获取公共服务合同。将社会服务外包给私营提供商，导致出现以营利为主的服务。尽管公开招标有助于选择更好的服务和更好的消费者，但社会护理服务外包被批评为将成本效率置于服务质量和社会效益之上。[⑤]

（二）政府购买养老服务的模式和运行机制

划分政府购买模式的标准，不同的视角有不同的分类，“对公共服务供给模式及具体提供方式的认知与选择，有一个不断深化的过程”。[⑥] 许光建和吴茵将发达国家公共服务供给方式划分为三种类型：第一类是以英、美等国为代表的私人部门竞争购买模式，通过合同外包提供公共物品；第二类是德国等欧洲大陆国家的谨慎购买模式，把可竞争、可计量的部分交给企业，而把社会性服务交给非营利组织；第三类是日本、新加坡等亚洲国家政府主导的

---

① 储亚萍．发达国家政府购买社区公共卫生服务的可借鉴之处［J］．理论探索，2012（6）：121-125.

② Garrone P，Marzano R. Why do local governments resist contracting out？［J］. Ssrn Electronic Journal，2015，51（5）：616-648.

③ 杨翠迎，郑春荣．国际社会保障动态：社会养老服务体系建设［M］．上海：上海人民出版社，2014：294.

④ 迟福林，张飞．推进政府购买公共服务：“十三五”政府职能转变的重点［J］．社会治理，2016（2）：30-35.

⑤ Bach-Mortensen A M，Barlow J. Outsourced austerity or improved services? A systematic review and thematic synthesis of the experiences of social care providers and commissioners in quasi-markets［J］. Social Science & Medicine，2021（276）：113-844.

⑥ 叶响裙．公共服务多元主体供给：理论与实践［M］．北京：社会科学出版社，2014：31.

购买模式。[①] 多数学者从公共服务购买双方关系和购买程序两个维度来划分，根据社会组织与政府的关系，可将其分为“依赖性服务购买”与“独立性服务购买”两大类。[②] 根据社会组织的独立性和购买服务程序的竞争性，又可以细分为四种具体模式[③]，参见图 1-1。

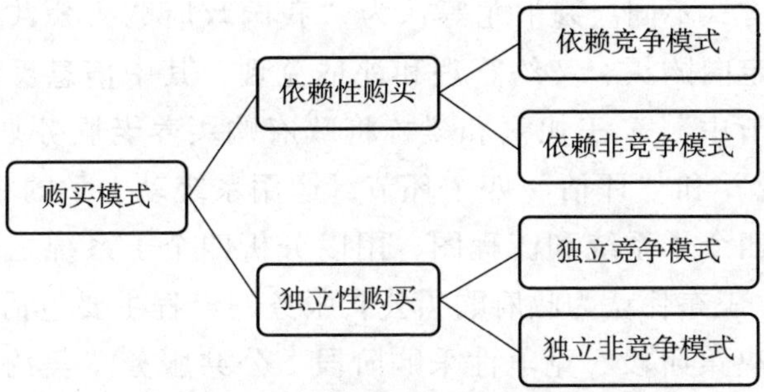

图 1-1 政府购买公共服务的主要模式

徐家良和赵挺提出政府购买公共服务制度建构的四个条件，即消费市场、购买意愿、承接主体及项目管理；并且政府购买公共服务必须以定性和量化方式评估，实行项目过程化管理，引导社会组织按照“工作专业化、专业项目化、项目品牌化、品牌社会化”的思路设计、开发和运作项目，实现养老、助残等公共服务的供给。[④] 张汝立在分析发展中国家政府购买公共服务时，鉴于各个国家的政治体制和购买体制不同，将发展中国家政府购买公共服务运行机制分为筹资机制、服务供应商选择与合作机制、服务购买机制、支付机制、监督机制，并围绕这五个层面展开分析。[⑤] 顾迎天按照市场化程度高低把政社互动关系分为依附性、委托性、契约性三种模式，通过操作政社互动关系与服务质量概念，验证“政社互动关系市场化”能否优化居家养老服务质量。[⑥]

---

① 许光建，吴茵．政府购买公共服务国际经验比较与借鉴［J］．人民论坛，2013（32）：24-25.

② 章晓懿．政府购买养老服务模式研究：基于与民间组织合作的视角［J］．中国行政管理，2012（12）：48-51.

③ 王名，乐园．中国民间组织参与公共服务购买的模式分析［J］．中共浙江省委党校学报，2008，24（4）：5-13.

④ 徐家良，赵挺．政府购买公共服务的现实困境与路径创新：上海的实践［J］．中国行政管理，2013（8）：28-32.

⑤ 张汝立．外国政府购买社会公共服务研究［M］．北京：社会科学文献出版社，2014：27.

⑥ 顾迎天．基于政府购买居家养老服务质量的政社互动关系研究——以 S 市 J 区为例［D］．华东理工大学，2015：12-13.

（三）政府购买养老服务的阶段和流程

研究公共服务外包过程，尤其是与实施外包相关的决策机制，具有重要意义。① 一般认为，政府购买公共服务包括“是否购买、购买什么、向谁购买、如何实施、如何评估”等环节，是一个详细的政策过程，但不同学者研究的角度和方式不同。魏中龙等认为“我国政府购买公共服务主要流程有政府出资、定向购买、契约管理和评估兑现，其中信息反馈和费用支付交叉在几个环节中”。② 王旭嘉和梁栋将政府购买养老服务划分为“规划”“招标”“监管”和“评估”四个环节，运用系统动力学的相关研究方法，规划和构建了四个子系统和流程图，用以分析四个子系统之间的运行机制和反馈关系。③ 王东伟认为政府购买公共服务的流程主要包括三个阶段，即公共服务购买决策阶段、竞争性采购阶段、公共服务“契约—关系”双重治理阶段。④ 刘波等基于公共服务外包流程视角构建了公共服务外包的基本流程框架，将公共服务外包流程分解为购买决策、服务商选择、合同签订、合作管理、绩效评估 5 个阶段，共同构成公共服务外包的全过程⑤，参见图 1-2。

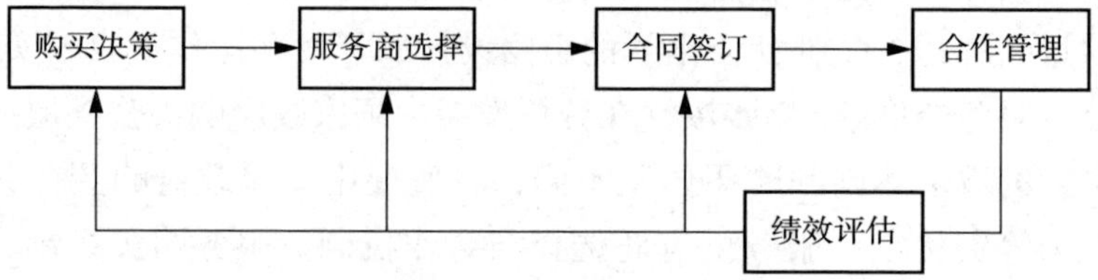

图 1-2　公共服务外包流程

政府与社会组织合作供给养老服务是现实需求和未来趋势，需要将政府的责任贯穿于“购买什么、向谁购买、如何购买、购买效果”链条中，在这四个环节中，构建起政府向社会组织购买养老服务中的责任链条及框架体系，

① Damanpour F, Magelssen C, Walker R M. Outsourcing and insourcing of organizational activities: The role of outsourcing process mechanisms [J]. Public Management Review, 2020, 22 (6): 767-790.

② 魏中龙，等．政府购买服务的理论与实践研究［M］．北京：中国人民大学出版社，2014：136-137.

③ 王旭嘉，梁栋．基于系统动力学的政府购买养老服务过程管理仿真研究［J］．新疆大学学报（哲学·人文社会科学汉文版），2014，42（4）：23-26.

④ 王东伟．我国政府购买公共服务问题研究［M］．北京：经济科学出版社，2015：120.

⑤ 刘波，彭瑾，李娜．公共服务外包——政府购买服务的理论与实践［M］．北京：清华大学出版社，2016：4.

只有明确了政府责任[①]，才能建立良性的合作关系，保证政府购买养老服务的有序进行。

（四）政府购买养老服务的内容和安排

政府购买养老服务的顶层设计还在逐步探索中。进行顶层设计时要多考虑实际情况，重视服务质量，对于一些细节问题，如上门服务途中耽搁的时间等，都应考虑到位；此外，还要加强舆论宣传引导，转变老年人消费理念，明确子女责任。[②]

第一，政府购买养老服务的内容和范围。侯志伟在建构政府购买公共服务的竞争性分析框架时指出，在公共服务市场，竞争性和分工相互影响，竞争越激烈，分工越细化，服务分工水平是效率和质量的基础。为此他提出两个基本判断，即服务本身可否再细分；不同供给者是否可以承担细分后的工作。[③] 政府要把满足老年人养老需求、实现基本公共服务的均等化作为基本目标，老人需求决定了政府要购买的项目内容，直接影响政府对服务的投入力度与方向。[④] 政府购买养老服务可以分为购买社区居家养老服务和购买机构养老服务两大类。[⑤] 国内学者借助伯查特的“福利轮”（Wheels of Welfare）视角，从服务的供给、购买资金和决策三个维度分析养老服务属性时，发现“政府购买养老服务介于‘纯公共福利服务’与‘纯私营福利服务’之间，属于混合性质的公共产品与服务”；[⑥] 王裔艳运用“福利轮”分析了上海市社区居家养老服务的供给、购买和决策情况：在服务供给方面，居家养老服务中心、社区老年日间照料中心和助餐点等机构是主要的服务供给机构，虽然得到政府多层面的扶持，但仍保持了相对独立的关系，因此是私人部门在供给社区居家养老服务；在服务购买方面，主要由政府补贴，部分由个人付费，但是以经济状况判断补贴获取资格排斥了部分老年群体；在服务决策方面，居家老人在整个服务决策过程中不能根据其需求做出选择或被动选择，参与

---

① 王晛昀，刘亚娜，李春．政府向社会组织购买养老服务中的责任链条及框架体系构建［J］．改革与战略，2015（2）：168-172.

② 杨翠迎，郑春荣．国际社会保障动态：社会养老服务体系建设［M］．上海：上海人民出版社，2014：425.

③ 侯志伟．政府购买公共服务的竞争性分析框架及制度机制——基于S市经验的案例研究［J］．中国行政管理，2016（7）：57-63.

④ 吉鹏．社会养老服务供给主体间关系解析——基于委托代理理论的视角［J］．社会科学战线，2013（6）：10-13.

⑤ 章晓懿．政府购买养老服务模式研究：基于与民间组织合作的视角［J］．中国行政管理，2012（12）：48-51.

⑥ 句华，杨腾原．养老服务领域公私伙伴关系研究综述——兼及事业单位改革与政府购买公共服务的衔接机制［J］．甘肃行政学院学报，2015（3）：4-17.

程度不高。①

第二，政府购买养老服务的制度安排。从服务的供给主体、供给客体和服务内容三大基本构成要素来看，政府购买养老服务有狭义和广义之分，狭义上的政府购买养老服务是针对社会弱势群体，强调政府责任；广义上的政府购买养老服务是针对全体公民，强调政府主导。② 政府供给的养老服务是面向全部老年人的，因此具有消费上的非排他性；但财政资金的有限性，又决定了政府只能有限解决"兜底"那一部分老人的养老，政府购买养老服务又具有排他性，只有满足年龄、自理程度等规定条件的老人才可以享受，增加一个人会影响其他人获得服务的质量，具有收益的竞争性，所以政府购买的养老服务应属于准公共产品。③ 政府购买养老服务作为一种准公共产品，必须通过政府干预保障其公共性，但政府垄断导致供给失灵或低效，决定了引入市场机制的必要性，通过供求、价格、竞争三大市场机制促进竞争，响应老年人多样性的养老服务需求，促使市场主体以效率、规模、低成本和可选择性的产品和服务来满足多层次和多样化老年人需求。④ 政府责任的过度延伸会导致市场机制的萎缩以及社会力量的发育不足，使老年人的福利需求得不到有效满足。⑤ 所以，政府购买养老服务的内容应考虑政府公共财政的承受能力，并根据老年人自身的健康水平、自理能力、年龄界线和需求内容来规划享受的优先次序，保障养老服务供给的公平和效率。

（五）政府购买养老服务的评估和监督

由于欺诈问题始终存在，故应通过"任务外包"达到购买效果。⑥ 事实上，服务供应商和第三方监控人员可以执行某些监督任务，但公共服务生产交易成本的不同导致各种复杂的监督策略，根据公共服务特点对监督责任进

---

① 王裔艳．上海居家养老服务的供给、购买与决策：以"福利轮"为分析视角［J］．华东理工大学学报（社会科学版），2015，30（4）：20-27.

② 陈英姿，满海霞．中国养老公共服务供给研究［J］．人口学刊，2013，35（1）：22-26.

③ 王晛昀，刘亚娜，李春．政府向社会组织购买养老服务中的责任链条及框架体系构建［J］．改革与战略，2015（2）：168-172.

④ 陈静，周沛．老年社会福利供给中的市场作用及实现机制研究——基于福利多元主义视角［J］．天津行政学院学报，2015，17（2）：45-49.

⑤ Clark R L，Morrill M S，Vanderweide D. Defined benefit pension plan distribution decisions by public sector employees［J］. Journal of Public Economics，2014，11（6）：73-88.

⑥ Awdry R. Assignment outsourcing：Moving beyond contract cheating［J］. Assessment & Evaluation in Higher Education，2021，46（2）：220-235.

行安排显得十分重要。①

第一，绩效评估的重要性。政府职能转变并不等于政府完全退出，政府公共责任仍然是保障养老服务公共产品属性的重要基础。政府要做“精明买家”，不仅要把握成本与收益等经济效益，还要把握满足社会公众需求的社会效益，重点解决“如何买”“如何买得值”的问题，提高公共财政的使用效率和公共服务的供给效率。② 政府购买公共服务强调“物有所值”，必须把政府购买的“产品”清晰地定义出来，并对它持续地进行绩效评估。③ 在政府购买养老服务的绩效评价实践中，效率、效益和公平三个维度是须综合考虑且不可分割的评价标准。④ 未来养老服务市场化改革过程中，仍要发挥政府的主导作用，不断完善政府购买养老服务运行机制。⑤

第二，绩效评估的问题。当前，政府购买养老服务主要通过竞争性招标来完成。有研究认为服务外包效益存在被高估的现象，政府内部供给或者定向委托能降低福利资源不恰当的配置风险，关键在于合同设计之初就应该对预期效益和可能存在的风险进行分析，约束服务承包商以保障服务质量。⑥ 所以，政府购买养老服务绩效评估应该包括从购买决策到服务实施再到服务评估反馈的全过程，不能仅以某一阶段或某一类产出为评价对象。必须依靠一定的评估手段与量化方法，清晰了解购买公共服务的过程与结果，以便及时发现问题，精准调整购买政策和方向。⑦

第三，绩效评估的操作方法。国内外研究者基于不同的方法和视角，对政府购买养老服务的绩效评估展开探索，开发了很多指标体系和测量工具。这些探索对提高政府购买养老服务效率和效果有极大的促进作用，也影响了

---

① Anguelov L G. Monitoring arrangements for outsourced public services: The importance of service characteristics for the distribution of oversight responsibilities [J]. International Public Management Journal, 2020, 23 (2): 252-275.

② 曲延春，张帆．“精明买家”的实现：政府购买公共服务的困境与路径选择——基于济南市市中区的调研［J］. 中国行政管理，2016（5）：48-52.

③ ［美］彼得·德鲁克．下一个社会的管理［M］. 蔡文燕，译．北京：机械工业出版社，2007：69.

④ Gallan A S, Jarvis C B, Brown S W, et al. Customer positivity and participation in services: An empirical test in a health care context [J]. Journal of the Academy of Marketing Science, 2013, 41 (3): 338-356.

⑤ 丁彤．中国养老福利市场化改革的反思——基于与日本护理保险改革为对照的分析［J］. 改革与战略，2016（2）：11-15.

⑥ Quiggin J. Contracting out: Promise and performance [J]. Economic & Labour Relations Review, 2002, 13 (1): 88-104.

⑦ 马俊达．政府购买社会服务研究——以G省购买民办社工机构服务为案例［M］. 北京：中国社会出版社，2015：180.

部分地区的政府服务绩效评价实践，但部分研究结果仍需要在实践中进一步检验和完善。包国宪和刘红芹认为，政府购买居家养老服务的绩效是一个由购买效率、效益和服务质量综合而成的复合概念，要通过投入、产出和效果绩效三要素来测度。[①] 吉鹏和李放归纳和分析了我国各地政府购买居家养老服务绩效评价实践，发现很多地区的绩效评价指标设置比较主观模糊，缺乏可操作性，认为应该从经济性、效率性、及时性、效果性和公平性五个维度来构建多维度绩效评价体系，并运用 DEA 方法和 ACSI 模型设计对应的具体指标体系。[②] 也有学者鉴于政府购买公共服务主要目标是以较少的经费获得更高质量的公共服务，可将政府监督分为质量监管与经费监管，其中质量监管是对供应商所提供服务数量和质量的监督；经费监管是对资金安排和使用情况进行监督，包括对政府部门购买资金安排的监督和对服务供应商资金使用情况的监督。[③] 政府不仅要对居家养老服务供应商和老年人进行评估，还应该设计评估指标对服务安排者（政府部门）职能履行情况进行评估。有研究者从政府职能转变和养老服务的公共产品属性出发，设计了“政策制定”“资源投入”“人才队伍建设”和“监督管理”四个一级评估指标；同时设计了详细的二级指标体系[④]，以实现对政府购买行为的评价和监督。李长远认为，“评估机制是确保政府购买养老服务有效实施的重要环节，它主要从需求评估、过程评估、结果评估三个方面实现对政府购买居家养老服务的功能嵌入”[⑤]，是当前完善评估制度的重要路径。

（六）政府购买养老服务方式的风险与反思

虽然相对于传统公共服务供给方式，政府购买公共服务具有巨大的优势和潜力，但是在实践中还存在缺陷和不足。虽然服务购买“能够增进利益边缘化群体的福利，但政府在决策时会考虑服务购买可能引入社会脆弱性和可持续性的问题”。[⑥] 在一些本应由市场逻辑或社会逻辑主导的领域由行政逻辑

---

① 包国宪，刘红芹．政府购买居家养老服务的绩效评价研究［J］．广东社会科学，2012（2）：15－22．

② 吉鹏，李放．政府购买居家养老服务的绩效评价：实践探索与指标体系建构［J］．理论与改革，2013（3）：104－107．

③ 曹海青，苏丽亚．公共服务购买与政府监督职责落实［J］．人民论坛，2016（2）：65－67．

④ 黄佳豪．地方政府购买居家养老服务评估研究——以合肥为例［J］．理论与改革，2016（2）：98－101．

⑤ 李长远．我国政府购买居家养老服务模式比较及优化策略［J］．宁夏社会科学，2015（3）：87－91．

⑥ Heeks R，Arun S. Social outsourcing as a development tool：The impact of outsourcing IT services to women's social enterprises in Kerala［J］. Journal of International Development，2010，22（4）：441－454.

来左右，导致行政过度干预社会。政府部门对购买公共服务的方式缺乏清晰认识，在设置购买目录和项目方面，依然以部门惯性思维或政绩导向，将传统委托方式“换汤不换药”地以“购买服务”方式定向委托[①]，没有弄清楚政府购买公共服务的根本问题。

第一，诱发服务质量下降问题。按政府购买方式，公共服务伦理以及提供专业服务的承诺可能会被“按单供货”的思想所取代[②]，那些本可以由“负责任的”管理层提供的弹性的、非合同要求的部分服务可能被排挤出去，导致服务供应商对公民的需求缺乏灵活回应。同时，合同治理比较重视服务提供速度和经济效益，可能会诱使供应商“抄捷径”，对“难办的事情”不予理会，从而导致社会公共服务的专业化受到损害。[③] 虽然政府购买养老服务成本的下降，不是因为降低服务质量，而在于服务生产率的提升，但服务供应商具有降低服务质量的内在动机。[④] 而且，“社会组织参与养老服务购买政策并不一定意味着其成员也参与了这一进程；社会组织成员提供养老服务时，因为没有参与决策或政策规划过程，对养老服务购买合同内容和要求并不知情”[⑤]，从而造成信息不对称，诱发服务质量下降等问题。

第二，社会组织培育难问题。以政府购买方式引入市场竞争机制，给了政府更多选择服务供应商的机会，虽然通过竞争可提升公共服务质量，但是政府却很难依靠市场竞争机制公平筛选服务供应商。社会组织数量少，而且获取资源能力有限，导致养老服务供应商之间竞争程度低，实践中存在大量“陪标”现象。从日本的经验来看，营利性机构参与养老服务的供给，促进了养老服务供给增加，扭转了养老服务供需失衡的状况，但是也存在不少企业进入后又退出的现象。[⑥] 我国政府购买养老服务的模式仍是以依赖性非竞争购买模式为主，政府向自己组建的居家养老服务中心、保基本养老机构、护理

---

① 马俊达．政府购买社会服务研究：以 G 省购买民办社工机构服务为案例［M］．北京：中国社会出版社，2015：5.

② Shareef M A, Dwivedi Y K, Kumar V, et al. Reformation of public service to meet citizens' needs as customers: Evaluating SMS as an alternative service delivery channel［J］. Computers in Human Behavior, 2016, 61（C）: 255-270.

③ Wallis J, Dollery B. Government failure, social capital and the appropriateness of the New Zealand model for public sector reform in developing countries［J］. World Development, 2001, 29（2）: 245-263.

④ 刘舒杨，王浦劬．政府购买公共服务中的风险与防范［J］．四川大学学报（哲学社会科学版），2016（5）：5-13.

⑤ Yamashita J. Citizen participation or low-cost care providers? welfare non-profit organisations in japan［J］. Social Science Japan Journal, 2013, 16（1）: 45-62.

⑥ Kondo A. Availability of long-term care facilities and middle-aged people's labor supply in Japan: Long-term care and labor supply［J］. Asian Economic Policy Review, 2017, 12（1）: 95-112.

站等民非机构购买养老服务，购买主体是各级政府，“卖方是依附于政府而存在的民非组织，这种买卖是定向的、非选择性和非竞争性的”。[①] 政府出于稳定性考虑，倾向于选择那些能够长期、稳定合作的服务供应商，从而形成稳定的关系，影响竞争性环境的培育。[②]

第三，限制了公民参与。政府购买公共服务的契约机制可能破坏公众的参与，通常合同程序是封闭和保密的，在缺少代位责任的情况下，缔约的行政机关就没有监督供应商遵守契约条款的动力。[③] 此外，政府购买合同的设计、内容条款、招投标不完全公开，公众难以有效监督，政府购买方和服务机构很难对利益相关者的需求给予积极回应。现有实践和研究较关注政府部门、服务供应商、老年人和第三方机构的关系和运行机制，而老年人作为重要的参与主体之一，其服务消费者的知情权、监督权等权利未被充分尊重。服务机构依据购买合同提供服务，合同虽然明确、具体，但仍存在缺陷。在契约机制下，老年人参与缺乏法律支持，不仅没有请求强制执行的权利，甚至还影响老年人正当参与的程序权利。[④]

二、政府购买养老服务中老年人角色变化的相关研究

公共服务的供给与生产相分离后，政府购买的主体结构由政府和公众构成的二元主体结构转变为政府、社会组织、公众、第三方机构构成的四元主体结构，围绕政府购买合同形成复杂的契约关系，各个主体的角色和权责都发生了变化。政府购买养老服务方式的兴起，给政府、社会组织和老年人都带来极大影响：各个主体角色和责任的变化、新的合作关系的维系和发展以及老年人作为顾客有了新的权利和义务等。

（一）政府购买养老服务方式赋予老年人新角色

政府购买公共服务改变了以往政府与公民之间的二元供给结构，引入社会力量之后，政府、社会组织、公众、第三方机构形成一个多元互动的结构关系，多个参与主体之间形成了新的供给结构和复杂权责关系。

黄剑宇认为，在政府购买公共服务的实践中，“政府—私营部门/社会组

① 李军．公共政策视阈下政府购买居家养老服务研究［J］．江苏大学学报（社会科学版），2014（5）：16-23.

② 王浦劬，郝笛秋．政府向社会力量购买公共服务发展研究：基于中英经验的分析［M］．北京：北京大学出版社，2016：25.

③ 杨欣．公共服务合同外包中的政府责任研究［M］．北京：光明日报出版社，2012：148.

④ 张梦婉．政府购买公共服务法理基础的重构——以公民权利为中心［J］．天府新论，2015（1）：89-98.

织—公众—外部环境”形成了一个多元共生的系统，政府是政策制定者、服务购买者、秩序监管者、组织协调者；私营部门和社会组织则成为公共服务的生产者和供给者；公众是公共服务的真正出资者、最终消费者、评价者；政治体制和社会环境则体现了整个系统的供应能力和合作环境①，在这个系统中各要素之间互相作用、互相联系、互相制约。王浦劬等分析了政府购买公共服务的四元主体框架，其中政府转变为服务的购买者，责任由规划和实施转变为规划和监督；公众由原有的被动接受转变为公共服务的消费者，这种变化要求购买合同应体现消费者的意愿，同时消费者还能够以自己的主观感受和满意程度直接监督和评价公共服务的供给；社会组织和其他社会力量成为服务的生产者，按照合同提供服务，同时接受购买者与消费者监督；第三方机构提供专业性与独立性评估，以保障服务质量。这样，政府、社会组织、公众和第三方机构共同构成了政府购买公共服务运行链上的利益相关者和合作者，围绕政府购买合同形成了新的角色关系和责任关系②，参见图 1-3。

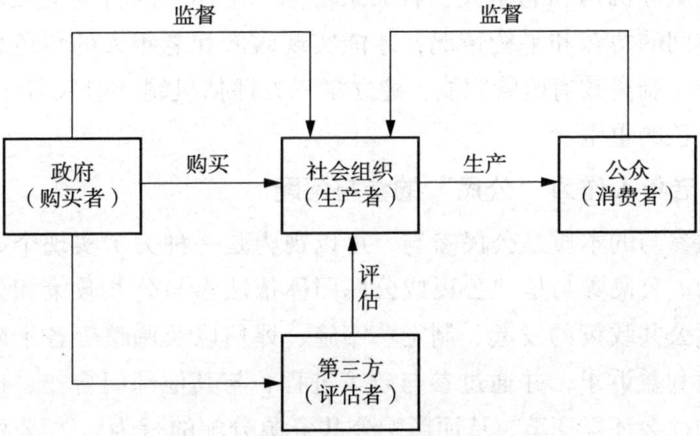

图 1-3 政府购买公共服务的四元主体框架

在以往文献中可以看到描述公共服务用户的不同措辞，如“受益方”“客户”“消费者”和“服务使用方”等，这些措辞的使用具有一致性且常常可以互换。然而，有研究者强调应使用“服务用户”或“服务使用方”等较中

① 黄剑宇．政府购买公共服务的影响因素及其优化机制——基于合作治理变革趋势的分析视角[J]．福建农林大学学报（哲学社会科学版），2014，17（6）：55-60.

② 王浦劬，郝秋笛．政府向社会力量购买公共服务发展研究：基于中英经验的分析［M］．北京：北京大学出版社，2016：10-13.

立的词汇，以反映公民的自主性和独立性，而不是依靠国家福利而生活。① 养老服务项目的实施过程既是服务供应商生产服务的过程，也是老年人消费公共服务的过程，老年人作为服务对象，对服务项目实施的情况和问题有直接发言权。“养老服务生产与消费的这种同一性为实施监管机制提供了重要基础前提”。②

政府购买养老服务改变了老年人的角色，老年人除了拥有面向政府的“公民”角色，还拥有面向服务商的“消费者”（顾客）角色。老年人角色的不断变化，意味着需要重新定位老年人的责任和作用，即不再由专业人士制定议程，规定和提供服务，老年人可通过和服务供应商以及服务生态系统中的其他利益相关者积极合作，共同创造价值，满足自身的需求和期望。③ 老年人角色的积极变化，已被证明可以提高服务满意度、生活质量和健康水平，为养老服务提供了一个新的研究议程。当然，老年人角色的变化并不一定会产生积极的效果，需要进一步明确老年人角色改变带来的积极和消极影响。政府、养老服务机构和老年人三者关系不同，主体间的行为会互动冲突，分析三个主体间的博弈和平衡情况，才能实现政府和老年人的角色合并，形成共同需求方；剥离政府监管职能，建立第三方评估机制；引入多元社会力量，实现供给角色的重塑。④

（二）老年人作为“公民”的参与问题

老年人参与的本质是公民参与，可以视为是一种为了实现个人利益的私人参与行为。公民参与是“公民或公民团体依法参与公共政策和公共事务过程中，包括公共政策的发起、制定、实施、评估以及调整等各个阶段，提供信息或表达利益诉求，并通过参与政策进程、与其他部门合作、达成共识以实现积极的社会环境变革，从而影响公共资源分配的行为”。⑤ 公民参与公共服务供给是实现其公民权的重要途径，广泛的公民参与是现代民主政治的重要基础。政府只有与公民、社会组织建立伙伴关系才能实现有效的治理，很多支持公民积极参与政策过程、利益相关者参与治理的观点，提倡公民在问

---

① 王浦劬，郝秋笛．政府向社会力量购买公共服务发展研究：基于中英经验的分析［M］．北京：北京大学出版社，2016：240.

② 施昌奎，孙天法，鄢圣文．政府购买服务与事业单位改革研究［M］．北京：中国经济出版社，2016：20.

③ Mccoll-Kennedy J R，Snyder H，Elg M，et al. The changing role of the health care customer：Review，synthesis and research agenda［J］. Journal of Service Management，2017，28（1）：2-33.

④ 常晓丹．政府购买养老服务研究［D］．南京：南京大学，2016.

⑤ Irvin R A，Stansbury J. Citizen participation in decision making：Is it worth the effort?［J］. Public Administration Review，2004，64（1）：55-65.

题识别、议程制定、政策制定、实施和评估等各个阶段影响政策过程。①

公民参与的兴起被归因于公民意识的觉醒、公民素质的提高、参与技能和信息技术的发展等，尤其是信息技术的发展降低了信息获取、扩散和传播的成本，促使政府在更深更广层次上将公民纳入公共政策过程。② 公民参与方式和层次分析解决的是公民何种程度和通过什么途径参与这两个问题，核心是参与层次划分及选择、参与方式选择及应用。③ 参与层次是衡量公民参与的程度，以及是否能够取得参与的有效结果。其中 Arnstein 提出的公民参与阶梯模型影响较广泛，认为真正的公民参与应当是"权力再分配"，使那些被排斥在政治经济过程之外的弱势群体有机会参与到决策中来④，增进公民实质性决策权力，最终从象征性参与走向真正的公民参与。

公民参与既有优点也有其不足⑤，有研究注意到公民参与的负面效果，存在参与成本和参与无效问题，参见表 1-1。因此，保障公民参与的有序性，不仅要完善现有参与渠道，稀释参与需求，缓解公众日益高涨的参与需求，还应创新参与渠道，积极吸纳制度外参与，开通互联网参与平台和通道，把握网络舆情。⑥

表 1-1 公民参与的优点和缺点

<table>
<tr><th rowspan="2"></th><th colspan="2">优点</th><th colspan="2">缺点</th></tr>
<tr><th>参与者的收益</th><th>政府的收益</th><th>参与者的损失</th><th>政府的损失</th></tr>
<tr><td rowspan="3">过程</td><td colspan="2">教育</td><td colspan="2">浪费时间（甚至是枯燥的）</td></tr>
<tr><td>游说和启发政府政策</td><td>与公民建立互信，缓和双方紧张关系</td><td colspan="2">高成本</td></tr>
<tr><td>获取参与技巧，成为积极公民</td><td>获取决策的合法性</td><td>如果意见被忽视，参与过程毫无意义</td><td>产生负面效果，引发公民对政府更多的非议</td></tr>
</table>

---

① Cheung P T Y. Civic engagement in the policy process in Hong Kong: Change and continuity [J]. Public Administration & Development, 2011, 31 (2): 113-121.

② Adres E, Vashdi D R, Zalmanovitch Y. Globalization and the retreat of citizen participation in collective action: A challenge for public administration [J]. Public Administration Review, 2016, 76 (1): 142-152.

③ 约翰·克莱顿·托马斯. 公共决策中的公民参与：公共管理者的新技能与新策略 [M]. 孙柏英，译. 北京：中国人民大学出版社，2005：4.

④ Sherry R Arnstein. A Ladder of citizen participation [J]. Journal of the American Institute of Planners, 1969, 35 (4): 216-224.

⑤ 杨成虎. 政策过程中的公民参与 [M]. 天津：天津人民出版社，2015：88-89.

⑥ 陈芳. 地方治理中公民参与的发展与中国特色——基于政府职能转变的考察 [C]. //陈振明，安德鲁·桑克顿. 地方治理中的公民参与 [M]. 北京：中国人民大学出版社，2016：38-39.

续表

	优点		缺点	
	参与者的收益	政府的收益	参与者的损失	政府的损失
效果	实现决策科学性、民主性		—	丧失决策权
	控制政策过程	避免诉讼	—	出现不利的政策
	更好的政策和更好的执行效果		如果受到持反对意见利益集团的干扰，政府有可能制定出不利的政策	政策执行的相应预算降低

“政府购买公共服务设计初衷是为了给公众提供优质的公共服务，为此就需要让公众参与，以便了解公众所需，公众参与在政府购买公共服务中的地位和作用比公众参与一般行政过程更为特殊和重要”。[①] 只有公民积极参与，才能够达到最佳的政治结果，实现“获得满足最大多数公民需求的规则和决策”，使公众更有可能支持制定与执行决策的机构。[②] 当前，很多笼统地将基本公共服务供给不足视为引起社会矛盾的主要原因的论断不科学，非但不能全面把握当前社会矛盾的深层原因，反而会误导决策层将解决公共服务供给不足问题重点放在增加公共服务供给的绝对数量上，其结果仍然是无法有效改善公共服务资源分配不均与不足问题。实际上，无论是片面政策导向，还是公共服务利益诉求的阻滞，都是由“公共服务供给中公民缺位”造成的。[③] 因此，政府在购买公共服务中应重视公民缺位和参与不足问题。

所以，随着经济社会和民主政治的发展，政府购买养老服务中老年人参与成为一种必然要求。Matos 和 Serapioni 研究发现，制度化和非制度化不同形式的公民参与的立法话语普遍存在，但多数情况下实际的参与性做法却没有实现，尤其是在公共卫生领域和社会服务领域，包括老年人在内的弱势阶层，参与决策仍然局限于立法，实践中较少表达渠道。[④] 政策透明度不仅可以促进老年人参与，而且有助于提高政策有效性。政府应积极引导和规范老年人参

① 王浦劬，郝秋笛．政府向社会力量购买公共服务发展研究：基于中英经验的分析［M］. 北京：北京大学出版社，2016：53.

② 王海峰．地方公共服务型政府构建中公民参与的困境及对策［J］. 行政管理改革，2012（2）：62-67.

③ 陈芳．公共服务中的公民参与——基于多层次制度分析框架的检视［M］. 北京：中国社会科学出版社，2011：4.

④ Matos A R, Serapioni M. The challenge of citizens' participation in health systems in Southern Europe：A literature review［J］. Cadernos De Saúde Pública，2017，33（1）：e00066716.

与，让老年人参与行为在法律的框架内有序地进行，防止参与行为失去控制，造成不良社会影响。

（三）老年人作为“顾客”的参与问题

除了公民角色外，老年人还具有政府购买养老服务的消费者角色，老年人作为“顾客”如何参与，是值得探索的一个问题。在欧洲，大多数非营利组织是在服务领域内运行的，非营利组织需要在一个竞争日益激烈的环境中募集资金，服务营销对其重要性日益增加。这些组织需要不断表明其工作是如何使社会受益，以及如何满足客户需要。[①] 人民即公众，公众满意度与顾客满意度都是以满意与否、程度如何为测量标准，只有公众的需求得到满足，公众对政府的行政服务才会满意，所以顾客满意度是评价政府公共服务成效的统一标准。[②] 将公民视为“顾客”，实质上是“提供了一种新的分配劳动的方式，允许公民参与价值创造过程，对服务产品进行合作创新”。[③]

虽然公共服务与一般私人物品在性质上有很大的不同，但是顾客需求导向和使用者参与理念具有普适性。[④] 我国学者陈荣秋提出了“全面顾客参与”（TCP）概念，强调顾客应该“全方位、全过程、多维度”地参与到生产和管理活动中，并将顾客参与服务供给过程划分为准备、参与和评价三个阶段，且授予顾客一定的控制权。[⑤] 公共服务具有无形性的本质特征，决定了服务差错不能退回和事后弥补，必须力求一次性正确；公共服务不可储存性，还要求服务机构必须协调服务供求的时空矛盾，防止时空不均影响服务效率和服务质量。因此，服务机构必须重视对服务过程的设计，加强对服务人员的组织管理，有效调控服务产能水平。[⑥] 各主体之间行动逻辑和价值追求不同，在政府购买养老服务中表现出不同的角色行为，这种主体间的角色冲突是产生政府购买养老服务一系列问题的重要诱因，包括供需不匹配、政府财政资金使用效率低、服务供应商培育难、服务质量监管难、服务评估困境等。“只有

---

① 戴维·乔布尔，约翰·费伊．市场营销学［M］．徐瑾，杜丽，李莹，等，译．大连：东北财经大学出版社，2013：193.

② 姜文芹．政府公共服务营销模式研究——营销视域下的现代政府公共服务［M］．北京：中国时代经济出版社，2015：169-170.

③ 李进军，胡培．基于消费驱动的经济增长方式转变研究——消费者参与程度测量模型框架［J］．经济与管理研究，2012（9）：33-40.

④ Huang W L, Feeney M K. Citizen participation in local government decision making: The role of manager motivation［J］. Review of Public Personnel Administration, 2016, 48（2）: 52-59.

⑤ 陈荣秋．顾客中心的管理［J］．管理学报，2005（2）：133-139.

⑥ 姜文芹．政府公共服务营销模式研究——营销视域下的现代政府公共服务［M］．北京：中国时代经济出版社，2015：162-163.

切实以老年人需求为导向，把握供需匹配，才能真正解决为谁购买、购买什么、怎么购买、是否物有所值等一系列问题”。①

（四）顾客参与的研究和启示

近年来，随着产品和服务界限的模糊化，研究者开始将过程、产品和服务创新相集成，探索更一般的服务管理框架，甚至形成一个新兴的服务科学管理领域（Service Science Management）。② 服务具有无形性、生产与消费同时性、易逝性，以及不可存储等特性，意味着服务的生产和递送不可分离。但是，由于研究者知识结构、服务具体属性特征等因素的不同，服务创新尚未形成统一的学科体系，存在“服务创新”（Service Innovation）和“服务业创新”（Innovation in Service）的争议。服务科学的研究广泛涉猎金融业、制造业、医疗、社区服务、市政服务、福利保健等领域，涌现出大量研究成果，直接效应是带来融合的方法和分析框架，对公共服务供给体系的变革起到了极大的指导和推动作用。

随着服务业和服务科学研究的兴起，外部环境对服务机构的服务创新影响越来越大，顾客与组织的关系开始发生变化。组织进行服务创新除了在服务中应用新的技术，还与服务本身的特性和要求，新的“顾客-组织”交互关系，以及新的服务生产和递送系统等密切相关。③ 服务机构要识别并接触实际客户和潜在客户，明确员工能力、技巧和服务态度，重视对新技术的选择和应用。服务机构还应考虑机构规模、服务任务的复杂性、服务定制化程度、环境的不确定性等因素，加以调整和应用。“顾客—组织”的合作中，顾客影响服务过程，改变服务生产，因而重新定义了企业部门的职能，通过顾客参与不仅带来信息交换和服务生产的新方式，还赋予顾客新的职能角色。④

Tidd 认为，在整个服务周期中，只有对服务的关键特征和递送过程进行决策后，一些功能才能够输入，所以服务开发和生产的基石是服务机构和利益相关者在产品开发的决策阶段就“同期同时影响”（Early Simultaneous In-

---

① Gallan A S, Jarvis C B, Brown S W, et al. Customer positivity and participation in services: An empirical test in a health care context [J]. Journal of the Academy of Marketing Science, 2013, 41 (3): 338-356.

② Carlson R. Service Science: At the integration of management, social and engineering sciences [J]. IBM Systems Journal, 2008, 47 (1): 41-45.

③ 乔·迪德，福兰克·M. 赫尔. 服务创新：对技术机会和市场需求的组织响应 [M]. 李靖华，等，译. 北京：知识产权出版社，2010：19.

④ Tidd J, Pavitt K. Managing innovation: Integrating technological, market and organizational change [M]. Wiley, 2010: 369-370.

fluence，ESI）。① 对服务机构而言，顾客参与服务产品开发决策、顾客参与服务递送过程越来越重要，在公共服务领域也是如此。② 服务的特性决定服务机构对“服务”这种产品的输入、生产能力、输出都必须满足顾客需求，不管产品的所有权在哪、类型是什么、是物理过程还是体验过程。因此，服务机构应该聚焦顾客的声音，来分析竞争性产品，在服务产品开发的早期就让顾客介入，以顾客需求为方向推动服务产品设计，使用结构化过程确定顾客需求并将其转变为递送要求。③ 随着以市场为导向、以顾客为中心营销理念的发展，顾客参与逐渐成为一种生产和递送产品或服务的方式。顾客参与影响服务产出的质量和效率，已在理论上和实践中得到证实。“顾客新的角色”要求服务机构开发和组织安排与顾客的新型关系，实现顾客对创新过程的参与，特别是与要求高的顾客紧密合作并作出承诺，以便更好实现服务创新。

三、老年人参与政府购买养老服务实践的相关研究

在世界范围内，人们越来越认识到只有确保老年人得到足够的支持和关注，才能很好地适应人口老龄化。西方研究者将老年人参与放在一个广泛的社会框架中思考，围绕老龄化和政治参与这一主题展开深入讨论；我国研究者主要从老年人参与的实践出发，立足国情，围绕政府购买养老服务各个环节的参与现状及问题进行探讨。

（一）政府购买养老服务中老年人参与的重要性

营利性服务提供者倾向于通过分析委托任务中的机会来制定有利可图的市场战略，委托过程中的缺陷，特别是合同约定方面的不足，对护理服务质量产生负面影响。④ 王浦劬等认为，“公民的有效参与是实现善治的必要条件，在政府购买公共服务中，公民参与的作用和地位尤为重要，要实现为公众提供优质服务的目标，就必须基于对公众需求的了解”。⑤ 不仅让公共服务使用

① Joe Tidd. Complexity, networks & learning: Integrative themes for research on innovation management [J]. International Journal of Innovation Management, 2012, 1 (1): 1-21.

② Ende J V D, Frederiksen L, Prencipe A. The front end of innovation: Organizing search for ideas [J]. Journal of Product Innovation Management, 2015, 32 (4): 482-487.

③ 乔·迪德，福兰克·M. 赫尔. 服务创新：对技术机会和市场需求的组织响应 [M]. 李靖华，等，译. 北京：知识产权出版社，2010：6-7.

④ Bach-Mortensen A M, Barlow J. Outsourced austerity or improved services? A systematic review and thematic synthesis of the experiences of social care providers and commissioners in quasi-markets [J]. Social Science & Medicine, 2021 (276): 113-844.

⑤ 王浦劬，郝秋笛. 政府向社会力量购买公共服务发展研究：基于中英经验的分析 [M]. 北京：北京大学出版社，2016：53.

者参与服务设计很重要，而且应该让政府部门、服务商和个人用户直接见面，让个人用户更好地了解政府购买服务的工作理念和实际操作，包括社会无法接触的部分、个性化服务交付情况以及改进服务的接触。[①] 许多老年人是被动参与，冷漠、缺乏沟通和参与的积极性，这需要政府和社会组织引导他们在参与过程中通过非正式学习进行自我完善，了解他人、了解社会，强调老年人从其参与的活动和服务老年人的社会组织中学到东西，帮助老年人注意到老龄化问题、有关老龄化政策以及相关特别经验和教训。[②]

按照项显生的观点，政府购买养老服务中的老年人参与有三个层面的意义："首先，构成一个连续的双向的交换意见过程，增进老年人了解政府的购买行为和购买过程；其次，通过老年人参与行为，政府能够将购买项目、计划、资金及其他政策安排的详细信息，及时完整地传递给老年人；最后，通过老年人参与评估和监督，了解老年人对政府购买的意见和感受，发现问题并及时改进购买方案，共同推进政府购买养老服务目标的实现"。[③] 一方面，强调老年人在参与过程中的"自我完善"，尤其是在参与过程中重视利他主义、自信心增强、精神上的强大等因素对成功参与的促进作用，老年参与者除了要对自身的需求有更多的认识，还要通过参与做出更多的贡献，并获得更多工具技能和养老知识，满足自身需求。另一方面，强调老年人之间的交流和合作，老年人在活动中要学会与他人（其他老人、政府人员、社区人员、协会和志愿者等）交流合作，客观认知政府购买养老服务的公共政策，重视合作和集体行动，在法律范围内提出自身的权利诉求，争取更公平、更平等的社会氛围。

（二）政府购买养老服务中老年人参与的探索

建立政府购买公共服务的公民参与机制，关键在于治理体系中确立公民主体地位；全面公开信息，满足公民知情权；搭建公开听证和民意调查等参与平台；准确把握公民评价结果；加强公民参与评估的制度化建设。[④] 很多研究认识到政府购买养老服务中老年人参与的必要性，指出政府购买养老服务

---

① Moxham C. Public sector commissioning：Experiences of voluntary organizations delivering health and social services［J］. International Journal of Public Administration，2010，33（14）：790-799.

② Serrat R，Warburton J，Petriwskyj A，et al. Political participation and late-life learning：A cross-cultural study of older people's participation in seniors' interest organisations in Australia and Spain［J］. Voluntas International Journal of Voluntary & Nonprofit Organizations，2016，28（7）：265-287.

③ 项显生．论我国政府购买公共服务主体制度［J］. 法律科学：西北政法大学学报，2014，32（5）：69-77.

④ 孙洁．PPP 项目的绩效评价研究［M］. 北京：经济科学出版社，2010：129-130.

必须坚持需求导向，根据老年人的具体需要来提供服务。

第一，老年人参与政府购买养老服务的决策。赵勇等认为，在政府采购养老服务过程中，政府并不是服务的最终接受者，如何在整个采购过程中如实体现老年人的需求是关键。所以，在确定需求阶段，通过多种方法充分了解老年人需求；在谈判或磋商阶段，让老年人参与进来并提出意见。① Sakiko F. 等对日本长期护理和居家护理的数据库数据进行了聚类分析，基于这些机构所服务的老人类型和跨区域差异等细节特征，使用一种方法为家庭护理机构对其提供的服务递送内容进行分类，确保政策允许民间机构基于它们的患者和员工特征以及区域需要提供更好的居家服务，并协助医疗护理政策的制定确保这些机构提供更好的服务。②

第二，老年人参与服务的监督与评估。已有研究者开始认识到政府购买养老服务过程中老年人参与不足的问题，提出强化老年人的主体地位，构建包括老年人、第三方等在内的多元监督体系。老年人全面参与合同签订、执行等过程，同时参与服务质量评价，“增强服务购买全程信息的公开性，力求过程性评估监督和结果性评估监督并重”。③ 颜令帅等认为，政府应发挥监督主导作用，构建合理的服务对象反馈机制和服务提供者申诉机制；协助非营利组织建立财务与信息公开制度；建立服务质量回访制度，发挥老年人的监督作用。④

第三，合同实施中的参与。魏中龙认为，政府除直接监督合同执行过程外，还要引导社会公众尤其是服务对象进行监督，确保服务供应商落实购买合同中约定的内容。⑤ 日本的居民参与型福祉制度是居民和非营利组织（NGO）合作提供社会福利服务，NGO 性质的“居家福祉服务团队”吸纳社区居民为成员，承接介护保险制度中的有关服务。这样，居民不仅是介护服务的接受方，同时也是介护服务的主动供应方，实现了被服务者与服务者之间的角色互换。⑥

此外，也有研究认为应该通过增强老年人获取信息资源的能力，促进其

① 赵勇，李景丽，郑佳慧．政府购买养老服务的难点及建议［J］．中国财政，2016（1）：47-49.

② Sakiko F，Noriko Y，Junko F. Five types of home-visit nursing agencies in Japan based on characteristics of service delivery：Cluster analysis of three nationwide surveys［J］. BMC Health Services Research，2014，14（1）：440-452.

③ 孙玉霞．对政府购买服务相关问题与风险的对策建议［J］．中国财政，2015（22）：68-70.

④ 颜令帅，吴忠，职韵秋．政府购买居家养老服务的政策过程分析——仅以上海市为例［J］．劳动保障世界（理论版），2012（5）：33-37.

⑤ 魏中龙．政府购买服务的理论与实践研究［M］．北京：中国人民大学出版社，2014：41.

⑥ 李硕硕．非政府组织参与居家养老的模式探析［D］．上海：华东政法大学，2015：28-29.

提高社会参与和生活质量。公民从被动参与、授权参与到信息交换，再到自我动员，拓展参与的途径不仅在于开发参与的方式与方法，还在于向公民授予权力和代理安排，通过发展组织活动（Collective Development）来推进公民的授权、知识提升和行动。①

（三）政府购买养老服务中老年人参与的效果和障碍

第一，老年人参与的效果。“公民参与公共服务是否像期待的那样增加了公共服务的供给数量、改善了公共服务的供给质量、推动了民主化进程？如何提升并保证公共服务中的公民参与？这些问题成为公共管理领域的重点讨论议题”。② 政府购买养老服务的方式能够促使服务供应商对老年人需求灵敏反应，提升服务个性化和服务满意度；但存在“官员个人或部门利益、政治观点置入服务供给过程的风险，政府倾向于回应那些易得到满足和好评的群体需求，而不是通过审慎的政策过程追求公共利益”。③ 从实践上看，在政府购买公共服务过程中的老年人参与缺失、参与无效、参与无序等问题仍然突出。④

第二，老年人参与的问题和原因。从性质上看，老年人参与属于公民参与范畴。当前，我国公民参与的共性问题，在政府购买养老服务中有深刻体现。孙彩红通过研究当前公民参与的启动因素和动机，以及参与的具体途径等因素，发现在多个公共事务领域和层面，公民参与都是政府主导、公民被动参与，即参与活动主要是政府动员和主动邀请的参与；参与内容、参与形式、参与方式以及如何参与，多数由政府来确定；参与结果公开程度不够。⑤“公共政策过程中缺乏真正的全过程公民参与，公民在参与实践中还存在参与意识薄弱、参与的组织功能单一、参与制度缺位以及参与机制不完善等问题，导致公共政策制定前的信息收集不完备，不能合理界定政策问题，政策实施过程中易出现目标偏差”。⑥ 谢远学在分析我国公民参与社会管理实践的困境时指出，“公众参与治理的积极性不高”，又热衷于‘搭便车’，多

① Godden N J. The participation imperative in co-operative inquiry: Personal reflections of an initiating researcher [J]. Systemic Practice & Action Research, 2017, 30 (1): 1-18.

② 陈芳. 公共服务中的公民参与 [M]. 北京：中国社会科学出版社，2011：25-27.

③ Deleon L, Denhardt R B. The political theory of reinvention [J]. Public Administration Review, 2000, 60 (2): 89-97.

④ 李洪山，范思阳. 治理理论视角下公民参与政府购买公共服务研究 [J]. 理论导刊，2017 (2): 9-12.

⑤ 孙彩红. 公民参与城市政府治理研究 [M]. 北京：社会科学文献出版社，2016：94-95.

⑥ 石路. 政府公共决策与公民参与 [M]. 北京：社会科学文献出版社，2009：108-110.

数情况是扮演‘被参与’角色”。[①] 当前的公民参与主要是以政府组织和动员方式进行，公民只是“出场”或者贯彻执行；由于长期缺乏畅通的表达渠道，公民参与政治和社会生活的能力普遍较低。[②] 公民参与会延长政策规划进程，进而影响公共财政资源和时间资源的配置效率，公民社会发育不成熟，公民参与存在较多的限制因素。[③] 基于保障政策的公共性和公正性愿望，亟须在公共政策决策过程中广泛引入各种形式的听证会制度等路径和载体。

第三，老年人参与的障碍。虽然公共服务中的公民参与已经非常普遍，但在政府购买养老服务中仍然存在参与效果不佳和参与不足的问题。现代信息技术促进了电子政务的发展，给予老年人更多与政府之间进行信息分享和互动的机会，但有一个争议的结论是“政府的网上服务只能是传统服务的补充途径，未必能大幅度改善政府效率和流程，并提升服务质量”。[④] 虽然互联网技术的发展为老年人参与提供了更多元化的路径，但是“老年人参与不仅缺乏信息、专业知识和兴趣技术性条件，还在服务供给决策上，尤其是决策目标、合同内容制定等方面，缺乏参与深度”。[⑤] 从信息社会的参与角度看，老年人是一个很容易受到排斥的群体。“在老年人口中，每天使用互联网的比例较低，老年人使用新媒体的频率与其社会参与出现了新的鸿沟”。[⑥] 新媒体改善我们的生活品质，也是人们参与社会的媒介。尽管各国政府都重视数字鸿沟问题并致力消除，但老年人在使用新媒体工具获取养老服务信息和社会参与方面仍存在一定的障碍。

（四）政府购买养老服务中老年人参与的途径和测量

有研究认为，一方面，通过制度建设和组织平台建设来拓展公众参与的广度；另一方面，健全信息公开制度和民意调查制度，拓展公众参与的深度。[⑦] 老年人参与政府购买养老服务的途径和测量方式因此不同。

---

① 谢远学．中国公众参与社会管理路径研究［D］．武汉：华中科技大学，2014：47-51.

② 陈潭，王烂辉．微博问政与公众政治［J］．人民论坛，2011（34）：18-19.

③ Vrablikova K. How context matters? Mobilization, political opportunity structures, and nonelectoral political participation in old and new democracies［J］. Comparative Political Studies, 2014, 47（2）: 203-229.

④ Henninger M. Government information: Literacies, behaviours and practices［J］. Government Information Quarterly, 2017, 34（1）: 8-15.

⑤ Thomsen M K. Citizen coproduction: The influence of self-efficacy perception and knowledge of how to coproduce［J］. American Review of Public Administration, 2015, 4（3）: 340-353.

⑥ Tirado-Morueta R, Ángel Hernando-Gómez, Aguaded-Gomez J I. The capacity of elderly citizens to access digital media in Andalusia（Spain）［J］. Information Communication & Society, 2016, 19（10）: 1427-1444.

⑦ 杨成，刘潇潇．论政府购买公共服务中的公众参与［J］．行政与法，2016（10）：17-23.

第一，从服务结果来看，世界卫生组织建议通过监测和评估满意度来提高保健领域的质量和效率，而医疗保健领域的国际研究和实践经验能够为养老服务提供借鉴。Bitew K. 等研究了医疗服务的满意度在于交付服务以及与之相关因素之间的关系，他们选择了 19 个问题作为质量评估框架测量服务对象的满意程度，选取交付访问的原因、劳动时间和递送方式作为独立预测因子，通过二元逻辑回归识别独立的预测因子，结果显示总体满意度是次优。因此，有必要干预独立预测因子来进行顾客满意度优化，而对这些独立因子的干预就是促进利益相关者参与的途径。① Redwood S. 等开展了与健康和社会福利供给相关的经济要求、质量要求、安全性和服务集成研究，构建了一个健康集成团队（HIT）模型，通过汇集国民医疗服务组织、大学、地方当局、患者和公众来促进一体化集成系统的应用，围绕整体系统的参与，积极引入那些有利害关系领域的实践、合作以协同生产确定为“过程”的主题，其中系统级的集成和创新被认为是潜在的对人口健康和服务交付有深远影响的“结果”②，HIT 这一概念模型对进行类似的公共服务安排，以及科学评价有很大借鉴意义。

第二，从服务渠道和技术渠道来看，随着移动互联网技术的发展，各国都在探索新的服务交付渠道。新的信息获取和信息递送渠道影响到服务的响应速度、递送时效、服务质量和服务满意度。Kyu-Nahm 等通过对广东省的实证研究发现，中国政府电子服务平台和电子政府建设，提升了公共服务效率和公民对政府政务公开的满意度，促进了公民的积极参与行为。从政策和管理的角度来看，中国仍需要进一步发展电子政务，提供及时的公共服务信息，开展双向沟通，促进公民参与。③ 有研究表明移动电话能够提高健康服务递送结果，通过手机加载一个应用程序定期发送健康信息提醒，不仅可以显著提高对卫生保健服务的利用，还可以积极影响卫生工作者及其客户的反应行为。④ Shareef 等发现手机短信和互联网服务都可以包括在新的公共服务交付

---

① Bitew K，Ayichiluhm M，Yimam K. Maternal satisfaction on delivery service and its associated factors among mothers who gave birth in public health facilities of debre markos town，northwest ethiopia [J]. Biomed Research International，2015 (2)：320-368.

② Redwood S，Brangan E，Leach V，et al. Integration of research and practice to improve public health and healthcare delivery through a collaborative 'Health Integration Team' model - a qualitative investigation [J]. Bmc Health Services Research，2016，16 (1)：201-213.

③ Kyu-Nahm Jun，Feng Wang，Dapeng Wang. E-government use and perceived government transparency and service capacity [J]. Public Performance & Management Review，2014，38 (1)：125-151.

④ Shiferaw S，Spigt M，Tekie M，et al. The effects of a locally developed mhealth intervention on delivery and postnatal care utilization：A prospective controlled evaluation among health centres in ethiopia [J]. Plos One，2016，11 (7)：1-14.

渠道之中[①]，这些都是发展服务交付渠道的积极因素。因此，信息技术对现代公共服务的供需问题进行了分割，保障了公共服务供给的有效性；能够建立在时间、区位和需求的市场分割之上，能够给服务使用者传递准确而简单的可及性信息[②]，公众则会认为该项服务递送渠道是有效而满意的，这意味着服务供应商能够胜任提供同样公共服务的任务、达到较高的服务递送满意率。

第三，从老年人赋权和增能层面看，在公共卫生、养老等特定公共服务领域，公民应对其享受的公共服务有更大的控制权。对公共服务消费者授权有着极大的诉求，通过立法来保障公共服务消费者权益，增加产品和服务供应商的可选择性，保障服务和信息的可达性。基于服务质量的投诉和响应等，西方国家的公共卫生保健和老年社会服务领域非常重视老年人在自身健康管理所发挥的积极作用。有研究者从营销学的消费者授权视角出发，认为应构建公共卫生和保健服务的老年消费者赋权结构，如顾客控制、顾客参与和医生支持等，来增强医疗保健效果、增加服务双方的信任和承诺，从而建立一种新的协作关系。[③] Sixsmith 和 Boneham 分析正在接受照料的老人及其家属的服务需求，探究了失能对老年人参与的影响，以及如何从越来越多的非正式社区活动中发展其建立社会网络的能力，帮助其获得最需要的信息和支持。[④] 在对老年人赋权的过程中，可以直接让老人参与分析其处境；肯定并善用老人的意见，据此进行决策；使老人参与信息收集过程；尤其要使弱势群体有机会享有政策发展和服务开发的机会；使老人能够参与规划、执行与传播研究，直接与决策者和实务从业者交流他们的处境，使其了解老年人的境况；将老年人表达的议题与层面更广的政策发展联结起来；把老年人的实际需求纳入到经济和社会发展的目标中。[⑤] Kam 阐述了各种不同的因素是如何导致反赋权，这些因素包括实务从业者的态度与工作方式、使用医疗或控制的

---

① Shareef M A, Dwivedi Y K, Kumar V, et al. Reformation of public service to meet citizens' needs as customers: Evaluating SMS as an alternative service delivery channel [J]. Computers in Human Behavior, 2016, 61 (C): 255-270.

② Popolin M P, Touso M M, Yamamura M, et al. Integrated health service delivery networks and tuberculosis avoidable hospitalizations: Is there a relation between them in Brazil? [J]. Bmc Health Services Research, 2016, 16 (1): 1-11.

③ Ouschan R, Sweeney J, Johnson L. Customer empowerment and relationship outcomes in healthcare consultations [J]. European Journal of Marketing, 2006, 40 (9/10): 1068-1086.

④ Sixsmith J, Boneham M. Older men's participation in community life: Notions of social capital, health, and empowerment [J]. Ageing International, 2003, 28 (4): 372-388.

⑤ Mandy H. Participatory research with older people: A sourcebook [J]. Helpage International, 2002: 1-4.

实践模式、拒绝给予参与的机会、限制选择的范围以及对相关资源实行限量供应。[①] 因此，在政府购买养老服务过程中对老年人授权有利于保障老年人权益。政府部门应积极探索赋予老年人权力的策略，探索老年人如何通过与专业服务提供商的互动获得参与授权，以及研究双方互动关系对服务结果的影响。

四、研究述评

当前研究主要针对公民参与政府购买公共服务的问题进行讨论，而且多集中于理论探讨和制度建构，缺乏必要的实证检验。已有研究关注政府购买公共服务过程中的公民参与，但是具体到政府购买养老服务领域，尚无研究针对老年人参与问题进行系统分析，老年人参与仅仅是作为解决其他问题的对策建议。当前，各界对“老年人参与”的定义没有形成共识或者相对清楚明晰的界定，这不仅影响到对“老年人参与”概念内涵与外延的理解，也制约了政府购买养老服务问题研究的深度与广度。

（一）现有老年人参与问题研究缺乏系统性

当前，针对公共服务中公民参与的研究多集中于实际操作层面，有研究注意到“老年人参与服务监督与评价问题”，有研究注意到“老年人需求表达问题”，也有研究注意到“老年人参与第三方评估”问题。现有研究都是针对某一具体问题进行分析，缺少整体层面的把握，没有结合整个政府购买流程进行分析。较少有以整体视野研究政府购买制度建设，从而忽视了养老服务供给制度的系统性和层次性。操作层面的老年人参与策略和技术只有得到整体制度安排的支持，才能有效地、持续地促进养老服务供给和老年人参与的发展；反过来，这种有效、持续的效应也会作用于制度安排，促进制度的调整和发展。因此，政府购买养老服务中老年人参与问题研究一定要超越具体操作层次视角，应结合养老服务供给体系建设的系统性和层次性，从整体角度思考和把握。

（二）现有研究割裂参与主体间的复杂关系

针对公民参与公共事务的研究较多，如参与社区治理、参与某类公共事务等，但就政府购买养老服务这一具体领域的老年人参与研究，尚无深入的探讨。已有政府购买养老服务的研究，主要从政府和服务供应商关系出发，

---

① Kam P K. From disempowering to empowering: Changing the practice of social service professionals with older people [J]. Hallym International Journal of Aging, 2002, 4 (2): 161-183.

较少从养老服务的服务对象出发，对老年人的角色、责任和作用研究较少。国内外学者围绕社会组织参与政府购买养老服务的路径、壁垒、政策和体制障碍，以及如何培育承接养老服务的社会组织等问题进行了深入研究。已有研究主要强调社会组织参与的主体性，基于社会组织与政府之间的互动关系，探索政策执行过程中政府与社会组织的角色、合作机制以及风险约束等，重视对创新管理、购买方式优化、社会组织培育等问题的研究。

虽然社会组织的倡导性和组织性对促进老年人参与有重要意义，但从购买的根本目的来看，还需要回归到根本问题上，即如何满足老年人日益增长的养老服务需求。这就必然要求老年人在政府购买养老服务的整个过程中发挥更积极的作用，监督公共财政资金的使用，保障服务内容匹配性和质量。现有研究主要强调从“购买主体”和“承接主体”两个方面来对政府购买养老服务的机制进行完善，忽略了“服务接受主体”老年人的地位和作用。老年人作为服务接受者、政府购买养老服务的主体之一，其参与情况受到较少关注。老年人与政府、老年人与社会组织、老年人与第三方、老年人与其他社会主体之间存在深层次的互动关系。一方面，老年人参与意义和参与路径的研究都停留在探索阶段，缺乏深入、具体、可操作的研究；另一方面，对老年人与其他参与主体之间的关系缺乏深入思考。

（三）仍需要深化对老年人角色和作用的认识

已有研究关注了政府购买公共服务的顾客导向，但是如何充分发挥公众作为顾客的作用却没有明确的解释。满足老年人日益多样化、个性化的养老服务需求，实现供需的有效匹配，是政府购买养老服务的重要目标。因此，必须从老年人的切身需求出发，发挥老年人的主体作用，才是政府购买养老服务中的关键性问题。当前，国内相关研究主要从“政府”的视角去探索养老服务的供给，更多的是关注政府应该怎么做的问题。例如，政府应该如何监管、政府应该如何选择服务供应商、政府应该如何建立绩效评价体系等，缺乏从宏观层面把握养老服务供给要素之间的内在关系。也有很多研究从“市场”的视角研究养老服务供给，利用市场的方法和杠杆优化养老服务的供给效率和质量控制，鲜有从老年人作为服务消费者的视角去分析，对老年人在政府购买养老服务过程中的角色以及政府与老年人的互动机制少有论及，对如何基于老年人的需求实现服务供给的高效率、高质量和用户满意等问题缺乏思考和分析。

此外，老年人参与仅仅被视为治理工具，老年人不具有决策权，无法自主参与到政府购买养老服务的全部环节和过程。老年人参与被视作改善养老服务供给效率的可选途径，囿于工具层面的视野，老年人参与仅起到填补余缺的作用。

（四）对老年人参与机制的探索尚不够深入

在国内外政府购买养老服务的研究和实践中，主要为主观的理性构建，较少探讨参与主体的互动机制，老年人参与政府购买的路径和机制仍未作为一个独立的研究主题，多数是作为解决政府购买养老服务问题的对策建议。虽然政府和服务机构对应增进老年人参与度已经达成了广泛共识，但是对老年人参与的路径、程度和渠道设置等问题，还缺乏广泛和深入的研究。从文献来看，当前研究比较重视对政府购买养老服务运行机制的探讨，侧重于分析政府和服务供应商之间的主体关系，界定政府购买养老服务的内容、责任边界、财务等问题。认为政府购买养老服务的困境主要涉及有序参与的原则、参与主体资格的认定、参与的领域、参与的深浅程度等。就当前政府购买养老服务的研究和实践情况来看，很少有研究详细论证老年人参与政府购买养老服务的技术、方式和途径，缺乏对哪些环节、哪些层次、什么程度、什么方式、如何组织、参与过程管理等问题深层次思考，更别说以法律法规的形式固定下来，形成制度。此外，从国内外的研究看，尚无对政府购买养老服务过程中老年人参与问题做系统测量的成果，如何基于老年服务对象开发问卷和量表，以更精细化的方式呈现老年人参与过程与机制，是一个亟须解决的重要问题。

第三节　核心概念界定

如马克斯·韦伯所言，“忽视清晰的概念形成，对于实际的经济政策和社会政策的讨论来说，都将是十分危险的”。[①] 概念界定是研究的起点和前提，对相关概念进行操作性界定，有利于确定研究内容、研究边界和研究范围。本书将政府购买养老服务的内涵和范围界定在“上海市政府购买基本养老公共服务”层面，既紧密结合了上海市政府购买养老服务实践，又有利于精准定位和筛选服务对象。同时明确本书的老年人参与是公民参与的具体内容，虽然“老年人参与”尚未上升到学术概念高度，但已经在研究和实践中获得广泛认同。

① 马克斯·韦伯. 社会科学方法论［M］. 李秋零，等，译. 北京：中国人民大学出版社，1999：45.

一、政府购买

（一）政府购买公共服务的内涵和性质

政府购买公共服务，也称为“政府购买服务”或“政府购买社会服务”。与政府购买相关的概念主要有“公共服务外包”“政府采购”“政府合同外包”“民营化”“政府和社会资本合作模式（PPP，P3s）”等。在我国，“政府购买公共服务”（Government Purchases of Public Services）是党和政府文件和学术界的一般用语，而在西方发达国家，使用比较多的是“合同外包”（Contracting Out）、“公共服务民营化”（Privatization of Government Services）或“政府服务外包”（Outsourcing of Government Functions）等概念。[①] 王浦劬等认为，“政府购买公共服务就是将原来直接提供的公共服务事项，通过直接拨款或公开招标方式，交给有资质的社会服务机构来完成，最后根据择定者或中标者所提供的公共服务数量和质量，来支付服务费用”。[②] 于永达等认为，研究政府购买某项具体的公共服务的概念时，不用对“公共服务”“公共物品”等概念进行严格区分，可以统一界定为“政府利用公共权力，整合社会资源，以满足公众某种特定需求为目的而向社会提供的物品与服务的总和”。[③]

政府购买公共服务是一项复杂的制度安排，其制度建设在不断探索和完善之中。[④] 主体关系上，政府、社会力量（社会组织/企业）、公众和第三方形成四元主体的结构关系，改变了以往“政府—公民”的二元结构。在权责关系上，政府履行对公众提供公共服务的责任，承担财政资金的筹集、业务监督与考评绩效的职责。合作方式上，政府与服务提供商建立平等的契约与合同关系，主要通过合同或协议来进行规范管理，而政府采购法对政府购买公共服务也有一定的适用性。萨拉蒙认为，民营化、合同外包、福利券等都是政府市场化工具。[⑤] 政府购买公共服务的机理是将市场机制的工具理性与政府公共服务的目标理性相结合，以工具理性达成目标理性。所以，政府购买

---

① 许光建，吴茵．政府购买公共服务国际经验比较与借鉴［J］．人民论坛，2013（32）：24-25+256.

② 王浦劬，莱斯特·M．萨拉蒙等．政府向社会组织购买公共服务研究——中国与全球经验分析［M］．北京：北京大学出版社，2010：3-4.

③ 于永达，苑全玺，潘星霖．政府购买公共服务的模式选择——基于上海、武汉、无锡三地的比较研究［J］．广东行政学院学报，2016，28（4）：17-23.

④ 侯志伟．政府购买公共服务的制度目标模式与实现路径——以上海市某服务社为例［J］．河北经贸大学学报，2017，38（3）：50-55.

⑤ 莱斯特·M．萨拉蒙．政府工具：新治理指南［M］．肖娜，等，译．北京：北京大学出版社，2016：1-4.

可以视为一种政府治理工具，为了达到一定的社会治理目标所使用的新型公共服务提供方式。

（二）本书的界定

《国务院办公厅关于政府向社会力量购买服务的指导意见》指出，“政府向社会力量购买服务，就是通过发挥市场机制作用，把政府直接向社会公众提供的一部分公共服务事项，按照一定的方式和程序，交由具备条件的社会力量承担，并由政府根据服务数量和质量向其支付费用”[①]，明确指出要“增强公众参与意识”。本书立足于国务院对“政府购买公共服务”的解释和阐述，根据研究需要对政府购买公共服务内涵和外延进行具体界定。政府购买公共服务的购买者是政府；受益对象是广大公民；服务承接方是社会组织或其他有资质的工商组织；购买方式主要有合同外包、补贴、凭单制等。

二、养老服务

（一）养老服务的准公共产品属性

养老服务是一个多维含义概念，研究者会根据其关注和研究需求来定义“养老服务”的内涵，大致可以分为两类：一类是将养老服务界定为满足老年人生活需要的服务内容，包含经济援助、生活照料、精神慰藉、医疗保健等；另一类认为广义上的所有面向老年人的服务都可以称为养老服务，即一切有利于老年人生存的正式或非正式制度安排。[②] 养老服务具有混合公共产品特征，完全通过市场机制提供会形成效率损失，完全由政府提供又损害经济发展，这种介于私人产品和纯公共产品之间的准公共产品，具有非竞争性和非排他性特点。[③] 养老服务缺少成本底线，政府主导补贴资金，具有给予性、强制性和非偿还性，给与予少数补贴金额的多少，主要是财政资金分配的结果。[④] 长期以来，养老服务作为一种公共产品或准公共产品，由政府垄断提供，忽视了市场主体，市场的作用得不到充分发挥。[⑤] 养老服务具有准公共产品的特性，不同的供给结构和递送方式影响其递送的效率，而服务从生产者

---

① 国务院办公厅．国务院办公厅关于政府向社会力量购买服务的指导意见［EB/OL］．http：//www.gov.cn/zwgk/2013-09/30/content_ 2498186.htm.

② 鲁迎春．从“福利救济”到“权利保障”：上海养老服务供给中的政府责任研究［D］．上海：复旦大学，2014.

③ 刘金涛．老年人长期护理保险制度研究［M］．北京：科学出版社，2014：67-68.

④ 姜宏青，高伟霞．政府购买养老服务的交易价格计量创新［J］．财会通讯，2015（19）：53-56.

⑤ 王争亚，吕学静．福利多元主义视角下我国养老服务供给主体问题解析［J］．中国劳动，2015（4）：73-78.

到老年消费者的最终递送仍旧遵循传统的产品营销环节，市场营销理论适用于养老服务递送过程。①

（二）本书的界定

本书研究的养老服务是基本养老公共服务。“十二五”时期，我国明确了基本公共服务清单和具体项目。其中，基本养老公共服务由强调的是政府财政支出责任，至于服务生产和提供主体既可以是政府自身，也可以采用由政府购买服务社会力量承接方式。遵循“保基本、兜底线、广覆盖”的方针，老年人养老服务供给重点集中在应对基本养老服务需求层面。政府在供给养老服务时，应以公民需求为导向，既要考虑公民的需求层次，又要考虑自身的能力限制。保障服务的可及性是政府提供基本公共服务的前提，服务配置必须便利公众接近和获得，低廉或免费。所以，政府购买养老服务要兼顾服务供给的公平和效率，根据老年人的健康水平、自理能力、年龄界线和需求内容来排定优先次序，在保障服务供给公平性的同时，以补贴或低价来鼓励老年人选择性消费。

三、政府购买养老服务

（一）政府购买养老服务内容

2014 年，财政部颁发的《关于做好政府购买养老服务工作的通知》初步确定了政府购买养老服务的内容：在购买居家养老服务方面，主要包括为符合政府资助条件的老年人购买助餐、助浴、助洁、助急、助医、护理等上门服务，以及养老服务网络信息建设；在购买社区养老服务方面，主要包括为老年人购买社区日间照料、老年康复文体活动等服务；在购买机构养老服务方面，主要为“三无”（无劳动能力、无生活来源、无赡养人和扶养人或者其赡养人和扶养人确无赡养和扶养能力）老人、低收入老人、经济困难的失能半失能老人购买机构供养、护理服务。② 同时，该文件将“养老服务人员培养”和“养老服务绩效评估”也归为政府购买的养老服务内容。各地在实践中主要围绕财政部规定的内容和范围进行购买。由此可以看出，政府购买养老服务重点是为老年人购买三类养老服务：第一类是居家养老服务，主要包括社区和居家生活照料两种；第二类是社区日间照护服务，包括短期日间照料和护理服务；第三类是养老服务机构的养老服务。

---

① 朱浩．城市社区养老服务的递送机制研究——以杭州市为例［D］．杭州：浙江大学，2015：3.

② 财政部．关于做好政府购买养老服务工作的通知［EB/OL］．http://www.mof.gov.cn/pub/shehuibaozhangsi/zhengwuxinxi/zhengcefabu/201409/.html.

（二）本书的界定

本书主要立足上海市政府购买养老服务实践展开研究，养老服务是指上海市政府购买的“基本养老公共服务”。2016 年后，上海市政府官方文件中出现“养老基本公共服务”和“基本照护服务”提法，内涵大致相同，主要是指“保基本”的养老服务。在 2017 年 12 月上海市颁布的基本公共服务项目清单中，基本养老公共服务主要包括“社区居家照护服务”和“机构照护服务”两大类，由市民政局牵头负责。① 政府购买养老服务主要集中在“基本养老公共服务”领域，本书所指的政府购买养老服务，指的也是养老基本公共服务这一范畴。

四、老年人“用者参与”

（一）老年人参与的性质

“参与”相对应的英文单词有“participation”“involvement”和“engagement”，三个单词有不同的内涵，以“participation”一词使用较多。我国公民的“参与”一词，没有同义词汇，兼具参与程度、主动性、被告知、协作等内涵，还包含利益相关者意见、观点等的输入。② 从主体界定来看，区别在于“公民”和“公众”两个词的范围不同，公民参与（Citizen Participation）与公众参与（Public Participation）概念不完全相同，公民参与是以维护公民个人利益为直接目的，公共参与则强调把维护公共利益作为行动归宿；从内涵来看，存在着公民参与、政治参与和社会参与等区分。③

从本质上看，老年人参与政府购买养老服务是“公民参与公共事务治理”。公民参与是“普通公民在政府管理公共事务的过程中、制定公共政策的过程中、履行职能活动的结果评价中，以合法的、制度规范的形式提出意见和建议，直接或间接影响政府决策和行为的活动”④，是提升政策质量和促进社会治理的重要路径。政府购买养老服务中的老年人参与，属于公民参与的范畴，是公民参与的具体形式之一。公民参与的动机是满足自身利益，老年人参与政府购买养老服务的动机也是满足自身养老服务需求。

---

① 上海市人民政府．上海市基本公共服务项目清单［EB/OL］．http：//www.shanghai.gov.cn/nw2/nw2314/nw2319/nw12344/index.html.

② 王京传，李天元．国外公众参与旅游目的地公共事务研究综述［J］．旅游学刊，2014，29（3）：116-128.

③ 王新松．公民参与、政治参与及社会参与：概念辨析与理论解读［J］．浙江学刊，2015（1）．

④ 孙彩红．公民参与城市政府治理研究［M］．北京：社会科学文献出版社，2016：36.

（二）老年人参与政府购买养老服务

老年人作为养老服务的实际享用者，其参与被视为“在政府购买制度运作过程中，老年人积极参与服务资格的申请、服务需求的表达、服务过程的监督、服务关系的维护和服务效果的评议”。[①] 老年人作为公民依法享有参与制定养老服务政策制定以及具体行政行为的权利。老年人参与政府购买养老服务是一种公民实质性参与公共政策，参与的目的不仅仅是表达养老服务需求，更是为了实现和维护自身的合法权益，这种实质性参与更接近老年人的本意。老年人参与有利于制定更有效的购买规划，使政府购买的养老服务更贴切地满足老年人需求，使购买政策更容易被老年人接受和支持。“政府购买养老服务中的老年人参与”是“政府购买公共服务中的公民参与”的具体表现，老年人参与本质上是公民参与。

（三）本书的界定

为与党和政府文献表述保持一致，本书对老年人参与界定如下：老年人作为服务的实际享用者，参与到政府购买养老服务政策的制定、实施、评估及成果分享，即老年人以各种方式和手段直接或间接参与到整个政府购买养老服务过程中。具体而言，就是老年人参与到政府购买养老服务制度运作过程中，在服务需求表达、服务合同设计、服务招投标、服务交付过程监督、服务效果评估等环节发挥主体作用，促进政府购买养老服务制度的优化和效果提升，以满足自身养老服务需求。

第四节　研究内容与研究方法

一、研究内容

基于当前老年人参与不足的现实，详细分析老年人参与的动因、过程和结果，发现其中的问题及原因，探索促进老年人参与的路径和对策建议是本书的主要研究目标。围绕研究目标，本书主要探索以下几个方面的内容。

第一，明确政府购买养老服务中老年人参与的价值和意义。政府购买养老服务是当前养老服务的主要供给方式，通过引入市场机制，实现了养老服务的“供给”与“生产”相分离，提高了公共财政效率和养老服务质量，是创新社会治理的具体表现。老年人参与问题是“政府购买公共服务中公民角

---

① 张旭升．政府购买居家养老服务参与主体的行动逻辑研究［D］．南京：南京大学，2011.

色缺位问题”的具体表现。老年人参与问题是当前政府购买养老服务中的重要实践问题，明确老年人参与的价值和意义是研究的基础。

第二，分析政府购买养老服务的运行机制，构建老年人参与问题的分析视角和研究框架。在综合国内外相关研究的基础上，借鉴顾客参与模型的相关研究，构建老年人参与问题的分析框架，将老年人参与置入购买决策、服务供给、服务评价和监督的全部过程，以实现提升服务质量和服务效率的目标。

第三，设计老年人参与问题的实证调查方案。根据研究问题和研究目标，构建老年人参与模型，设计详细的访谈提纲和调查问卷，对影响老年人参与的动因、参与过程和参与结果等方面进行更为深入的探讨，以更加精细的方式呈现老年人参与的机制和作用，深化对老年人参与的认识。

第四，分析政府购买养老服务过程中老年人参与的现状，指出现存问题以及阻碍老年人参与的因素。通过问卷调查，分析老年人参与的动因、过程和结果之间的相互影响和关系，结合对以往文献梳理和访谈调查，综合分析老年人参与现存问题，并分析主要阻碍因素，获得管理启示，以便提出针对性对策建议。

第五，探索促进政府购买养老服务中老年人参与的可操作路径。本书认为，应该以政府为主导，分层次、全方位地构建老年人参与机制，并从法律层面上给予支持，使老年人参与制度化。如增加老年人的“民意表达机制”，重视老年人的“养老需求”“服务诉求”“接受服务的满意度”和“权利诉求”等，帮助政府更科学地购买养老服务，满足老年人的养老需求。

二、研究方法

本书以上海市政府购买养老服务实践为基础，围绕老年人参与问题进行探索性研究，采取整合式取向的研究方法，即综合使用定性与定量的方法，既注重数据资料，也注重文字资料。通过文献研究、问卷调查、半结构化访谈等途径实现资料的收集和分析。具体而言，本书采用的研究方法如下。

（一）文献分析法

本书分析的文献主要有学术性文献资料和非学术性文献资料两大类。学术性研究文献主要包括国内外关于政府购买养老服务的学术论文、学术著作和学术报告等。通过对国内外文献资料的收集和梳理，归纳政府购买养老服务运行机制、角色关系、老年人参与的作用和意义、养老服务资源配置、服务递送等方面的研究成果，在以往研究成果的基础上确立本书的理论视角和分析框架。

非学术性文献主要包括政策法规类资料以及内部资料等。研究收集大量中央部委和上海市关于政府购买养老服务的政策文件、官方网站数据、权威新闻报道、相关部门工作报告、服务合同与服务协议文件等政策法规类文献资料；还收集了非公开出版的政府文献、内部刊物、社会组织、企业资料和产品宣传资料等。这些非研究性文献资料有助于把握上海市政府购买制度实践的情况，为理解制度参与主体、制度运行过程等提供了必要的材料支撑。

（二）问卷调查法

通常来说，问卷调查提供了对某一情境的有效描述，一方面有助于提高我们对老年人“需求”的识别，确认养老服务供需匹配情况；另一方面可加深对现状和问题的认识，明确政府购买养老服务过程中存在的障碍和问题。从国内外研究来看，政府购买养老服务过程中多参与主体相互之间如何影响依然存在待挖掘的方面，迫切需要用实证研究的方法揭示多主体参与对服务供给的影响机制。本书设计了政府购买养老服务中老年人参与状况调查问卷，旨在考察在政府购买养老服务过程中老年人参与动因、参与过程和参与结果，了解其现状及相互关系。

（三）访谈法

本书采用半结构式访谈法，以期全面分析老年人参与问题。访谈对象的筛选主要依据“关键性”和“类型”展开，所谓关键性，是指在制度实践中有重要影响的人员，或者对制度设计和运行比较了解的人员；所谓类型，是围绕不同购买主体类型展开的抽样访谈，主要有政府决策者、基层政策执行者、服务承接和递送者、服务接受者以及第三方监督者等类型。本书的访谈对象主要分四个类别：老人及其主要照顾者、政府部门人员、服务机构人员以及第三方机构人员。通过多方主体的相互印证和纠偏，全面把握购买机制运行中的情况和问题，避免了方法上的偏向或局限，有助于获得对政府购买养老服务更为全面的认知。

（四）统计分析法

本书主要利用 SPSS22. 0 和 AMOS22. O 等统计软件对调查收集的数据进行实证分析，并对研究模型和研究假设进行检验。主要包括：对样本变量的描述性统计分析；通过单因素方差分析来了解人口因素对主要变量的影响；通过因子分析法构建老年人参与政府购买养老服务的测量指标体系，并对收集到的有效问卷进行信度和效度检验；通过结构方程模型等方法对研究模型和研究假设进行检验。

三、结构安排

（一）本书结构

根据研究目标和研究内容，本书的研究结构设置如下。

第一章为“绪论”。介绍政府购买养老服务的背景，明确本书的研究问题和研究意义；界定老年人参与问题的核心概念，确定研究范围和研究边界；围绕研究问题进行文献回顾，确定研究目标、方法和结构安排等内容。此外，还介绍了研究特色和创新之处。

第二章为“理论基础与分析框架”。本部分首先回顾了政府购买养老服务中老年人参与问题研究的理论基础，明确了价值取向理论和分析操作性理论的理论启示和应用范围。基于顾客参与模型的思路和启示，对政府购买养老服务中老年人参与的过程、状况、机制等层面进行探索，提出“动因—过程—结果”分析框架，构建了老年人参与操作模型。

第三章为“调查设计与数据收集”。介绍了调查区域政府购买养老服务概况，在现状分析的基础上进行老年人参与的实证设计。一方面，根据研究目标设计相关访谈；另一方面，根据老年人参与模型设计相关问卷。调查组织实施后，对数据进行回收和整理，并对正式问卷进行信效度检验，为后续数据分析做铺垫。

第四章为“老年人参与政府购买养老服务的动因分析”。基于问卷调查和实际观察，描述老年人参与的动因，进而详细分析老年人参与的内部动机和外部诱因。同时分析当前老年人参与动因中存在的制约与问题。

第五章为“老年人参与政府购买养老服务的过程分析”。基于问卷调查和实际观察，描述老年人参与过程，进而详细分析老年人在政府购买养老服务三个阶段的参与情况，指出老年人参与的无效及其原因。同时，分析老年人参与不足造成的购买目标偏离，影响政府购买养老服务制度良性运行。

第六章为“老年人参与政府购买养老服务的结果分析”。基于问卷调查和实际观察，描述老年人参与结果，进而分析影响老年人服务质量感知的因素、老年人高满意度形成原因。指出老年人服务质量高感知和高满意度这一“结果假象”，掩盖了政府购买养老服务效果不佳的事实。

第七章为“老年人有效参与政府购买养老服务的路径”。本部分根据第四章、第五章和第六章发现的问题，探索如何构建可操作路径体系来促进老年人参与，为政府治理提出策略和建议。针对前文发现的问题，提出应发挥政府的主导作用，从老年人参与动因、过程和结果三个层面着手，营造积极的制度环境，探索具体的操作办法，以促进老年人参与。

第八章为“结论与展望”。给出本书的主要结论，分析本书存在的不足，并指出未来研究应重视的角度和方向。

（二）技术路线

根据上述研究目标、研究内容和结构安排，绘制出本书的技术路线，如图 1-4 所示。

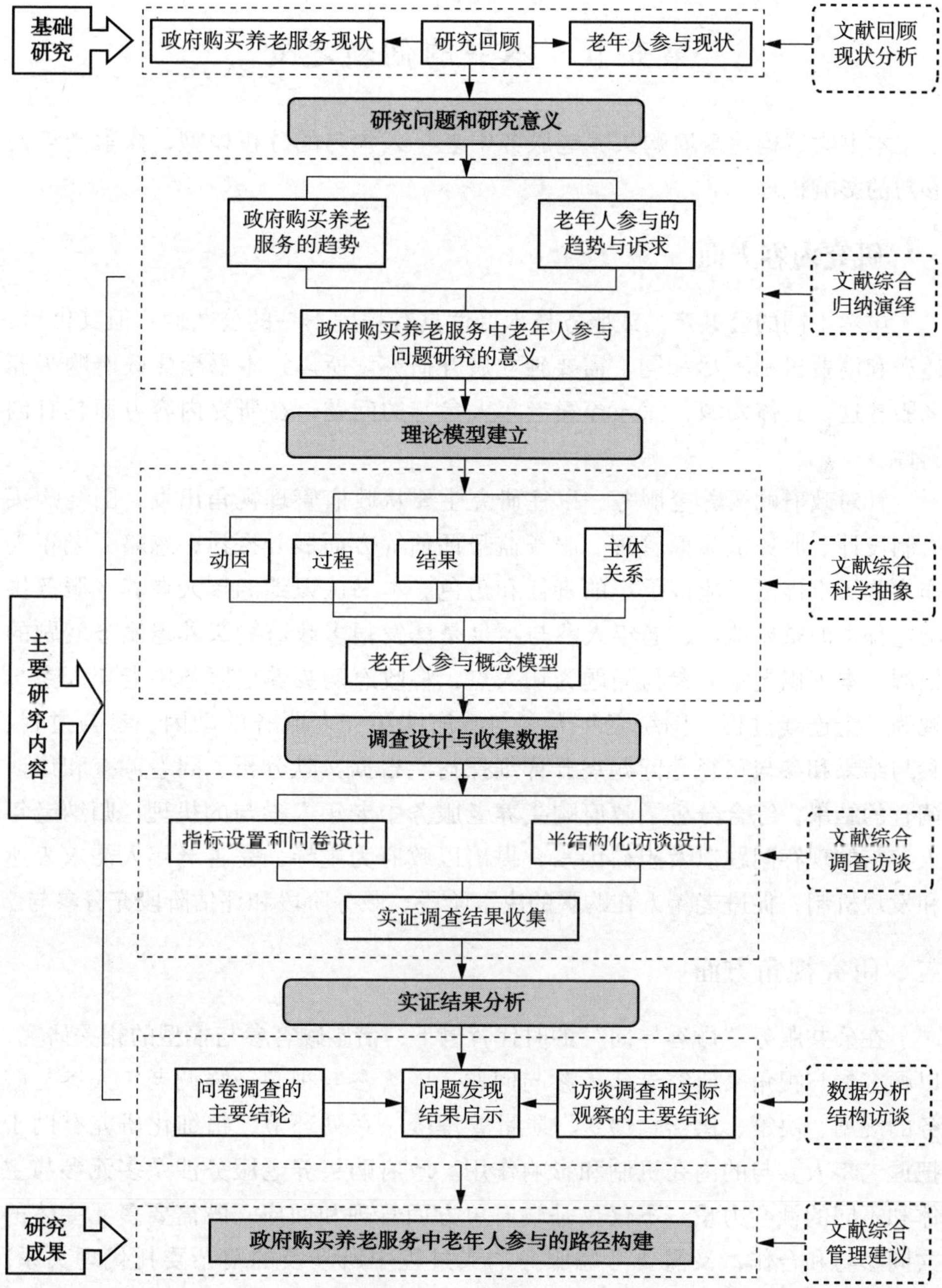
基础研究
政府购买养老服务现状
研究回顾
老年人参与现状
文献回顾现状分析
研究问题和研究意义
政府购买养老服务的趋势
老年人参与的趋势与诉求
文献综合归纳演绎
政府购买养老服务中老年人参与问题研究的意义
理论模型建立
动因
过程
结果
主体关系
文献综合科学抽象
老年人参与概念模型
主要研究内容
调查设计与收集数据
指标设置和问卷设计
半结构化访谈设计
文献综合调查访谈
实证调查结果收集
实证结果分析
问卷调查的主要结论
问题发现结果启示
访谈调查和实际观察的主要结论
数据分析结构访谈
研究成果
政府购买养老服务中老年人参与的路径构建
文献综合管理建议

图 1-4　本书的技术路线

第五节 本书的创新之处

本书尝试构建政府购买养老服务中老年人参与的分析模型，探索老年人参与的影响机理。

一、研究内容方面

虽然不同的公共产品或服务技术特性具有程度不一的公共性，但其供给、递送和消费机制不尽相同，需要独立展开研究。所以，本书聚焦政府购买养老服务这一具体领域，深入探索老年人参与的问题，在研究内容方面具有创新性。

针对政府购买养老服务，以往研究主要从政府管理视角出发，围绕购买机制设计、服务供应商管理、服务监督评估等方面展开探讨，忽略了老年人作为购买主体之一应该承担的责任和角色。本书认识到老年人在养老服务供给过程中的重要地位，老年人参与不足是诱发很多政府购买养老服务问题的根源。本书以老年人参与问题为切入点，将政府购买养老服务中老年人参与视为一个连续过程，围绕老年人参与政府购买养老服务的动因、参与过程、参与结果和参与路径等问题展开详细探讨。根据文献分析、问卷调查和访谈调查的结果，综合分析了政府购买养老服务中老年人参与的机理，归纳老年人参与的现存问题以及阻碍因素，提出以政府为主导，完善老年人需求表达和发现机制，促进老年人在购买的决策阶段、服务阶段和评估阶段充分参与。

二、研究视角方面

在公共服务“顾客导向”的时代背景下，借鉴顾客参与模型的相关研究，以顾客参与视角来研究老年人参与问题。顾客参与视角，强调老年人参与服务的规划、决策、供给、递送、质量管理等一系列环节，精细化研究有助于把握老年人参与的内在机制和影响作用。政府购买养老服务涉及多元参与主体和不同的社会力量，不仅仅是政府单方面管理和回应，既需要多元主体的共同参与和合作，又需要考虑服务购买过程中所涉及的复杂委托代理关系。顾客视角促进了公共部门运营管理和服务过程中各种角色识别和支持，为顾客和服务供应商带来一系列积极结果。[①] 顾客导向视角强调老年人应参与到服

---

① Mustak M，Jaakkola E，Halinen A，et al. Customer participation management：Developing a comprehensive framework and a research agenda［J］. Journal of Service Management，2016，27（3）：250-275.

务的规划和决策、生产和递送、质量控制与提升以及评估与反馈的全过程，使政府购买养老服务政策更具有回应性、更符合老年人的需求，以达到老年人满意的目的。在政府购买养老服务领域选取“顾客导向”视角有利于研究的深入，具有较强的解释意义。

三、研究方法方面

已有对老年人参与问题的研究，主要是对态度和频次的简单测量，以描述性统计为主，对统计技术和统计方法的利用程度不高，对老年人参与的问题更多的是停留在直观感受层面，较少有研究利用问卷和访谈等实证分析方法将问题的细节呈现出来。虽然老年人参与很多层面的研究还属于探索性阶段，定性方法是适当和必要的，但定量调查将更有益于未来的研究，基于服务对象参与的问卷开发和验证，基于体验和过程视角解释顾客参与，有助于以更加精细的方式呈现老年人参与的发生机制和运行进程。

本书结合了定性与定量的研究方法，既追求精确性又追求深入性。“定量研究具有精确性和广泛性，尤其是对‘关系’和‘过程’的广度和深度探索上，有助于了解变量（现象）间存在的复杂关系；而定性研究具有深入性，可激发对问题和结果的思考，能够为了解和阐释事实提供更富有解释力的素材”。[①] 本书借鉴顾客参与模型的理论架构和分析思路，构建了老年人参与的分析框架和操作模型。从分析参与前因、参与过程和参与结果的视角出发，设计了老年人参与的半结构化访谈和调查问卷。本书使用了文献分析法、问卷调查法、访谈法、统计分析法等多种方法，力求多种分析结果相互印证，以更全面把握政府购买养老服务中的老年人参与问题。

---

① 熊跃根．需要、互惠和责任分担——中国城市老人照顾的政策与实践［M］. 上海：上海人民出版社，2008：53-54.

第二章　理论基础与分析框架

第一节　理论基础

政府购买养老服务赋予老年人新的角色和权利，应强调老年人作为服务消费者的主体地位，坚持老年人需求导向，提供老年人需要的养老服务。因此，围绕如何实现“顾客导向”和“使用者参与”，本书将顾客参与理论作为分析操作性理论，将公共管理理论作为价值取向性理论，从两个理论中汲取理论知识和启示。

一、顾客参与理论

（一）理论概述

20 世纪 70 年代末，出于提升企业竞争力的需要，企业逐渐认识到顾客对新产品/服务创新的重要作用，吸引顾客参与以提高生产效率和市场竞争力。随着经济增长方式的转变和消费者主体地位的确立，市场营销理论经历了由“以产品为中心”的营销观念到“以顾客为中心”“以消费者为中心”的发展过程。“顾客参与”“消费者参与”“服务使用者参与”等主题，逐渐成为研究服务营销的重要课题。近三十年来，对于顾客参与的研究从企业视角转变到顾客视角，再到合作生产和价值共创。西方营销学者对顾客参与进行了深入研究，包括顾客参与的基本理论、顾客参与的动机和原因、顾客参与的过程、顾客参与对服务的影响①等。顾客参与理论的主要观点如下。

1. *以顾客为中心*

随着服务营销从产品主导逻辑向服务主导逻辑转变，需要顾客参与来强调顾客角色的演进、实现共同生产的目标。顾客导向的主旨是把消费者的意见带进企业内部，根据消费者的需要制定策略和设计产品。顾客在服务生产和交付中是一个“积极”参与者角色，服务机构应认识到顾客的关系价值，

---

① 彭艳君．国外顾客参与研究述评［J］．北京工商大学学报（社会科学版），2008，23（5）：56-60.

与顾客共同合作、迎合他们个性化和独特的需求和期望。[①] “顾客参与服务的根源在于生产与消费的不可分离，服务的生产、交付和质量离不开顾客的贡献，服务结果在相当程度上依赖于顾客的参与和合作”。[②] 企业的整个经营活动都以顾客满意度为指针，从顾客的角度、用顾客的观点来分析考虑消费者的需求，稳定和提高顾客满意度，保证企业在市场竞争中占有优势并永远留住顾客。[③] 顾客导向将顾客作为考虑问题的起点，把顾客放在经营的中心位置，以顾客的需要来引导企业的决策和生产。

2. 价值共创

顾客参与的本质就是价值协同创造，服务供给过程中的相互作用，是供应商为客户提供资源的过程，也是客户将服务转化为价值的过程。[④] “顾客参与的根本目的在于价值创造，而价值创造是一个系统过程，通过多个参与主体之间的交互和合作，企业与消费者双方的资源被结合起来，从而实现更大的价值目标”。[⑤] 顾客参与过程重视与顾客的“共同生产”。共同生产是顾客与服务生产商之间的一种积极互动过程，在这个过程中，顾客主动提供需求信息，与服务生产者共同发明、合作设计、共同生产和提供递送服务，保证服务能够满足顾客需求。顾客可以参与到服务价值链的任何一个环节，在服务的合作设计、共同生产等环节表现为一种合作性的开发行为。在共同创造过程中，顾客自发地、主动地提供需求信息，并做出服务项目选择，根据需求定制服务，而不是从规定的选项中选择。

3. 顾客满意

顾客参与追求“顾客满意”。顾客满意是顾客对享受服务的所有过程的综合评价，可反映出服务机构过去、现在，甚至未来的绩效。顾客满意理念的产生是企业管理观念变迁的必然，从“产值中心论”到“销售中心论”，再到“利润中心论”，再到“市场中心论”，再到“顾客中心论”，直至进入“顾客满意中心论”阶段。顾客的人格特质会影响顾客的参与意愿和满意度，

---

① Dong B. How a customer participates matters: “I am producing” versus “I am designing” [J]. Journal of Services Marketing, 2015, 29 (6/7): 498-510.

② 范秀成，杜琰琰．顾客参与是一把“双刃剑”——顾客参与影响价值创造的研究述评 [J]. 管理评论，2012，24（12）.

③ 刘璐，唐娟．顾客导向研究综述 [J]. 江苏商论，2012（5）：179-180.

④ Grönroos C, Ravald A. Service as business logic: Implications for value creation and marketing [J]. Journal of Service Management, 2011, 22 (1): 5-22.

⑤ 彭艳君．企业—顾客价值共创过程中顾客参与管理研究的理论框架 [J]. 中国流通经济，2014（8）：70-76.

心理学的“内外控”常被用来预测人们对整体环境的掌控程度、参与意愿以及对服务结果的归因倾向。① 许多服务交互需要客户积极参与才能完成，在医疗保健领域，鼓励客户（患者）分享相关信息、期望的结果和目标，共同创造有价值的客户体验，对于服务的过程和结果都至关重要，顾客的积极参与可以推动其对服务质量和满意度的感知。

4. *顾客全面参与*

通过顾客全面参与（Total Customer Participation，TCP），可实现企业价值和顾客价值的融合，尤其是在服务业，顾客不仅参与服务的供给过程，还允许参与所有业务的决策、开发、生产、评估等阶段，充分整合顾客能力。在整个服务产品周期内顾客持续的参与，使产品和服务能够根据顾客需求定制化，从而提升顾客满意度和忠诚度。② 随着顾客需求的个性化越来越强烈和明显，顾客角色发生变化，顾客成为生产消费者、生产资源、合作生产者、购买者和使用者。为了适应这一趋势，更好地满足顾客的需求，越来越多的企业主动邀请顾客参与到产品的设计、选择、制造、销售和评估等一个或多个环节。③ 顾客全面参与理念提出让顾客全面参与服务的准备阶段、参与阶段和评价阶段，顾客能够贡献他们的经历、技能和知识到服务生产和递送过程之中。

（二）理论启示

顾客参与理论的研究成果已经广泛发表在各种学术刊物上，早已超出了服务营销手段，表明了顾客参与和各种学科的相关性。结合来自其他领域的服务营销思想和管理策略，包括运营管理、战略管理和信息管理等，并为顾客和服务供应商带来一系列积极结果。④ 顾客参与概念的发展及其与价值创造、合作生产等方面的联系，使其具有普适性的研究价值，可广泛应用在医疗保健、公共就业、社会服务等公共服务问题中。⑤ 本书借鉴企业管理中的“顾客导向”“产品与服务战略”等理念，具备方法上的可行性和合理性。将老人作为“顾客”，围绕老人的需求提供产品和服务，将企业（社会组织、政府、家庭）有限的资源进行整合，提高供给效率和精准度。虽然在医疗保健

---

① 贾薇．顾客参与对顾客价值创造的影响机理研究［M］．北京：中国林业出版社，2012：21.

② 朱俊．面向价值融合的全面顾客参与研究［D］．武汉：华中科技大学，2010.

③ 张文辉．顾客参与公司治理研究［D］．武汉：华中科技大学，2008.

④ Mustak M，Jaakkola E，Halinen A，et al. Customer participation management：Developing a comprehensive framework and a research agenda［J］. Journal of Service Management，2016，27（3）：250-275.

⑤ Karina T Liljedal. Communicated consumer co-creation. Consumer response to consumer co-creation in new product and service development［D］. Stockholm School of Economics，2016：30-33.

服务领域有研究表明，很多受访者在不同程度上拒绝“客户”“顾客”“消费者”“合作伙伴”等标签，仍然偏向于患者的称呼①，但是这并不意味着他们拒绝参与决策和服务，而且他们非常重视与服务供应商的伙伴关系和积极互动。

二、新公共管理理论

（一）理论概述

20 世纪 70 年代末以来，西方发达资本主义国家进行了深刻的政府治理改革，“重塑政府运动”“企业型政府”“民营化”等都是对这场运动的称谓。研究者普遍将这种区别于传统公共行政的新理论范式和新政府实践称为“新公共管理运动”。西方国家公共管理变革更关注公共服务供给效率的提升，逐步转变政府职能，对公共服务的供给主体和公共服务质量进行监督，其中，公共服务民营化和外包成为西方国家政府改革的主要实践。新公共管理理论认为私营部门的成功经验和方法也适用于公共部门，积极引入了“顾客为导向”的理念和战略②，降低公共服务成本、提高公共服务效率和保障公共服务质量。新公共管理理论对公共治理有多种主张，其中对本书研究有重要启示的主张有以下几个方面。

1. 以顾客为导向的全新价值理念

新公共管理完全改变了传统模式下政府与公众之间的关系，政府不再是发号施令的权威官僚机构，而是以人为本的服务提供者，政府公共行政不再是“管治行政”而是“服务行政”。公民是享受公共服务的“顾客”，政府以顾客需求为导向，尊崇顾客主权，坚持服务取向。新公共管理运动兴起以来，公共服务以顾客（公民）为中心，强调顾客参与和服务定制，并根据顾客需求的变化动态调整服务过程，逐渐成为一种治理趋势。③

2. 治道变革，政府职能由“划桨”转为“掌舵”

新公共管理理论主张政府在公共行政中应该只是制定政策而不是执行政策，政府应该把管理和具体操作分开。公共服务购买与供给分离是普遍趋势，

---

① Royer N, Larivière N, Carbonneau H, et al. Match between needs and services for participation of older adults receiving home care [J]. Leadership in Health Services, 2014, 27 (3): 204-223.

② 王浦劬，等. 政府向社会组织购买公共服务研究：中国与全球经验分析 [M]. 北京：北京大学出版社，2010：11.

③ Huang B, Zhu P, Wu C. Customer-centered careflow modeling based on guidelines. [J]. Journal of Medical Systems, 2012, 36 (5): 3307-3319.

通过购买与供给的分离来回应公众对于效率以及使用者权利的诉求，从供给导向转向需求导向，通过引入市场竞争机制来提供高效率、高品质的服务，成为养老服务输送的新模式。① 服务的供给与生产分离，迫切需要更多的沟通和监管，以保证服务质量，而作为服务实际使用者的老年人，能够有效实现供需沟通和服务质量监管。

3. 公共管理中引入竞争机制

新公共管理理论主张政府管理应广泛引入市场竞争机制，通过市场测试，让更多的私营部门参与公共服务的提供，提高服务的供给质量和效率，降低成本。随着新公共管理理论逐渐得到推行，资源和结果之间形成了强有力的纽带，同时组织法定服务理念开始改变，消费者选择、效率和效力成了国家改革的动机。② 新公共管理理论主要通过私有化、精简、竞争和分包服务为非营利组织和私营部门证明了改革的正当性。在这种背景下，外包服务日益盛行，使得服务提供与服务生产分离。政府在公共管理过程中引入商业管理工具和市场竞争机制，在公共服务领域确立合同契约制，其中合同外包制（Contracting Out）是政府购买公共服务的重要理论基础。③

4. 追求效率和实践最佳结果

追求效率是公共管理活动的出发点和落脚点，主要采取“实施明确的绩效目标控制”“重视结果”和“采用私营部门成功的管理手段”三种方法。④ 企业管理的理念、思想、方法、工具等日益引入政府管理，在这一背景下，工商管理理念和方法被各国政府广泛倡导和实践，试图以此改善政府与公民之间的关系，进而提升政府的公信力。⑤ 在改革购买公共服务的过程中，公共服务消费者的主体作用逐步被激发，原则上强调消费者的选择性，强调赋予消费者更大的自主性，更注重消费者参与监督评估，保障购买是为了满足消费者不断变化的公共服务需求。⑥ 顾客导向对于公共部门来说很重要，以

---

① Bovaird T. The ins and outs of outsourcing and insourcing: What have we learnt from the past 30 years? [J]. Public Money & Management, 2016, 36 (1): 67-74.

② 王浦劬，郝秋笛．政府向社会力量购买公共服务发展研究：基于中英经验的分析［M］. 北京：北京大学出版社，2016：238-239.

③ 陈振明．评西方的“新公共管理”范式［J］. 中国社会科学，2000（6）：73-82.

④ 朱米均．西方新公共管理理论述评［J］. 党政干部学刊，2006（8）：30-31.

⑤ 董丽．基本公共服务质量评价问题研究［D］. 长春：吉林大学，2015：87.

⑥ 王浦劬，郝秋笛．政府向社会力量购买公共服务发展研究：基于中英经验的分析［M］. 北京：北京大学出版社，2016：202.

顾客为导向战略可以提高公共服务质量感知水平和顾客满意度。① 对于政府购买服务而言，品质是指公共服务的质量，其中“最佳价值”就是“最佳服务效果”，追求服务接受者（公众）的满意度。

（二）理论启示

政府购买养老服务过程中，“必须从供给导向转向需求导向，政府主导、社会与市场深度参与，以老年人的实际需求来规划、布局，真正实现精准服务”。② 让老年人成为养老资源配置的决策者、执行者和监督者，构建老年人全程、长效参与机制是养老服务供给需求导向的路径选择。

1. 养老服务供给中的顾客导向

新公共管理理论强调公共服务的“顾客导向”，政府以顾客（公民）需求为导向，坚持服务取向。“顾客导向”的养老服务供给不仅有坚实的理论支撑，还有显著的潜在优势。在越来越多的公民期望参与社会治理的时代，同时交织着与之相关的人口老龄化问题，这使得老年人参与成为现代政府的重要课题。③ 老年人是养老服务的最终消费者，政府需要充分发现和了解老年消费者的需求，构建消费者需求表达渠道，甚至把各种资源直接交到消费者手中④，“让公民选择服务提供者，从而让顾客坐到驾驶的座位上”⑤，政府不能再根据自身的工作理念和价值偏好来提供养老服务，必须构建“顾客导向”的服务供给机制。为了满足老年人的需求，了解老年人的观点是至关重要的，老年人的参与已成为设计和完善养老服务项目的关键。⑥ “顾客导向”以满足老年人需求为目标，以老年人的需求贯穿精准服务供给的全过程，使老年人成为公共养老资源配置的主要决策者、执行者和监督者，不断提高其公共服务质量感知水平和满意度。构建顺畅的需求表达、识别及回应机制，创新老

---

① Józsa T. The antecedents of market orientation and its effect on customer satisfaction and service quality：The case of Hungarian municipal public service provisions ［J］. International Review on Public & Nonprofit Marketing，2017（14）：1-17.

② 郑功成．养老服务业需做大调整［N］. 人民日报，2015-11-20（13）.

③ Andrea M Petriwskyj，Jeni Warburton，Jo-anne Everingham，et al. Seniors' motivations for participation in local governance：Evidence from an australian study ［J］. Local Government Studies，2014，40（2）：240-263.

④ 王浦劬，郝秋笛．政府向社会力量购买公共服务发展研究：基于中英经验的分析［M］. 北京：北京大学出版社，2016：27.

⑤ 奥斯本·盖布勒．改革政府：企业家精神如何改革着公共部门［M］. 周敦仁，等，译．上海：上海译文出版社，2006：12.

⑥ Boelsma F，Baur V E，Woelders S，et al. “Small” things matter：Residents' involvement in practice improvements in long-term care facilities ［J］. J Aging Stud，2014（31）：45-53.

年人全程参与机制，建立有效的评估监督机制是“顾客导向”的必然选择。

2. 对顾客导向的批评和超越

“顾客导向”对提升政府服务理念、改善服务质量具有很强的启发性和指导性，但是顾客导向理念在政府的实际管理中存在顾客不明确、顾客需求个人化和非理性、顾客选择权不足等问题。新公共服务理论不仅强调把公民作为顾客，还重视其公民属性和公共服务的公共性。顾客参与理论和新公共管理理论将老年人作为服务的“消费者”进行身份和需求分析，而公共服务理论更强调老年人作为“公民”的本质属性。被当作“顾客”的老年人可能享受到比以前更有效率的养老服务供给，但容易忽视其在公共服务供给的规划、决策、监督、评估等环节中的“公民”角色。所以，政府应该实施个性化服务和均等化服务相结合的策略，通过科学的制度设计来规范顾客需求、重视公共价值、创新服务供给体系等。

第二节 顾客参与分析模型及启示

顾客导向战略兴起后，无论是服务影响领域，还是公共服务领域，都在探索如何分析顾客参与和如何实现顾客参与，由此产生了多种顾客参与理论模型，用来分析顾客参与。

一、基于结果和过程的两种顾客参与维度

研究者普遍认为顾客参与是一个复杂、多维度的变量，但不同的学者从不同的角度和研究目标出发，对顾客参与的维度有不同的划分，尚未形成统一的划分方法和划分标准。[①] 在服务业中，服务的生产和消费同时进行需要顾客自始至终的参与，所以研究者多将顾客参与视为一个行为性概念。[②] Cermak 和 File 认为“顾客参与是顾客在服务生产和递送中投入知识、精力、资源等的具体行为，也可以理解为顾客在生产过程中的卷入程度”。[③] 顾客参与是指客户投入精力、时间、知识，或和服务的生产和交付相关的其他资源，往往是智力、实体、情感、资源等几种组合的投入，通过这样的投入，进而影响

---

① 赵菁，陈信康．顾客参与对行为意向的影响研究［J］．现代营销（学苑版），2010（9）：20-23.

② 朱俊．面向价值融合的全面顾客参与研究［D］．武汉：华中科技大学，2010.

③ Cermak D S P，File K M，Prince R A. Customer participation in service specification and delivery［J］. Journal of Applied Business Research，2011，10（2）：90-97.

服务产品的生产、递送和结果。[①] 目前，有两个比较成熟的出发点来划分顾客参与维度，一个是从顾客参与的过程角度划分，强调服务的整个过程；另一个是从顾客参与的结果角度划分，强调服务的结果。[②]

从顾客参与的过程角度划分，主要以顾客参与服务的决策、生产、递送的过程来作为划分标准进行界定，认为顾客参与贯穿了服务前的准备、服务中的交流和关系建立以及最后的信息反馈、服务改进和弥补等整个过程，顾客参与在整个服务过程中都发挥着重要作用。

从顾客参与的结果角度划分，主要是通过顾客参与这一行为产生的相关结果为划分标准。对组织而言，能够通过顾客参与实现“提高决策效率、提升服务质量、节约生产成本和增强顾客忠诚”[③] 等结果；对顾客而言，通过参与活动，能够提升满意度，获得高质量服务。

本书认为，顾客参与其中是一个不可分割的流程，服务创新、设计、生产、递送、效果评估、持续改进都需要顾客持续的参与。顾客参与的过程观点更适合作为一个概念框架，遵循了顾客参与行为中的顺序关系。因此，本书重点从顾客参与过程角度对顾客参与进行分析和归纳。

二、基于过程观点的顾客参与模型

（一）顾客参与过程的关键阶段和要素

Mills 和 Morris 较早探索了顾客参与的过程和阶段，对处在服务前、服务初期、服务中等不同阶段的顾客，提出了不同的任务要求和角色期望。[④] 虽然他们的研究还没有涉及服务前的顾客需求接触和服务后的评估反馈，仅仅是对服务中的一个过程细分，但是其在关键阶段的分析思路和维度划分方法对后续研究有所启发。Kellogg 等采用“关键事件分析法”识别出了顾客参与过程的四个阶段，提出了顾客参与的过程概念模型，对顾客参与过程进行了详细刻画。[⑤] Alam 分析了顾客参与的几大要素：顾客参与的动因、顾客参与的过

---

① Mustak M, Jaakkola E, Halinen A, et al. Customer participation management: Developing a comprehensive framework and a research agenda [J]. Journal of Service Management, 2016, 27 (3): 250-275.

② 陈信康，等. 服务营销创新研究专论［M］. 上海：上海财经大学出版社，2011：113.

③ Chen M, Yang Z, Dou W, et al. Flying or dying? Organizational change, customer participation, and innovation ambidexterity in emerging economies [J]. Asia Pacific Journal of Management, 2017 (1): 1-23.

④ Mills P K, Morris J H. Clients as "Partial" employees of service organizations: Role development in client participation [J]. Academy of Management Review, 1986, 11 (4): 726.

⑤ Kellogg D L, Youngdahl W E, Bowen D E. On the relationship between customer participation and satisfaction: Two frameworks [J]. International Journal of Service Industry Management, 1997, 8 (3): 206-219.

程和顾客参与的程度。其中，顾客参与的过程是顾客从“战略计划、想法产生、想法筛选、商业分析、形成团队、服务和过程设计、人员准备、服务准备、服务生产和商业化”这10个阶段中产生的。① Alma 和 Perry 还绘制了顾客参与过程的三个阶段模型。② Alma 等对顾客参与过程模型的研究具有重要的意义和影响，以关键阶段和要素来划分顾客参与过程的思路开始为国内外研究者接受。

(二) 顾客参与过程模型发展演变

国内外研究者在 Kellogg 和 Alma 的顾客参与过程模型基础上进行了广泛的应用和修正。Claycomb 等以参与过程为视角，构建了“动因—过程—结果”视角下的顾客参与模型，包含1个动因变量、3个过程变量和2个结果变量③，如图2-1所示。An Tien 和 Chang E T 在 Kellogg 等的研究基础上，将顾客参与划分为四个维度，即准备、关系建立、信息交换和介入。④

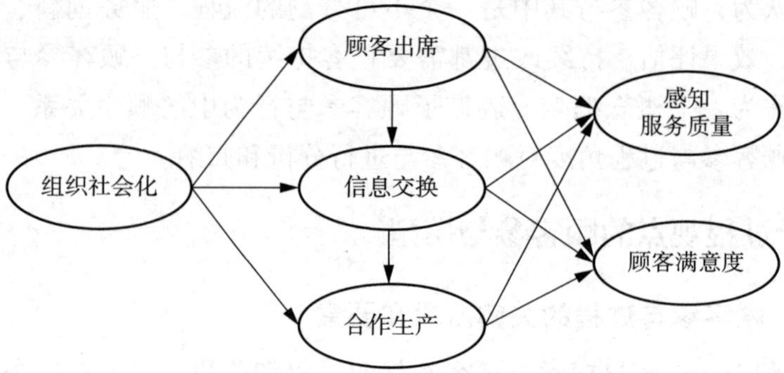

图2-1 Claycomb 等的顾客参与模型

国内研究者也在多个服务业领域探讨了顾客参与过程。张祥和陈荣秋构建的顾客参与链模型，按照重要性标准，将顾客参与划分为“准备阶段、参与阶段和评价阶段”⑤，三个阶段概括了顾客参与的一系列活动和主要过程。杜琰琰从顾客参与的概念、维度、动因、结果和管理启示等5个角度对顾客参与进行回顾，具体回答了“什么是顾客参与、顾客参与的动机与原因、顾

① Alam I. An exploratory investigation of user involvement in new service development [J]. Journal of the Academy of Marketing Science, 2002, 30 (3): 250-261.

② Alam I, Perry C. A customer-oriented new service development process [J]. Journal of Services Marketing, 2002, 16 (6): 515-534.

③ Claycomb C, Lengnick-Hall C A, Inks L W. The customer as a productive resource: A pilot study and strategic implications [J]. Center for Business and Economic Research, 2001, 18 (1): 47-69.

④ Tien Hsieh An, Chang E T. The effect of consumer participation on price sensitivity [J]. Journal of Consumer Affairs, 2004, 38 (2): 282-296.

⑤ 张祥，陈荣秋．顾客参与链：让顾客与企业共同创造竞争优势 [J]. 管理评论，2006, 18 (1): 51-56.

客参与服务过程的维度和水平、顾客参与带来的结果以及服务机构应如何管理顾客参与”[①] 等问题。贾薇认为，顾客参与不能分割地置于某一个阶段中，必须考虑影响顾客参与的前因和结果，以整合的视角来理解，并从企业与顾客的实际交互构建了顾客参与的整合理论模型框架，包括顾客参与的“前因—过程—结果”三个主体部分和逻辑结构[②]，参见图 2-2。

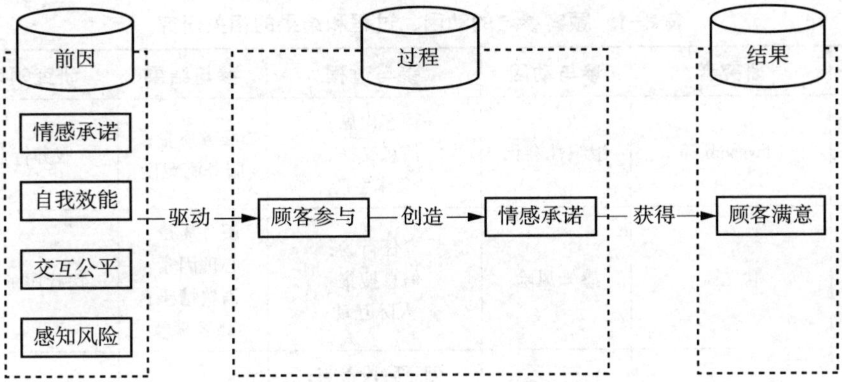

图 2-2 顾客参与的整合理论模型

张文敏也通过“动因—行为—结果”的分析思路研究了顾客参与过程，其认为“顾客需求和顾客能力是顾客参与的前因变量，顾客价值是顾客参与的结果变量，顾客参与在顾客需求和顾客能力以及顾客价值之间具有中介传导作用”[③]，参见图 2-3。

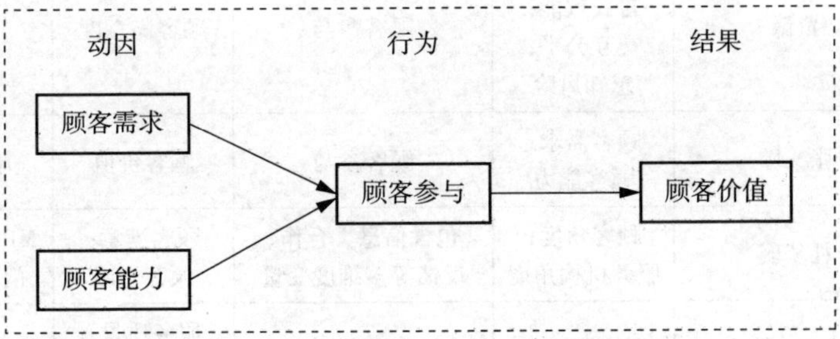

图 2-3 顾客参与过程的概念模型

① 杜琰琰．顾客和员工双方情绪对服务责任归因的影响——基于顾客参与背景的研究［D］．上海：复旦大学，2012.

② 贾薇．顾客参与对顾客价值创造的影响机理研究［M］．北京：中国林业出版社，2011：68.

③ 张文敏．顾客参与的前因变量与结果效应［D］．广州：华南理工大学，2012.

（三）顾客参与的动因、过程和结果

在服务科学的研究中，基于过程角度的顾客参与模型已经不再陌生，顾客参与的动因、过程和结果的研究日益增多。① 国内外研究者在不同的领域探索了顾客参与的动因、过程和结果，形成一套成熟的分析架构，为本书提供了重要借鉴（见表 2-1）。

表 2-1 顾客参与的动因、过程和结果的相关研究

年份	研究者	参与动因	参与过程	参与结果	研究领域
2001	Claycomb 等	组织社会化	顾客出席； 信息交换； 合作生产	服务质量； 服务满意度	服务行业
2008	耿先锋	感知风险	责任行为； 信息搜集； 人际互动	服务质量； 心理因素； 消费情感； 顾客满意	医疗服务业
2010	张辉、汪涛、刘洪深	顾客角度； 企业角度	创意阶段参与； 设计开发阶段参与； 产品测试阶段参与	正面后果； 负面后果	新产品开发
2011	Christine A. Rhodes	顾客需求； 组织沟通	顾客参与	感知价值； 顾客满意	健康和护理教育
2011	Cedric Hsi-Jui Wu	组织支持； 顾客社会化	合作； 沟通	顾客满意	旅游服务业
2011	贾薇	情感承诺； 自我效能； 交互公平； 感知风险	顾客参与	顾客满意度	培训服务
2012	张文敏	顾客需求； 顾客能力	顾客参与	顾客价值	旅游服务业
2012	杜琰琰	顾客角度； 服务机构角度	包含信息、合作、 反馈等多维度变量	顾客满意； 顾客忠诚	MBA 教育服务； 门诊医疗服务
2013	Gallan 等	顾客积极性	顾客参与	服务质量； 服务满意度	公共卫生
2014	郭芳	时间因素； 感知利益； 环境因素	事前准备； 合作行为； 口碑传播	企业绩效； 顾客满意度	网上银行服务

① Ahn J, Rho T. Influence of customer - firm relationships on customer participation in the service industry [J]. Service Business, 2016, 10 (1): 113-133.

续表

年份	研究者	参与动因	参与过程	参与结果	研究领域
2015	Mekhail Mustak 等	内部因素； 外部因素	顾客在服务生产和交付中的投入	服务提供者和客户双方的积极/消极结果	泛服务行业
2017	王玖河、 刘琳	感知风险； 控制欲； 独特需求； 组织支持	事前准备； 信息交换； 建立关系； 干涉行为	感知价值； 顾客忠诚	物流服务

资料来源：笔者整理。

1. 顾客参与的动因

国内外学者有的是从顾客参与的“驱动因素”（Drivers）界定出发，有的从顾客参与的“前因”（Antecedents）界定出发，主要指顾客参与的“动机和原因”。国内外研究者主要从个人和组织两个层面出发探讨影响顾客参与行为的因素①，顾客个人层面因素涉及知识水平、“内外控”和涉入水平等变量；组织层面因素涉及组织社会化、组织支持等变量。Cedric 和 Hsi-Jui Wu 审视了组织支持、社会化、顾客参与和顾客满意等变量之间的关系，通过实证发现组织支持和顾客社会化显著正向影响顾客参与行为；同时，组织支持和顾客社会化显著正向影响顾客满意度。② 贾薇认为顾客参与的动因可以分为组织因素和顾客个人因素两大类③，“无论是内在动机还是外在动机，顾客参与都是为了获得一定的价值利益”。④ 杜琰琰认为，顾客参与的动因主要是获取经济、心理和社会利益；服务机构参与的动因是获取顾客的组织社会化、组织支持以及顾客自身的能力和资源等。⑤ 张文敏认为“人的行为受到外在动机和内在动机的激发，外在动机是理性导向的，而内在动机则是享乐导向的，因此将顾客参与的前因归结为顾客需求和顾客能力两大类”。⑥

① 贾薇，张明立，王宝．服务业中顾客参与对顾客价值创造影响的实证研究［J］．管理评论，2011，23（5）：61-69.

② Cedric，Hsi-Jui Wu. A re-examination of the antecedents and impact of customer participation in service.［J］. Service Industries Journal，2011，31（6）：863-876.

③ 贾薇．顾客参与对顾客价值创造的影响机理研究［M］．北京：中国林业出版社，2011：46.

④ 朱洪军，张林．大型体育赛事与城市公众参与的实证研究［J］．体育科学，2014，34（6）：11-17.

⑤ 杜琰琰．顾客和员工双方情绪对服务责任归因的影响——基于顾客参与背景的研究［D］．上海：复旦大学，2012.

⑥ 张文敏．顾客参与的前因变量与结果效应［D］．广州：华南理工大学，2012.

2. 顾客参与的过程

国内外学者主要有两种划分方法，即将顾客参与视为单维度变量或多维度变量。很多研究者将顾客参与看作是单一维度，即以一个变量来进行测量和分析，如张文敏、Gallan 等都将顾客参与设置为单维度变量进行分析。也有很多研究者把顾客参与划分成不同的维度，不同的维度共同构成顾客参与变量，如 Kellogg 等将顾客参与过程划分四阶段，四个阶段存在先后顺序，且顺序是固定的;① Claycomb 等将顾客参与划分为“顾客出席、信息交换和合作生产”三个维度;② 耿先锋将顾客参与分为“责任行为、信息搜集和人际互动”三个维度，且三个维度是并列关系。③

3. 顾客参与的结果

一方面，顾客参与对服务质量产生直接影响；另一方面，顾客参与也被认为对顾客满意度产生关键影响。随着服务经济的到来，服务研究转向顾客导向和消费者主导地位，重点探讨顾客参与对顾客感知服务质量和顾客满意的影响。④ 此外，顾客参与不仅对“服务质量”和“服务满意度”产生影响，还会对“顾客价值”“价值共创”“顾客情感”等结果产生影响。研究者通过对服务结果进一步细分，更系统地探讨顾客参与带来哪些影响以及如何产生影响。

三、顾客参与模型的修正和应用

（一）顾客参与模型的适用性分析

政府购买养老服务的重要机理，是将市场机制的工具理性和政府公共服务的目标理性有机结合，以工具理性达成目标理性、以市场微观效益优化达成公共服务宏观效益优化⑤，所以市场营销的相关理论具有较好的适用性。“顾客参与对服务价值创造有积极作用，能够给服务双方带来很大影响，应鼓

---

① Kellogg D L, Youngdahl W E, Bowen D E. On the relationship between customer participation and satisfaction: Two frameworks [J]. International Journal of Service Industry Management, 1997, 8 (3): 206-219.

② Claycomb C, Lengnick-Hall C A, Inks L W. The customer as a productive resource: A pilot study and strategic implications [J]. Center for Business and Economic Research, 2001, 18 (1): 47-69.

③ 耿先锋. 顾客参与测量维度、驱动因素及其对顾客满意的影响机理研究——以杭州医疗服务业为例 [D]. 杭州: 浙江大学, 2008.

④ 彭艳君. 国外顾客参与研究述评 [J]. 北京工商大学学报 (社会科学版), 2008, 23 (5): 56-60.

⑤ 王浦劬, 郝秋迪. 政府向社会力量购买公共服务发展研究——基于中英经验的分析 [M]. 北京: 北京大学出版社, 2016: 22.

励顾客进行更多有益的参与，减少不利于服务结果的参与”。① 因此，将顾客参与的相关研究思路、分析理念和研究模型引入老年人参与政府购买养老服务中具有适用性。

1. 顾客参与理论模型坚持“顾客导向”

顾客参与的研究不仅在市场营销领域得到广泛应用，而且在公共服务领域也有广泛应用。“企业型政府”理念要求政府像经营企业那样实现公共服务供给，把公众视为公共服务的“消费者”。“公共服务以顾客为导向”②，政府不仅要回应“顾客”的需求，还要建立政府与公民、市场之间的信任与合作关系。“行政就是服务、公众就是顾客，政府应对顾客需求予以满足、保持接触渠道的通畅，在回应机制中开展顾客关系管理”③，引入和运用更多企业管理工具来提升政府绩效和改善顾客关系，通过商业化经营，为公众提供更优质的公共服务。所以，以“顾客为中心”强调公民应该积极参与到政府公共政策过程中，通过公民参与渠道的构建和公民领袖的培养，激发公民自豪感和责任感，提升公民多层次参与意愿和参与行为，促进政府制定符合公共需求的政策和计划，并得到有效贯彻和执行。

2. 顾客参与理论模型重视“顾客价值”

公民作为自由、独立的公共服务消费者，只要不违反法律和社会道德规范，就可以根据自身需求偏好，自主地选择公共服务和消费方式。政府要帮助老年消费者（Older Consumers）得到他们想要的长期照护服务，就必须授权老年人和他们的代理人（地方政府）以做出更好的决策，包括为老年人提供更多的结构性参与和表达机会、更便捷的消费信息、更清晰的社会保护态度等。④ 政府应将正在享受服务的老人视为“用户”（Users），而将其他老人视为“潜在顾客”（Future Clients），以客户为中心，进行良好的组织安排，保障老年人享受个性化的养老服务。⑤ 对老年人而言，需求和享受资格都相对

① 杜琰琰．顾客和员工双方情绪对服务责任归因的影响——基于顾客参与背景的研究［D］．上海：复旦大学，2012.

② 王浦劬，等．政府向社会组织购买公共服务研究——中国与全球经验分析［M］．北京：北京大学出版社，2010：11.

③ 欧文·E. 休斯．公共管理导论（第二版）［M］．彭和平，等，译．北京：中国人民大学出版社，2001：268-271.

④ Kane R L，Kane R A. What older people want from long-term care，and how they can get it［J］. Health Affairs，2001，20（6）：114-127.

⑤ Schipper L，Luijkx K G，Meijboom B R，et al. Access to long-term care：Perceptions and experiences of older Dutch people［J］. Quality in Ageing & Older Adults，2015，16（2）：83-93.

明确，重点是把握影响老年人参与的驱动因素、老年人参与的影响结果以及探索老年人参与的方式和路径。为此，政府和服务机构应该从四个方面全面管理老年人参与，即“识别老年人的关键需求和贡献，老年人参与的驱动因素，影响老年人参与的关键方式和途径，以及老年人参与的潜在结果”。

3. 顾客参与理论模型强调“合作生产”

“合作生产”（Co-production）是公民参与公共服务供给的一种方式，公民参与公共服务供给过程，通过参与、协商等方式发挥作用，与利益相关者合作；“合作生产”意味着政府和公民在公共服务的供给中是同等重要的参与者，共同完成服务项目并不断改善服务质量。[①]“合作生产”不仅涉及政府和社会组织的持续合作关系，还涉及专业服务人员和服务使用者之间平等互惠的关系，这种关系可以有效地扩展到公共服务价值链中，涵盖服务的规划、设计、管理、递送、监测和评估等活动，激励公民参与服务的整个价值过程。[②] 当服务各参与主体之间是一种包容、尊重、宽容和开放的关系时，能够促进决策者优先考虑公民提出的解决方案，同时改进资源管理和提高沟通信息质量，减少服务对象的参与障碍。[③]“合作生产”是实现政府购买养老服务目标的重要途径，“合作生产”不仅直接影响到“服务质量”和“顾客满意”，还能够促进老年人参与“服务创新”。

4. 顾客参与理论模型追求“最佳结果”

服务业具有天然的顾客主导性，强调服务主体之间的交互作用。顾客参与理论关注“服务商、供应商、顾客、潜在顾客等多主体之间的互动和合作，考虑服务涉及的复杂的委托—代理关系”。[④] 养老服务供应商需要开展营销活动，即向政府和老年人证明自己的服务能力，能为老年人带来高质量的服务，从而获取更多的政府资源和顾客支持。养老服务虽然具有准公共产品的特性，但服务的生产和递送可以用服务营销理论进行指导[⑤]，营销领域的方法和思路具有适用性。养老服务供应商“较一般的消费者有明显的信息优势，在消费

---

① 陈芳. 公共服务中的公民参与［M］. 北京：中国社会科学出版社，2011：23-24.

② Islam S. Involving the third sector in local service delivery in Bangladesh：Why and how?［J］. Commonwealth Journal of Local Governance，2015，2（16/17）：108-122.

③ Price A，Liew S M，Kirkpatrick J，et al. Mind the gap in clinical trials：A participatory action analysis with citizen collaborators［J］. Journal of Evaluation in Clinical Practice，2017，23（6）：178-319.

④ Mustak M，Jaakkola E，Halinen A，et al. Customer participation management：Developing a comprehensive framework and a research agenda［J］. Journal of Service Management，2016，27（3）：250-275.

⑤ 朱浩. 城市社区养老服务的递送机制研究——以杭州市为例［D］. 杭州：浙江大学，2015.

决策时有很强的参与度"①，所以老年人是养老服务供应商重点营销对象。

总之，政府购买养老服务涉及多元参与主体和不同的社会力量，不仅仅是政府单方面的管理和回应，更需要多元主体的共同参与和合作。所以，选取"顾客参与"视角有利于深入研究。在把握顾客参与的本质和综合国内外相关研究的基础上，在政府购买养老服务领域，以老年人为顾客开展实证测量，将老年人参与置入服务创新决策、服务供给和服务评价等过程，提升服务的质量和服务绩效，既具有必要性，也具有可行性。

（二）顾客参与模型的修正和应用

借鉴服务营销领域的理论模型，需要对模型进行修正。养老服务不同于商业服务，探索老年人参与的结果，无论是感知服务质量还是服务满意度，都应该考虑养老服务本身的公共性。老年人参与的"动因—过程—结果"，应该放置在公共价值的前提下进行重新探索和构建。研究政府购买过程中的老年人参与，既要重视其"消费者"的身份，又要重视其"公民"的身份和权利。

1. 确定公共价值取向，强调老年人"公民"身份

新公共管理理论强调要重新审视政府与社会的关系，将公民视为"顾客"，置其与政府相平等的位置上，强调管理过程的公开与透明，增强公民的知情权与选择权。② 政府不应该只关注"顾客"，还要关注"公民"，且政府与公民之间应建立信任和合作关系。政府应关注社会资源分配情况，帮助公民明确表达他们的利益需求，确保公众需要的政策和项目通过集体努力和政社合作得到有效实施。③ 为此，应重视公民个体，帮助公民表达和实现他们的共同利益。

2. 用者参与视角下对"全过程参与"的重新理解和界定

顾客参与模型强调顾客参与"服务（或产品）的设计、生产、递送、评估反馈"的全过程。这里以"服务"为主体来看，涉及服务的全部过程，但是以参与主体来看，仅涉及企业和顾客。从公共管理视角研究"公民参与"

---

① Hollander S C，Rassuli K M. Shopping with other People's money：The marketing management implications of surrogate-mediated consumer decision making [J]. Journal of Marketing，1999，63（2）：102-118.

② 王雁红．公共政策制定中的公民参与——基于杭州开放式政府决策的经验研究 [J]. 公共管理学报，2011，8（3）：24-32.

③ [美] 珍妮特·V. 登哈特，罗伯特·V. 登哈特．新公共服务：服务，而不是掌舵 [M]. 丁煌，译．北京：中国人民大学出版社，2004：40-41.

问题，就是强调公共政策的形成、执行和评估过程中政府和公民的互动，公民通过有序的需求表达、参与决策和监督，使公共政策更具回应性，以满足公众需求。政府购买养老服务过程中，购买合同对服务项目有详细规定。从服务购买合同来看，从制定到委托供给，再到评估反馈，是一个连贯的流程；只是中间有明确的三重委托代理关系。养老服务购买合同在一定程度上反映了服务项目的全部内容。因此，本书以“养老服务购买合同”为主体，将老年人参与问题嵌入合同治理过程中。

第三节　老年人“用者参与”的逻辑分析框架

通过对文献的回顾，发现顾客参与的结构和维度设置既有共性也存在个性差异。以顾客参与服务过程为主线，考虑顾客参与的动因、过程和结果，但不同的服务领域、不同的研究重点选取和设置不同的结构维度。因此，本书根据研究的需要，充分考虑政府购买养老服务和老年人参与的具体特征，来探索老年人参与“动因—过程—结果”的核心变量和结构维度。

一、老年人参与动因的维度探索

（一）老年人个人行为的归因

社会心理学相关研究发现，个人的行为由两种原因引起：一是个人自身因素，包括人格、需要、动机、态度、能力、信念、价值观等；二是情景因素，包括事情难易程度、环境条件、他人影响等。[①] 内因是个体控制范围内的行为，外因是外部情景因素所引起的行为，内因和外因共同制约着人们的行为。伯纳德·韦纳认为，内因—外因是归因判断的一个基本方面，而且是彼此独立的，人们可以把行为归因于许多因素，但无论什么因素大都可以纳入这两个方面。[②]

国内外关于公民参与的驱动因素的研究，主要从公民层面和组织层面两个角度出发。[③] 有研究认为，公民意识、参与热情是公民参与社会治理的个人因素，而道德伦理、社会责任、历史因素、社会因素、文化因素、经济因素

① Feldman J M. Beyond attribution theory：Cognitive processes in performance appraisal ［J］. Journal of Applied Psychology，1981，66（2）：127-148.

② Weiner B. An attributional interpretation of expectancy-value theory ［J］. Cognitive Views of Human Motivation，1974，4（6）：51-69.

③ 杨成虎．政策过程中的公民参与［M］. 天津：天津人民出版社，2015：8.

是影响公民参与社会治理的外部因素。[①] 还有研究认为影响公民参与公共政策能力的因素主要分为自身因素和社会因素两大类，其中公民自身因素主要有公民参与意识、公民科学文化素质等；社会因素主要有社会经济条件、民间组织发展以及参与制度设置等。[②] Shruti Saxena 在分析医疗保健部门顾客参与的动因时指出，顾客的家庭/社会支持、健康信念等因素是影响顾客参与的主要内在动因；而服务供应商的专业知识、信息共享等因素是影响顾客参与的主要外在动因，研究时不能设置单一的自变量去考虑这个复杂的动机问题。[③] 所以，本书将老年人个体的参与行为和社会表现归为个人因素和组织环境因素两大层面，对老年人参与的动因分析，不仅分析影响其参与的个人因素变量，还要分析影响其参与的组织条件和组织情境，全面考察影响老年人参与行为的主客观因素。

（二）影响老年人参与的个人因素分析

公民参与公共事务的动机一方面在于满足自身利益，另一方面是努力地争取、实现和维护个人的权利，寻求社会的认同和自我价值的实现。芦刚认为公民参与行为往往不是由一种动因所引发，而是“利益动因”“权力动因”“价值动因”“服从动因”等几种动因共同驱动的结果。[④] 郭庆松从参与者的角度将公民参与的动因分为“责任动因、权利动因和利益动因”，构建公民参与公共政策的动力机制，关键是强化公民参与的内在动因。[⑤] 梁纪毅认为，公民参与的动因就是由一定需求而产生的内驱力，根据驱动因素的性质，公民参与的动因可以分为“利益动因、信念动因、服从动因、强制动因和公民责任动因”，其中，利益动因逐渐成为公民参与的基本动因，而信念动因和责任动因相对不足。[⑥] 基于以往研究可以发现，“个人利益动因”“公民责任动因”“个人政治效能感”是研究者重点关注的老年人参与动因。

1. 利益动因

利益动因是指个人活动受利益支配，只有当公民感到参与能够有效实现或维护其利益，才会产生参与的动机与期望，并且积极参与到政府购买公共

① 赵刚印．公众参与的应然与实然——增强公众参与社会治理有效性的路径选择［J］．理论探讨，2006（3）：34-36.

② 石路．政府公共决策与公民参与［M］．北京：社会科学文献出版社，2009：161-189.

③ Shruti Saxena. Consumer Participation and perceived service quality in extended service delivery and consumption［D］. Arizona State University，2011.

④ 芦刚．地方政府绩效评估中的公民参与问题研究［D］．长春：吉林大学，2007.

⑤ 郭庆松．政府绩效评估与公民参与的动力机制［J］．中共中央党校学报，2009（3）：93-95.

⑥ 梁纪毅．我国公民政治参与动因的变迁［J］．党政论坛，2013（11）：33-34.

服务中去。通过参与活动，公民有机会、有资格影响政府行为，不同程度地表达利益诉求，维护自身合法权益。老年人参与政府购买养老服务制度的运作，主要与其日常生活中面临的家庭照料难题有直接关系，同时也与服务的免费性质有一定关联。① 经济动机对老年人参与行为有显著影响，其老年人获取政府购买养老服务主要是为了获得所需要的基本照护服务，满足个人养老服务需求、减少家庭照护资源的消耗，保障自身的生存权利，最大程度地改善自己的福利状况。

2. 责任动因

责任动因是指公民和公民组织出于自身公民责任和公共价值观的考虑，自发自愿地参与到政府购买公共服务的监督和评估活动中。老年人参与的责任动因主要源于对“公民权利与义务”的基本价值取向。国家一切权力属于人民，公民参与是公民权利的体现，是其对社会价值的认同和追求价值实现在行为上的反映。在责任动因的驱动下，老年人将参与表达和监督视为自身公民责任，积极关注政府购买养老服务的结果，了解相关政策措施，参与监督管理，期待通过参与来实现自己的切身利益、维护社会的公平正义。老年人参与政府购买养老服务包含一种社会责任感因素，出于公民责任而积极参与其中，这是一种心理和精神层次的驱动，可以视为公共价值观，可以强化个人的行为动机并对行为起导向作用。公共价值观是公民和组织对社会福利的基本价值取向，在欧美国家公民及其社会组织的价值观经历了从恩赐性慈善到社会福利权利的过程，并从依托主权国家公民的社会权利向着解释力更强的全球化条件下的人权发展。② 老年人的责任动因能够直接影响老年人参与政府购买养老服务的行为。

3. 政治效能感

社会心理学相关研究发现，个人行为是有关个人性格或行动与事件结局间关系的泛化性期待，效能感强的人能够较积极地追求有价值的目标，较多参与政治社会活动，更活跃地探索有关社会政策的信息和知识；反之，则存在焦虑、抑郁情绪，逃避参与社会活动。③ “效能感可帮助理解为什么有的人

① 张旭升．政府购买居家养老服务参与主体的行动逻辑研究［D］．南京：南京大学，2011.

② 江立华，沈洁．中国城市社区福利［M］．北京：社会科学文献出版社，2008：142.

③ Button S B，Mathieu J E，Aikin K J. An examination of the relative impact of assigned goals and self-efficacy on personal goals and performance over time［J］. Journal of Applied Social Psychology，2010，22（22）：1758-1775.

更愿意积极参与政府购买公共服务过程，而有些人却消极应对”[①]，这里主要指老年人作为公民的政治效能感。老年人参与能够影响公民与政府的合作，进而改善养老服务的输出。唐（Tang W. F.）认为公民积极参与政策过程的前提是对政策问题有兴趣，而且相信政府和公民之间的信任关系和契约关系，这种对自身和政府的信任可以称为“政治效能感”，个人的政治效能感决定了其是否会积极参与到公共政策过程。[②] 政治效能感不高的人，更倾向于对自己的意见引而不发；政治效能感强的人，则有可能持续不断地对政府提出建议或批评。结合唐的观点，“政治效能感”包括三个核心要素，即参与兴趣和意识、对个人参与能力的信心以及对政府及其工作人员的信任。老年人政治效能感是其参与的先决变量之一，可以解释老年人参与意愿、参与态度以及对参与能力认知。

（三）影响老年人参与的组织因素分析

组织因素可以理解为影响老年人参与的外部因素，是制度环境影响的具体表现。“制度存在的意义就在于它提供了一系列稳定、具有强制力的规则，使得公民的参与行为必须在既定的框架内进行，对公民参与行为形成明确、直接、强制性的约束和规范”。[③]

有研究者从社会组织和社区参与平台的视角出发，分析社区和社会组织对老年人参与的影响和作用。“老年人需要一定的组织和平台，以便其将自身的关注、需求、沟通、参与意愿变为行动”。[④] 在我国，“各种社会组织在反映公众利益诉求、引导和组织公众参与以及沟通和传递政策信息等方面发挥着重要作用”。[⑤] Kleesattel 从老年人和服务提供者的视角出发，指出“社区和社会组织对服务信息和参与行为整合不足，缺乏有关服务资源的可用信息了老年人寻求帮助的渠道”。[⑥]

有研究者从政府和公民沟通的视角出发，分析服务信息传递和信息沟通对老年人参与的影响和作用。Lars 较早指出，“互联网设置等因素可能影响老

---

① Thomsen M K. Citizen coproduction: The influence of self-efficacy perception and knowledge of how to coproduce [J]. American Review of Public Administration, 2015, 4 (3): 340-353.

② [美] Tang W. F. 中国民意与公民社会 [M]. 胡赣栋，张东峰，译. 广州：中山大学出版社，2008: 100-101.

③ 刘建伟. 当代西欧公众政治参与研究 [D]. 长春：吉林大学，2011.

④ 饶印莎. 重大事件的公众参与：以 2008 年北京奥运会为例 [M]. 北京：社会科学文献出版社，2011: 207.

⑤ 车峰. 我国公共服务领域政府与 NGO 合作机制研究 [D]. 北京：中央民族大学，2012.

⑥ Debra Jean Kleesattel. Rural community-based services: Looking through the eyes of older adults and service providers [D]. University of Kentucky, 2007.

年顾客对医疗保健的信息获取，影响老年顾客参与服务的设计，进而影响到顾客参与的整个结果范围”。① Henninger 认为政府信息的有效传递，能够促使政府服务的改善和公民参与民主的进程。“政府在对某项公共事务上的政策必须具有可及性，即政策内容必须容易找到、访问和使用”；“政府和公民之间政策信息不对称，可以导致供需不匹配、期望和信念的冲突”。② OECD 认为政府和公民的信息沟通既包括政府获取公民需求信息的“渠道”，又包括政府传播信息的积极“方法”，如获取公共记录的渠道、官方的报道以及政府的网址；邀请公民提出自己的意见和观点，形成公民给政府信息反馈的双向关系，如公共舆论调查、政策草案评议等。③ 信息技术发展改变了公民与政府的关系，政府与公民双方信息的有效传递有利于决策民主化，增强公民与政府的合作关系，而信息鸿沟会造成政府服务规划和公民的期望产生差距，引发社会正义的问题。④ 政府应该提供更方便的信息搜索、更丰富的在线体验、更迅速的需求响应以及更便捷的参与平台，传递公共政策信息，同时获取公民的需求、经验、要求，在政府与公民交互中，影响公民态度、改变其行为。⑤

有研究者关注到制度环境对老年人参与的影响。“公民参与多数由政治和社会环境影响并决定，只有政府给予公民表达的政治机会，才能促进更有效的公民行动主义”。⑥ 俞可平认为，“公民的参与状况与其所在国家或地区的政治环境直接相关，特别是国家的政治制度和政治当局的民主精神，可为公民的参与提供渠道、方式、场所，并保护公民的正当参与权；而且一些技术性手段和工具也会影响公民参与的质量和后果”。⑦ 金太军、周义程认为，公共政策制定、执行和评估过程中的公民参与效果受到制度环境的影响，制度环境包括战略制度环境和一般制度环境两个范畴，并由一系列战略规划、规

① Lars Nordgren. The performativity of the service management discourse: “Value creating customers” in health care [J]. Journal of Health Organization and Management, 2008, 22 (5): 510-528.

② Henninger M. Government information: Literacies, behaviours and practices [J]. Government Information Quarterly, 2017, 34 (1): 8-15.

③ OECD. Citizens as partners: Information, consultation and public participation in policy-making. [M]. Paris: OECD Publishing, 2001: 23.

④ Henninger M. Government information: Literacies, behaviours and practices [J]. Government Information Quarterly, 2017, 34 (1): 8-15.

⑤ Schmidthuber L, Hilgers D. Browse or brush? An exploration of citizens' interaction with their local government [M]. Hawaii International Conference on System Sciences, 2017: 2418-2427.

⑥ Vrablikova K. How context matters? Mobilization, political opportunity structures, and nonelectoral political participation in old and new democracies [J]. Comparative Political Studies, 2014, 47 (2): 203-229.

⑦ 俞可平. 公民参与的几个理论问题 [J]. 青海人大, 2007 (1): 56-58.

章制度、社会参与环境等要素组成。[①] 制度化参与渠道匮乏是参与机制的致命因素，大众媒体的滞后发展使公民缺少了一条参与公共政策的有效、合法的途径。[②] 制度化参与不足会诱发公民的非制度化参与行为，造成公民参与的无序化与低效率。

回顾以往研究，影响老年人参与的组织因素可以归纳为“组织支持”“组织沟通”和“制度环境”三个方面，因此本书选取这三个维度来考察影响老年人参与的组织因素。

1. 组织支持

组织支持是组织成员通过学习和调整来获取组织信息，适应组织价值体系、目标和规范的过程。[③] 因此，要发挥社区和街道的平台作用，推动老年人从低程度到高程度的参与。社会组织通过参与相关立法和公共政策的制定过程，表达特定群体的利益诉求和政策主张，推动公共政策过程的公正性；通过参与和关注公共政策执行过程，促进结果的普惠性和公益性。

2. 组织沟通

政府购买养老服务过程中，沟通是增进政府与老年人相互了解与理解的有力工具。政府与公民互动主要包括以下几个层面的含义：公民能得到想要的信息、政府有积极的回应、使用政府网站的频率、交互提高程度等。[④] 不同年龄组的老年人，信息需求可能不同，为了使老年人得到需要的养老服务信息，获取相应的服务支持，还需保障他们能在正确的时间获得正确的信息。老年人通过政府发布的信息可以了解享受养老服务的资格、程序、步骤、招投标、监督等情况；信息在老年人群体内部分享，有利于政策宣传和执行。政府通过沟通，向老年人明确政策、任务和目标，引导和动员社会力量；同时，通过沟通，老年人将自身的意见、需求、情感传递给政府，可使政府做出更有效的决策。这种沟通应该是一种双向沟通，是一个平等、持续的双向沟通过程，需要准确地传递信息，以保障能够实现供需匹配的购买决策目标。

---

① 金太军，周义程．政策过程中公民有序参与有效性的影响因素——基于系统论视角的考量［J］. 学术界，2014（5）：84-92.

② 范柏乃，金洁．公共服务供给对公共服务感知绩效的影响机理——政府形象的中介作用与公众参与的调节效应［J］. 管理世界，2016（10）：50-61.

③ Saks A M，Ashforth B E. Organizational socialization：Making sense of the past and present as a prologue for the future［J］. Journal of Vocational Behavior，1997，51（2）：234-279.

④ Schmidthuber L，Hilgers D. Browse or brush? An exploration of citizens' interaction with their local government［M］. Hawaii International Conference on System Sciences，2017：2418-2427.

3. 制度环境

宏观制度环境方面，一系列法律法规是老年人参与的坚实基础，我国宪法和相关法律规定了老年人享有基本的生存权、知情权和参与权；我国建立了多渠道的公民参与制度，保障老年人参与权的实现。从具体制度环境来看，政府不断优化养老服务体系，将更多的养老资源倾斜到需要照护的弱势群体，为老年人参与提供了制度基础。

综上，老年人参与政府购买养老服务，需要有动机和意愿以个体或集体方式付诸实际行为，同时受到政府治理环境和体制环境的影响和限制。根据研究目标，结合以往研究文献，综合设置老年人参与动因个人因素变量和组织因素变量的具体维度，参见表 2-2。

表 2-2 老年人参与动因指标

一级指标	二级指标	内容和要素	设置依据
个人因素	利益动因	1. 个人照护需求满足； 2. 家庭照护资源减耗； 3. 追求最佳服务效果	张旭升（2011）； 王阳亮（2017）
	责任动因	1. 公民责任； 2. 公民权利和义务	Andrea 等（2014）； Thomsen（2015）
	政治效能感	1. 对个人参与能力认知； 2. 参与意识； 3. 对政府的信任程度	Tang（2008）； Engström 等（2015）
组织因素	组织支持	1. 社区和居委会支持； 2. 为老服务社会组织支持； 3. 政府搭建参与平台	Godden（2016）； Henninger（2017）
	组织沟通	1. 沟通渠道畅通； 2. 组织回应和互动； 3. 信息获取	Lars Nordgren（2008）； Schmidthuber 等（2017）
	制度环境	1. 政府购买制度； 2. 公民参与的制度化建设； 3. 大众传播媒介发展	俞可平（2007）； 车峰（2012）； 金太军、周义程（2014）

资料来源：笔者整理。

（四）个人人口特征与个人因素的区别

值得注意的是，研究老年人参与动因时应将老年人的“人口特征”和“个人因素”两个概念加以区分。刘建伟在分析公众政治参与的动因时，认为公众的“基本社会特征”包括年龄、性别、受教育程度等方面，并将公众的“基本社会特征”与“政治效能感”“政治参与能力”“政治兴趣”等个人因素进行区分。① 张雅也认为前因变量中的“个人因素”包括个人人口统计特征和个人人格特征两个方面，其中年龄、性别、婚姻、文化程度等属于个人人口特征，而特质、效能等属于个人人格特征，应该进行区分。② 影响老年人参与的个人因素主要指老年人主动（或被动）获取养老服务的心理动机，属于心理活动和认识态度范畴；而个人特征则是老年人个人年龄、性别、身体状况等客观特征，属于人口特征变量。

二、老年人参与过程的维度探索

通过前文对顾客参与模型的分析可知，顾客参与是一个多维的行为构念，其维度构成千差万别，被广泛接受和使用的是，以提炼和抽象出顾客参与过程的行为表现作为顾客参与维度③，即通过顾客在完成服务生产与递送过程中所发生的行为来界定顾客参与。④ 政府购买养老服务的环节和要素很多，如财政预算、项目审批等属于政府责任范畴；但有的涉及政府和社会组织互动范畴。鉴于老年人自身知识水平和判断力有限，应该注意把握参与的关键性和适宜度，明确那些必须吸纳老年人参与的关键环节，以取得更好的参与效果。本书认为，养老服务是一种老年人参与的服务形式和复杂过程，老年人参与政府购买养老服务的过程不能被视为单维度变量，应该置于一个复杂的、多维度的、基于关键环节的分析和设定。

（一）关键事件法和关键环节识别

不同学者对顾客参与的阶段划分不同。“顾客在每个阶段知识转移、投入的资源有所不同，以往研究主要关注顾客参与的关键阶段”。⑤“关键事件法”（Critical Incident Method，CIM）也被称为“关键事件技术”，通过识别关键的“岗位”或“工作环节”或“关键人物”来形成一个客观的评价体系。⑥ 关键

① 刘建伟．当代西欧公众政治参与研究［D］．长春：吉林大学，2011.

② 张雅．非营利组织服务导向的测量维度、影响因素及作用机制研究［D］．武汉：武汉大学，2014.

③ 张祥．提升竞争能力的新途径：让顾客参与共创价值［M］．北京：科学出版社，2013：85.

④ 贾薇，张明立，王宝．服务业中顾客参与对顾客价值创造影响的实证研究［J］．管理评论，2011，23（5）：61-69.

⑤ 卢俊义，王永贵．顾客参与服务创新与创新绩效的关系研究——基于顾客知识转移视角的理论综述与模型构建［J］．管理学报，2011，8（10）：1566-1574.

⑥ Woolsey L K. The critical incident technique：An innovative qualitative method of research［J］. Canadian Journal of Counselling，1986，20（4）：242-254.

事件法作为一种定性研究工具被广泛应用于医学、心理咨询、教育、学习和社会营销等领域，帮助建立分析关键事件的临界性框架。①

关键事件法也广泛应用于公共管理的研究中，帮助研究者划分公共政策过程中的关键环节。刘淑妍基于利益相关者视角，借鉴了“顾客参与链模型”，将城市管理过程划分为愿景输入—规划方案的制定—规划方案的执行—规划方案的评估四个阶段，构建了公众全过程参与系统。② 其研究将顾客参与理论引入公民参与的城市治理领域，拓宽了分析公民参与的视野，对本书有重要的启示意义。Mulholland 等界定了公共卫生服务中“工作绩效、团队合作和沟通、工作心理、再学习以及病人关系”五个主题维度，建立了一个整体的最佳实践要素框架，来改善服务、提高病人的满意度。③ 王玖河和刘琳比较认同按顾客参与发生的时间顺序来界定关键环节，从而确定了顾客参与的结构维度。④

通过关键事件技术，识别政府购买养老服务过程中的主要阶段，明确养老服务的直接参与者和重要参与者的关键信息以及制度运行的关键环节，可以分析老年人有哪些参与行为、哪些因素能够衡量老年人参与的过程、老年人参与过程表现为几个维度等问题。

（二）政府购买养老服务的三个关键环节

董杨和句华认为在政府购买公共服务过程中，可以购买环节为主线，以决策环节、主体选择环节、过程与结果环节为切入点，分析不同环节影响服务质量的主要因素，⑤ 这对公民参与同样适用。Iossa 等认为大多数公共服务的完成需要两个主要阶段：一个是项目的设计规划阶段，另一个是项目的实施阶段，但在政府购买服务模式下，政府和供应商不仅需要在这两个阶段担负责任，还需要增加服务项目评估这一环节。⑥ 车峰认为应该根据公共服务过程维度来分析政府与社会组织的合作机制，他将这个过程分为

---

① Bo E，Roos I. Critical incident techniques：Towards a framework for analyzing the criticality of critical incidents ［J］. International Journal of Service Industry Management，2001，12（3）：251-268.

② 刘淑妍．公众参与导向的城市治理：利益相关者分析视角［M］．上海：同济大学出版社，2010：96-101.

③ Mulholland P，Barnett T，Woodroffe J. Critical incident technique—A useful method for the paramedic researcher's toolkit ［J］. Australasian Journal of Paramedicine，2015，12（3）：103-129.

④ 王玖河，刘琳．顾客参与价值共创机理研究——基于结构方程模型的量化分析［J］．企业经济，2017（2）：73-81.

⑤ 董杨，句华．政府购买公共服务质量保障问题研究［J］．中国行政管理，2016（5）：43-47.

⑥ Iossa E，Martimort D. Risk allocation and the costs and benefits of public-private partnerships ［J］. Rand Journal of Economics，2012，43（3）：442-474.

社会需求和意志的表达阶段、政府决策和组织安排阶段、公共服务的直接提供阶段以及公共服务的问责阶段。[①] 张鹏和孙毅基于合同治理视角将政府购买居家养老服务界定为三个阶段：整合阶段，主要确定购买内容和购买合同；合同运行阶段，主要是合同实施与监督管理；合同分离阶段，经过第三方评估，结束一个合同周期。[②] 李洪山和范思阳将公民参与政府购买公共服务的全过程分为“明确需求、制定决策、服务实施、评估反馈”四个阶段。[③] 张开云和张兴杰认为在政府购买服务项目过程中，“在项目初始阶段，构建公众需求与建议发生机制，了解、评估和吸收公众对项目的合理建议，使项目设计与公众需求相匹配；在招标阶段，完善竞争机制；在项目落实阶段，创新公众参与的方式与渠道”[④]，增加公众参与度。

三个阶段划分和四个阶段划分的最大争议在于：“需求表达”是否应该划分为一个独立的阶段。陈建国认为，充分了解公众需求是政府向社会力量购买公共服务的基本前提，政府必须先有公众需求调查的意识和行为，在此基础上才有政府购买公共服务的过程。[⑤] 政府在购买服务之前，应主动进行科学规范的需求调查，如此才能提出购买目录建议和开展目录筛选。[⑥] 王浦劬等认为政府购买公共服务主要包括“内容确定、购买方式选择、购买过程监督、购买结果评估等环节和要素，这些环节和要素可以归为购买环节、生产环节和评估环节，每个环节都涉及相关政府治理和政策工具”[⑦]，王浦劬等对政府购买公共服务的三个环节划分具有一般意义。

基于王浦劬、句华和陈建国等的观点，本书认为，在政府购买养老服务的具体领域，老年人照护服务需求和享受资格比较明确，老年人需求发现和需求表达是政府购买养老服务的一个基本前提，不应该是服务购买的正式阶段或正式阶段。所以，一个完整的政府购买养老服务过程主要包括决策阶段、服务阶段与评估阶段三个主要阶段，参见图 2-4。

---

① 车峰．我国公共服务领域政府与NGO合作机制研究［D］．北京：中央民族大学，2012.

② 张鹏，孙毅．合同治理理论在政府购买居家养老服务中的运用［J］．管理学刊，2015，28（3）：58-61.

③ 李洪山，范思阳．治理理论视角下公民参与政府购买公共服务研究［J］．理论导刊，2017（2）：9-12.

④ 张开云，张兴杰．提高社会治理的公众参与度［N］．人民日报，2017-08-13（5）.

⑤ 陈建国．政府购买公共服务过程管理研究——以北京市为例［J］．理论探索，2012（4）：115-119.

⑥ 施昌奎，孙天法，鄢圣文，王靖．政府购买服务与事业单位改革研究［M］．北京：中国经济出版社，2016：17-18.

⑦ 王浦劬，［英］郝秋笛．政府向社会力量购买公共服务发展研究——基于中英经验的分析［M］．北京：北京大学出版社，2016：12-13.

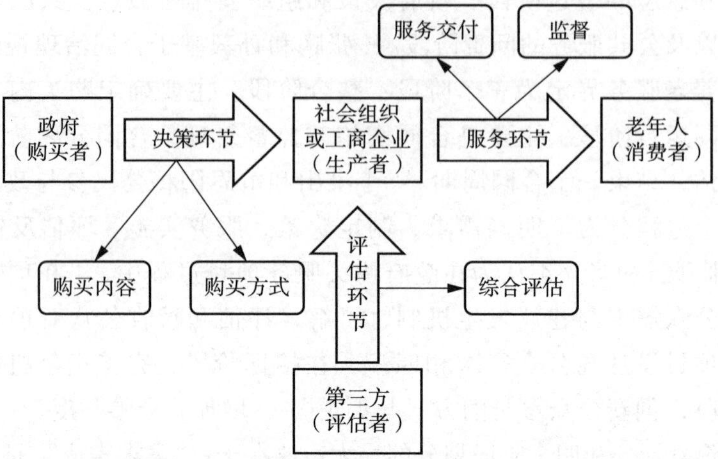

图 2-4　政府购买养老服务的主要运行环节和要素

资料来源：参考王浦劬、郝秋笛“关于政府购买公共服务运行环节和要素”绘制。

（三）老年人参与过程的维度设定及内涵

基于对以往文献的回顾和对政府购买养老服务关键阶段的识别，本书按照老年人参与发生的时间顺序来界定关键环节，将老年人参与政府购买养老服务过程划分为决策参与、服务参与和评估参与三个维度。三个维度的划分契合政府购买公共服务的主要运行环节和阶段，同时契合政府购买养老服务的合同治理过程。政府购买养老服务的每个阶段都有针对性治理目标，需要结合具体的政策过程，让老年人参与到每一个服务阶段，保障老年人全过程的参与。本书对老年人参与过程的三个维度的内涵探索如下。

1. 决策参与

政府购买公共服务的设计初衷是为了给公众提供更优质的公共服务，政府为了确保决策的科学性，应当在决策时展开相应的需求调查，了解公众所需，科学确定购买内容，再进入决策程序，即购买合同的设计和签订。[①] 尤其是“在决策阶段应当充分采纳公众的意见，向社会公众和参与方说明决策理由，保障公民能够参与到服务购买的必要性论证、具体方案设计、有资质的服务供应商选择、合同的签订等项目决策环节中”。[②] 从政府购买公共服务运作流程来看，在明确公众需求、制定规划、选择卖方和签订合同的过程中，

① 王浦劬，郝秋笛．政府向社会力量购买公共服务发展研究——基于中英经验的分析［M］．北京：北京大学出版社，2016：53.

② 彭婧．公共服务购买中的政府责任研究——一个分析框架［J］．甘肃行政学院学报，2017（3）：28-38.

需求识别偏差和承接主体选择风险影响最大，会造成购买合同的不完全和不科学。① 因此，在这一阶段必须吸纳公众参与，以明确需求，加强对承接主体的能力评估和监督，努力完善合同条款。Macmillan 认为，“服务定制”是政府购买公共服务周期的一部分，主要指合同制定和授予的过程，即政府部门了解并确定需求，吸纳公共服务消费者共同设计服务项目和购买合同，参与服务招投标来落实服务。②

因此，老年人在决策环节的参与，应将重点放在购买合同的制定和参与合同招投标这两个环节。老年人在决策阶段的参与是一个双向的信息交换过程。首先，可以增进老年人了解政府购买的做法和过程；其次，能够将政府购买项目、计划、资金安排情况、服务标准以及相关政策情况完整地传递给老年人；最后，积极征求老年人对购买内容设置、需求符合程度、服务供应商选择的意见，便于政府及时修正购买项目设计和购买合同。一方面，老年人通过向政府表达自身服务需求，保障购买合同内容的科学性和可行性，促进供需匹配；另一方面，老年人更全面地了解服务合同信息和服务承接信息，公开、透明、公正地选择养老服务供应商，便于服务过程中和服务评估时更好地监督。

2. 服务参与

服务阶段参与即合同实施阶段的参与，主要有老年人参与服务的交付和质量监督等，是由于服务的生产和消费具有不可分离性而带来的老年人涉入合作生产的情况。服务阶段参与主要是老年人与服务供应商之间的合作生产，“服务最大的特点在于顾客参与生产过程，顾客也有精力和时间等方面的投入，并与服务提供者产生交互作用，顾客参与是服务交付的一部分”。③ 政府购买养老服务的实施阶段，服务供应商直接为老年人提供服务，这一阶段的老年人参与最能体现“服务交互的本质”，老年人在这一阶段表现出较高程度的参与。

首先，以服务供应商与老年人接触并建立关系为服务起点，双方互动和合作实现服务生产，并通过顾客体验不断调整服务供给。其次，在服务阶段，老年人除了与服务供应商保持交互，还应与政府一起监督合同履行情况。老

---

① 周义程．政府购买公共服务的风险识别与防范——基于运作流程维度的考量［J］．苏州市职业大学学报，2017（2）：2-9.

② Macmillan R. The third sector delivering public services：An evidence review［J］. Tsrc Working Paper，2010：20.

③ 王潇，杜建刚，白长虹．从“产品主导逻辑”到“顾客参与的价值共创”——看西方服务范式四十年来的理论演进［J］．商业经济与管理，2014（11）：41-49.

年人作为服务的直接消费者和体验者，应“在生产过程中就服务实施情况展开监督，并与政府之间就服务情况进行有效沟通”。① 因此，应在合同制定和执行过程中，明确设置老年人参与的程序，通过参与服务供应商的经营和管理来保障服务绩效和服务质量，实现这一阶段的老年人参与。

3. 评估参与

在评估阶段，老年人主要作为服务接受者参与第三方的绩效评估活动，对养老服务供应商进行评价。老年人在评估环节的参与，主要是参与第三方评估、履行监督与信息反馈，具体而言，主要是判断评估标准的科学性、服务供应商的合同实施情况、政府过程监督情况并对服务过程中的申述投诉等进行评价，同时还有针对服务实施过程中的监督和反馈行为等。此外，评估阶段还应该包括老年人参与服务机构的自我评估。服务机构在服务合同周期内或者在一定时间内（月/季度）对自身服务交付情况进行评估时，应吸纳老年人充分参与，以便发现交付过程中的问题、保障服务质量。

综上，结合以往研究文献，按照老年人参与行为发生的时间顺序，从决策阶段参与、服务阶段参与和评估阶段参与三个维度来分析老年人参与。这三个维度贯穿了政府购买养老服务的基本过程，体现了老年人参与的过程性和全面性。具体维度和要素参见表 2-3。

表 2-3 老年人参与过程指标设置

	变量	内容和要素	设置依据
参与过程	决策参与	1. 需求和偏好表达； 2. 合同共同设计； 3. 招投标参与； 4. 购买方式； 5. 服务供应商选择	王浦劬等（2016）； 陈建国（2012）； 魏中龙（2014）； 陈芳（2011）； Macmillan（2010）
	服务参与	1. 事前沟通； 2. 合作生产； 3. 人际互动； 4. 干涉反馈； 5. 日常监督	
	评估参与	1. 参与第三方评估； 2. 参与内部评估； 3. 事后监督和反馈	

资料来源：笔者整理。

① 彭婧．公共服务购买中的政府责任研究——一个分析框架［J］．甘肃行政学院学报，2017（3）：28-38.

三、老年人参与结果的维度探索

公共服务供给应紧紧围绕公众需求而展开，把“人民满意不满意、人民高兴不高兴、人民赞成不赞成、人民答应不答应”作为政府公共服务的目标和评价标准，也是判断公共服务质量的重要依据。① 民政部要求，政府购买公共服务必须将服务对象满意度作为一项主要绩效指标；及时掌握服务提供状况和服务对象满意度，增强服务对象的获得感②，这是服务型政府建设的题中应有之义。通过前文分析可知，顾客参与的价值和结果主要体现在感知服务质量和顾客满意度两个方面。所以，本书将老年人参与的结果设定为“感知服务质量”和“满意度”两个方面，基于以往研究发现并结合本书研究目标对其内涵和维度进行探索。

（一）老年人感知服务质量的结构分析

1. 养老服务质量评价相关研究

国内外关于服务质量维度的研究很多，Gronroos 较早开展服务质量及相关理论研究，将服务质量分为期望服务和体验服务两个维度，最早提出“感知服务质量”的概念模型。③ 这种感知和期望的差异评价方法至今仍然是服务质量管理研究最重要的理论基础。PZB 的服务质量概念被广泛应用，他们认为服务质量包括有形性、可靠性、响应性、安全性和移情性五个维度④，这种划分方法被国内学者修正、改进并应用于养老服务质量评估的研究中。⑤ Brady 和 Cronin 认为，PZB 的五维度质量评价重于服务操作层面的测量，忽视了产品和内容的差异性，他们认为较为全面的服务质量评价应该将服务质量感知与可操作性维度联系起来，包括环境质量、互动质量和结果质量三个主要方面以及周边环境、社会环境、设计环境、态度、行为、专业、效用、有形和时效九个亚维度。⑥ 国内基于 SERVQUAL 模型的评价

---

① 董丽. 基本公共服务质量评价问题研究［D］. 长春：吉林大学，2015.

② 财政部 民政部. 关于通过政府购买服务支持社会组织培育发展的指导意见［EB/OL］. http://www.mof.gov.cn/mofhome/zonghesi/zhengwuxinxi/zhengcefabu/201612/t201629_ 2508155.html.

③ Gronroos C. Service quality: The six criteria of good perceived service quality［J］. Review of Business, 1988, 11 (6): 10-13.

④ Parasuraman A, Zeithaml V A, Berry L L. Servqual: A multiple - item scale for measuring consumer perceptions of service quality［J］. Journal of Retailing, 1988, 64 (1): 12-40.

⑤ 章晓懿，刘帮成. 社区居家养老服务质量模型研究——以上海市为例［J］. 中国人口科学，2011 (3): 83-92.

⑥ Brady M K, Cronin J. Some new thoughts on conceptualizing perceived service quality: A hierarchical approach［J］. Journal of Marketing, 2001, 65 (3): 34-49.

还停留在应用层面，方法规范上还存在是服务前测量还是服务后测量等问题，而且会导致顾客将之前服务经历的影响带入期望中。[①] 除了 PZB 服务质量差距模型外，还有洛夫洛克服务质量模型、奥利弗感知服务质量模型、波尔顿、德鲁服务质量模型以及谷姆森 4Q 产品/服务质量模型等顾客感知服务质量的经典理论模型，这些理论模型研究视角不同，适用的领域也不同。

2. 谷姆森 4Q 产品服务质量模型

瑞典学者谷姆森于 20 世纪 90 年代初提出的 4Q 产品/服务质量模型不再区分无形服务和有形产品的差异，尝试在抽象的情况下讨论如何提高质量管理，将整个服务流程纳入考虑范围[②]，这对本书有重大启示。谷姆森在其《服务组织的质量管理：服务的诠释》一书中将服务质量划分为设计质量（Design Quality）、生产和递送质量（Production and Delivery Quality）、关系质量（Relational Quality）和结果质量（Outcome Quality）四个维度。[③] 设计质量又称为规划质量，是衡量服务怎样整合成为功能质量组合的，设计质量失误会影响绩效和顾客体验；生产和递送质量是衡量服务组合如何生产并传输给顾客的，在生产和递送过程中任何一个环节都可能引起质量问题；关系质量是衡量服务过程中顾客如何感知服务质量的，服务导向理念、熟练的服务人员、沟通技巧和能力等因素都能够影响关系质量；结果质量是衡量服务效果的，服务结果对顾客而言既是短期利益也是长期利益。谷姆森 4Q 产品/服务质量模型将整个业务流程纳入考虑范围，影响服务质量的原因不仅涉及生产，也可以追溯到设计，还包括传递和互动关系，哪里没有达到顾客的预期，哪里就会引起质量问题。[④]

洪志生等认为，谷姆森将顾客感知服务质量和产品质量概念加以综合，以期望和感知的差距为基础，提出的 4Q 产品/服务质量模型更像是合并模型结构而不是潜因子模型结构，在未来消费者与服务供应商接触点多样化的条

① 洪志生，苏强，霍佳震．服务质量管理研究的回顾与现状探析［J］．管理评论，2012，24（7）：154-165.

② 王海燕，张斯琪，仲琴．服务质量管理［M］．北京：电子工业出版社，2014：60-61.

③ Gummesson E. Quality management in service organizations：An interpretation of the service［M］. New York：International Service Quality Association，1993：229-230.

④ ［芬兰］克里斯廷·格罗鲁斯．服务管理与营销：基于顾客关系的管理策略［M］．韩经纶，等，译．北京：电子工业出版社，2002：52.

件下，更能充分实现对服务质量的评价。① 钟仁耀考虑到老年人长期护理服务的社会效益，改良了谷姆森 4Q 产品服务质量模型，从而构建了长期护理服务的质量分析理论框架，来分析长期护理服务的质量管理问题。② 谷姆森 4Q 产品服务质量模型产生于工商管理领域，在国外常被运用于教育、市政、就业、社会和卫生服务等公共服务领域，但是在应用于本书前，仍需要考虑养老服务的公共性，对其内涵进行具体探索和设置。

3. 老年人感知养老服务质量结构维度

基本公共服务的质量不仅包括满足公众需求的程度，还包括对预先制定的程序和规范的执行结果和效果，具有公平性、规范性、交互性和参与性等属性，服务消费者是一个重要的评价主体；而对基本公共服务质量的评价应“以顾客为中心”，重视主观与客观相结合，考虑服务过程、产出结果和后果等质量要素。③ 西方关于健康和社会福利供给的相关研究中，服务质量和服务满意度都被视为服务递送的重要目标和结果，这里“服务质量主要体现为顾客感知质量，而非服务系统的运作质量”。④

本书认为，服务质量是老年人在服务交互中感受到的服务水平，不仅包含“期望—感知”的差距，还体现在服务前、服务中和服务后等“服务过程”中的交互情况，是多次服务交互后的一个积累结果。老年人参与政府购买养老服务主要是对服务质量产生影响，这种影响是一种感知服务质量，也是老年人对服务机构服务的一个综合质量评价。所以，老年人感知服务质量的维度设计应该包括整个服务流程。

（二）老年人感知服务质量的内涵设定

参考谷姆森的 4Q 产品服务质量模型以及钟仁耀等的改良思路，并结合国内外研究者对养老服务质量结构维度的相关研究，本书将老年人感知服务质量结构维度划分为“设计质量、递送质量、关系质量和结果质量”四个维度，并结合研究目标对每个维度的内涵进行探索（见表 2-4）。

---

① 洪志生，苏强，霍佳震．服务质量管理研究的回顾与现状探析［J］．管理评论，2012，24（7）：154-165.

② 钟仁耀．提升长期护理服务质量的主体责任研究［J］．社会保障评论，2017（3）：79-95.

③ 董丽．基本公共服务质量评价问题研究［D］．长春：吉林大学，2015.

④ Cheng P，Xue W. Does customer participation improve service quality? The moderating effects of customer expertise［C］// International Conference on Service Systems and Service Management. IEEE，2013：456-461.

表 2-4 老年人感知服务质量指标设置

一级指标	变量	内容和要素	设置依据
感知服务质量	设计质量	购买项目设计和规划的质量	谷姆森（1993）；钟仁耀（2017）
	递送质量	服务组织和递送的质量	
	关系质量	服务双方关系和交互情况	
	结果质量	服务结果对老年人短期和长期的影响	

资料来源：笔者整理。

1. 设计质量

设计质量也是项目质量，主要指养老服务项目规划和设计的质量情况。养老服务的设计和规划具体表现为政府购买养老服务合同，合同约定了主体间的权责关系，对服务内容、服务标准、服务项目和数量、资金支付、评估监督等都有明确的规定。政府和服务供应商应该按照购买合同开展合作，老年人能够通过购买合同来判断政府购买项目是否符合自身的实际需求、服务供应商是否按照合同交付服务、如何对政府行为和服务供应商行为进行评估和监督。

2. 递送质量

服务组织和递送的质量是服务供应商承接服务合同以后，与老年人事前沟通并确定权责关系，同时组织和整合服务力量、制定服务计划、拟定服务协议、开展服务过程管理、服务信息披露、内部评估服务效果等，以保障政府购买服务合同能够按标准交付。此外，服务人员在服务交付过程中所执行的服务质量标准和态度，也影响老年人的合作行为和质量感知，所以对服务递送质量的衡量，应该与服务人员的评价相结合。

3. 关系质量

关系质量可以视为交互质量，主要衡量养老服务供应商与老年人之间的交流和合作情况。服务事前，老年人可以提供更多信息从而确保服务满足他们需求的可能性；服务过程中，老年人能够参与提升服务传递效率和促进服务技能提高，还可以与服务机构及服务员工建立良好的关系；服务结束后，老年人参与服务结果反馈，为服务机构提供改进建议，还可以在服务失败时及时干预并帮助寻找补救方案等。

4. 结果质量

主要衡量政府购买养老服务取得的实际效果。养老服务供应商根据购买合同提供服务，保障服务能够标准化、个性化和人性化地组织生产和递送，以满足老年人的实际需求。这里，结果质量的判断还应该包括预期服务质量和实际服务质量感知之间的差距。

（三）老年人满意度结构维度分析

养老服务供给的质量与效果是政府购买评价更应关注的结果，即养老服务项目是否实现了预期目标，服务质量是老年人所享受服务的实际水平，而服务对象的满意度反映了政府购买的实际效果。①

首先，服务满意度是一个积累概念，可以从服务质量感知角度进行测量。有关服务满意度的界定和研究有两种观点：一种观点认为可通过前后感知差异来判断某种特定的需求被满足的情况，服务满意度属于短暂的、特定的需求被满足后的满意程度；另一种观点认为服务满意度不是一次服务需求满足产生的，而是服务对象长期使用某一服务的整体感受水平，是一种累积性概念。很多研究者直接从服务感知质量角度测量服务满意度，认为顾客满意度取决于顾客感知服务质量。② Van 等在研究中将 PZB 的五个维度设置为预测变量，将顾客总体满意设置为结果变量，尝试利用感知服务质量测量和评价顾客满意度。③ 在章晓懿和刘帮成构建的社区居家养老服务的质量二阶结构模型中，老年人对社区居家养老服务满意度主要是基于老年人对助洁、助餐、助医以及康乐服务四个子维度的感受水平进行测量。④

其次，服务满意度是一个复合概念，既包括对服务过程的满意情况，也包括对参与结果的满意情况。王莉、罗瑾琏研究发现，在复杂的产品/服务的创新中吸引顾客参与时，顾客参与行为和满意度并非简单的线性关系。他们根据期望差距理论，将顾客满意度划分为“顾客对参与过程满意度”和“顾客对参与结果满意度”两个基本维度，并设置了两个条目测量顾客参与过程满意度、设置五个条目来测量顾客参与结果满意度，实证结果显示顾客满意度不仅受到其参与程度影响，还受到诸多因素的影响和调节。⑤ 魏中龙在设置

---

① 吉鹏．政府购买养老服务绩效评价研究——以 S 省为例［D］．南京：南京农业大学，2016.

② Cedric Hsi-Jui Wu. A re-examination of the antecedents and impact of customer participation in service［J］. Service Industries Journal，2011，31（6）：863-876.

③ Van Dinh，Lee Pickler. Examining service quality and customer satisfaction in the retail banking sector in vietnam［J］. Journal of Relationship Marketing，2012，11（4）：199-214.

④ 章晓懿，刘帮成．社区居家养老服务质量模型研究——以上海市为例［J］．中国人口科学，2011（3）：83-92.

⑤ 王莉，罗瑾琏．产品创新中顾客参与程度与满意度的关系——基于高复杂度产品的实证研究［J］．科研管理，2012，33（12）：1-9.

“政府购买公共服务项目效率评估的指标体系”时，将“服务受众的满意度”作为一级指标，将“服务过程满意度”和“服务结果满意度”设置为二级指标，并对应两个二级指标设置具体问题来进行变量的操作。①

最后，老年人对政府购买公共服务的满意度包含多重主体关系，既包括老年人对服务机构的综合评价，也包括老年人对政府购买项目和合作互动关系的综合评价。储亚萍、何云飞认为政府购买居家养老服务满意度指老年人的满意度，是政府高效能和服务商优质服务的转化，可以从数量满意、质量满意、对政府工作满意度、对服务提供商满意度四个方面来研究。② 王珂、吴湘玲将“政府购买公共服务满意度”作为因变量，将“社会组织服务满意度”和“政府提供的公共服务（项目）满意度”作为自变量，来分析公众对政府购买公共服务的满意情况，结果显示具体项目的满意度对公众的感知影响较大，对社会组织的服务满意度影响不显著。③ 孙洁认为，公众满意度主要反映合同外包的社会效益，主要包括公众对价格的满意度、质量的满意度和服务的满意度；调查公众满意度可以从服务准确性、服务可取得性、合作关系和建议四个方面了解并分析公众对服务的感受。④ 唐迪等通过因子分析，将政府购买社区养老服务满意度划分为“项目满意”“人员满意”和“模式满意”三个维度，并考虑个人、家庭、经济和需求等自变量因素对养老服务满意度的影响。⑤

（四）服务满意度结构维度的设定及内涵

本书认为，首先，老年人满意度是一个积累概念，是多次服务和交互中形成的基本判断；其次，老年人满意度是一个复合概念，既包括对服务享受情况的满意程度，也包括对参与情况的满意程度；最后，老年人满意度既包括对服务机构的满意情况，也包括对政府购买政策、参与和互动的满意情况。因此，借鉴孙洁、魏中龙、吉鹏等的研究，本书将老年人满意度的结构维度划分为“过程满意度”和“结果满意度”两个维度，参见表 2-5。

---

① 魏中龙．政府购买服务的理论与实践研究［M］．北京：中国人民大学出版社，2014：214.

② 储亚萍，何云飞．政府购买居家养老服务满意度的影响因素研究——基于国内四市的调查［J］．东北大学学报（社会科学版），2017，19（4）：385-391.

③ 王轲，吴湘玲．政府向社会组织购买公共服务满意度研究——以武汉市为例［J］．华东经济管理，2016，30（2）：170-176.

④ 孙洁．PPP 项目的绩效评价研究［M］．北京：经济科学出版社，2010：93-95.

⑤ 唐迪，余运江，孙旭，高向东．政府购买社区养老服务的满意度研究——基于上海调查数据的实证分析［J］．西北人口，2017（3）：93-99，106.

表 2-5 老年人满意度指标设置

一级指标	变量	内容和要素	设置依据
满意度	过程满意度	1. 可靠性满意度； 2. 响应性满意度； 3. 专业性满意度； 4. 效用性满意度； 5. 有形性满意度	孙洁（2010）； 王莉等（2012）； 魏中龙（2014）； 吉鹏（2016）
	结果满意度	1. 信息公开情况； 2. 购买政策公平性； 3. 购买项目效果（范围和力度）； 4. 基层政府协调能力； 5. 政社互动关系	

资料来源：笔者整理。

1. 过程满意度

过程满意度主要是指老年人体验服务过程的满意情况，侧重于老年人对供应商提供服务情况的综合评价。服务交付过程是老年人直接参与和参与程度最高的环节，也是其直接感受服务质量的环节。老年人对服务项目的体验和感知，可以从可靠性、响应性、专业性、效用性及有形性等方面进行评价和测量。① 可靠性是指养老服务项目和服务供应商是否可靠，主要测量老年人对服务供应商资质、提供服务的准确与可信赖程度、是否按照合同和服务协议进行服务承诺以及实际服务与合同的契合程度。响应性是指服务机构和服务人员对老年人的服务需求的响应时间和敏捷程度，服务人员能够随时设身处地地为老年人着想，当老年人对服务提出意见和建议时，服务人员能够迅速回应和解决。专业性是指服务人员的知识、技能、服务能力和职业素质能够满足老年人的实际需求和合同要求，只有专业化才能保证服务结果的有效、到位。效用性主要是测量老年人是否认可服务供应商和服务人员的实际服务效果，即老年人通过接受服务，是否弥补了家庭照顾的不足，得到专业的服务后，健康和生活照料状况是否得到好转，经济负担是否得到缓解等。

2. 结果满意度

结果满意度是指老年人享受服务后，对政府购买服务结果性因素的主观评价，侧重于老年人对政府购买政策、政府购买行为、最终社会效果、政府效能等方面的感知。既包括老年人对参与行为和互动结果的满意度，即老年

① 吉鹏. 政府购买养老服务绩效评价研究——以S省为例［D］. 南京：南京农业大学，2016.

人参与情况、政府或服务机构对老年人养老诉求的回应情况，又包括老年人对自身参与政府购买服务整个过程的综合评价。可以从政策公平性、购买竞争性、基层政府管理协调能力、购买力度等方面进行测量。①

（五）服务质量和满意度的关系

一方面，很多研究者认为服务满意度是服务质量的一部分。“服务”作为一种无形的产品，其质量的好坏、优劣主要取决于顾客的感受，即“满意度”。“在全面质量管理的热潮消退之后，当前西方对准公共服务质量研究的趋势聚焦于对公民满意度的探讨。虽然它并不是唯一的衡量指标，但是公民准公共服务的终端用户对服务质量评价是服务结果的指示标”。② 在对公共卫生服务递送体系的研究和实践中，满意度被认为是服务质量的组成部分；或者服务满意度直接受服务质量影响。③ 服务质量是可接受的最低标准，能够反映服务流程、组织结构或更多方面的服务效果，服务对象的满意度是服务质量的指标工具之一，服务机构必须通过服务质量和实践效果来对政府和公众负责。

另一方面，很多研究者认为服务质量和服务满意度之间高度关联。Bach Xuan Tran 等研究认为，服务质量和可及性、服务供应商能力、响应性是影响顾客满意度的重要因素。④ Lars 研究发现，卫生保健领域的老年人参与积极性越高，越会改善服务结果，包括顾客满意度和服务质量。⑤ “高水平的服务质量带来较高的顾客满意度和顾客行为，服务供应商应将感知的服务质量和顾客满意作为发展的长期策略，以提高现有顾客的忠诚度”。⑥ 也有研究认为顾客参与的影响是两面性的，实现顾客和服务相匹配必然会增加服务人员的工作压力，降低员工工作满意度，引起服务质量下降。⑦

本书倾向于支持顾客感知服务质量影响服务满意度的观点。“大量研究结

① 吉鹏．政府购买养老服务绩效评价研究——以 S 省为例［D］．南京：南京农业大学，2016.

② 陈文博．公共服务质量评价与改进：研究综述［J］．中国行政管理，2012（3）：39-43.

③ Westby M D，Klemm A，Li L C，et al. Emerging role of quality indicators in physical therapist practice and health services delivery［J］. Physical Therapy，2016，96（1）：90-100.

④ Tran B X，Nguyen L H，Phan H T，et al. Patient satisfaction with methadone maintenance treatment in vietnam：A comparison of different integrative-service delivery models［J］. Plos One，2015，10（11）：e0142644.

⑤ Lars Nordgren. The performativity of the service management discourse：“Value creating customers” in health care［J］. Journal of Health Organization and Management，2008，22（5）：510-528.

⑥ Amin M，Nasharuddin S Z. Hospital service quality and its effects on patient satisfaction and behavioural intention［J］. Clinical Governance an International Journal，2013，18（3）：238-254.

⑦ Ludwig N，Heidenreich S，Kraemer T，et al. Customer Delight：Universal Remedy or Double-Edged Sword?［J］. Journal of Service Theory & Practice，2017，27（1）.

果表明顾客参与和顾客满意之间并非简单的直接相关，而是通过影响感知服务质量进而影响顾客满意等”。① 老年人参与政府购买养老服务会对服务机构的服务质量和自身满意度产生影响，两者都是从老年人感知角度进行测量，老年人感知服务质量的高低可对服务满意度产生影响，但是具体的影响机制仍需要在实证中予以检验。

四、“动因—过程—结果”的参与模型构建

基于顾客参与分析模型，借鉴国内外学者对老年人参与问题的研究，考虑整个政府购买养老服务的流程和各参与主体之间的相互关系，本书构建了“动因—过程—结果”的老年人参与模型，以实现对政府购买养老服务中老年人参与状况和内在机理的研究。老年人参与概念和分析模型可以帮助我们理解政府养老服务的基本属性、流程和运作细节。通过构建的分析模型，可以对老年人参与的复杂性进行描述，并能够提出研究建议，进而探讨政府介入的意义和具体操作路径。

（一）模型结构与主要变量

本书构建的老年人参与模型由三个部分组成：首先是老年人动因部分，包括个人因素和组织因素两个变量，每个变量包含三个维度；其次是老年人参与过程部分，设置了老年人参与单一变量，包含三个具体维度；最后是老年人参与结果部分，设置了感知服务质量和满意度两个变量，感知服务质量包含四个具体维度，满意度包括两个具体维度。本书把老年人的人口特征变量纳入控制变量范畴。在分析框架以及对各个变量和维度探索的基础上，构建了老年人参与模型，如图 2-5 所示。

根据构建的老年人参与模型，围绕五个主要变量之间的关系，既从变量层面把握了老年人参与的动因、过程和结果，也从具体维度上深入探索了“动因—过程—结果”之间的内在联系和作用机理。

（二）参与动因、参与过程和参与结果的内在关联

在老年人参与模型中，老年人参与的过程受老年人参与动因的影响，老年人参与结果不仅受参与过程影响，还受老年人参与动因的间接影响。参与动因、参与过程和参与结果之间密切关联。

1. 参与动因对参与过程的影响

个人因素和组织因素与老年人的参与过程交互影响。老年人参与政府购

---

① 彭艳君．企业—顾客价值共创过程中顾客参与管理研究的理论框架［J］．中国流通经济，2014（8）：70-76.

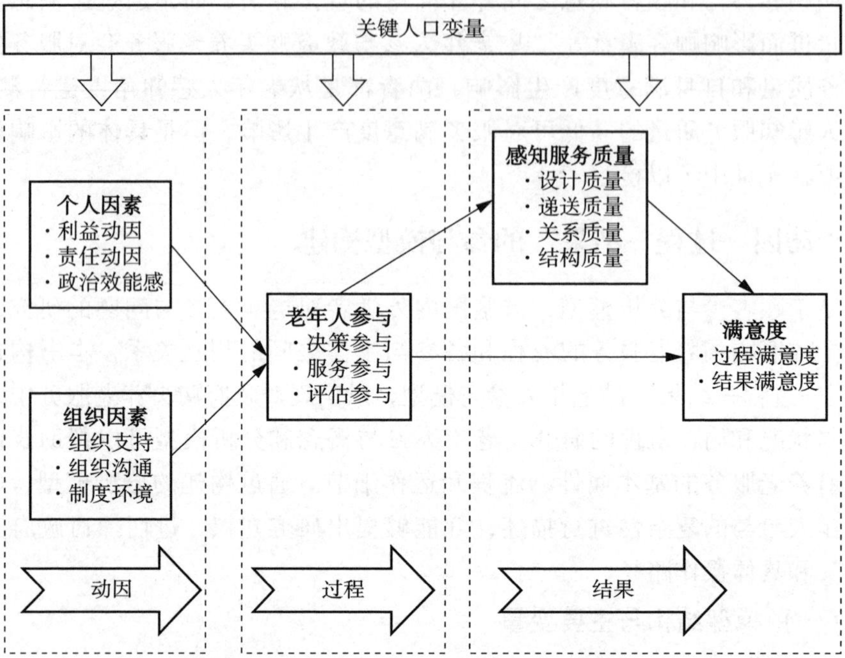

图 2-5　老年人参与概念模型及变量基本关系

资料来源：笔者自绘。

买养老服务三个阶段的行为既受其个人能力、个人经历、需求急迫性等内在因素的影响，同时受到组织支持、信息沟通和制度安排等外在因素的影响。个人因素必须在一定的组织因素影响下才能形成参与行为，而在阻碍性环境条件下，即使老年人内在参与动机强烈，也得不到参与机会或者不能取得满意的参与结果。

2. 参与过程对参与结果的影响

老年人决策参与、服务参与和评估参与三个维度前后密切关联，共同制约着政府购买的效果。其中，决策参与发挥基础作用，影响政府购买决策的科学性和购买信息的对策性；服务参与发挥保障作用，老年人服务环节参与的充分性和有效性直接影响老年人享受服务的质量和效果；评估参与发挥监督和改进作用，评估阶段老年人参与能够衡量政府购买养老服务的阶段性成效，影响服务结果的反馈与项目后续优化。老年人在政府购买服务三个阶段中的参与行为影响老年人对服务质量的感知和满意度。

3. 参与动因、参与过程和参与结果之间的关系

参与过程直接影响参与结果，而个人因素和组织因素通过对参与行为的

影响进而影响参与结果。内在动机不足和受到外在因素阻碍的老年人，参与结果无疑是不佳的。参与动因、参与过程和参与结果之间密切关联，参与结果是一个综合的、集中的表现。因此，在后续分析上，应该注意三者之间的递进关系，分析参与过程时要考虑参与动因的影响；分析参与结果时要考虑参与动因和参与过程的影响。

总之，在“动因—过程—结果”这一分析模型中，政府购买养老服务的关键要素都涵盖其中，并且与要解决的具体问题有清晰的对应关系，确保了整个研究体系的完整性和逻辑性，可实现分析老年人参与问题的目标。只有剖析老年人参与的动因、过程和结果，才能明确促进老年人参与的有效路径，构建老年人有效参与机制。本书建构的模型能够合理解释和分析研究问题，在实践中具有指导性。

本章小结

本章首先介绍了研究的理论基础和应用。其中，顾客参与理论作为框架性分析理论，为系统分析老年人参与提供了新的理论视角、新的思路和新的分析技术。但是，来自工商管理领域的理论应用于公共管理领域还需要解决其适用性问题，需要从公共责任、多主体参与关系、公共价值等角度重新理解，因此应结合公共管理理论进行修正和综合解释。

本章详细分析了顾客参与理论模型，并获得相关启示。在顾客参与模型的基础上，对老年人参与动因—过程—结果进行概念操作化，构建了老年人参与概念模型，并对概念模型中的潜在变量进行操作化定义，探索其观察变量的要素和内涵。由于关于老年人参与的实证研究较少，本书主要采用演绎的方法探索指标，即根据已有的文献和定义来确定测量指标；后续结合归纳法，即通过专家小组讨论、询问相关人员的认识和看法来生成测量指标。具体以下。

从个人因素和组织因素两个层面分析老年人参与的动因。其中个人因素主要包括“利益动因”“责任动因”和“政治效能感”三个维度；组织因素主要包括“组织支持”“组织沟通”和“制度环境”三个维度。同时，明确区分了“个人因素”与“个人人口特征”的不同。

基于以往研究对政府购买公共服务环节和要素的界定，从政府购买养老服务的决策阶段、服务阶段和评估阶段三个层面分析老年人参与的过程。按照参与行为发生的时间顺序，将老年人参与界定为“决策参与”“服务参与”

和“评估参与”三个维度。

老年人参与结果主要包括感知服务质量和老年人满意度两个层面。基于谷姆森4Q产品服务质量模型，将老年人感知服务质量划分为“设计质量”“递送质量”“关系质量”和“结果质量”四个维度。借鉴魏中龙等的研究，将老年人满意划分为“过程满意”和“结果满意”两个维度。

在探索老年人参与动因、参与过程和参与结果的每个具体维度内涵基础上，构建了老年人参与的操作模型，确定了模型的主要变量，并指出探索目标和变量间的关系。

第三章　调查设计与数据收集

本章立足于上海市政府购买养老服务实践，在第二章构建的老年人参与模型基础上，以定性与定量相结合的方式，对老年人参与问题进行综合研究设计。本章主要阐述三部分内容：首先，分析上海市政府购买养老服务现状，明确服务项目和服务享受对象；其次，根据上海市政府购买养老服务现状和设计的老年人参与模型，设计问卷调查和访谈调查方案；最后，组织实施调查方案，并对调查数据进行初步整理和检验。

第一节　调查区域政府购买养老服务现状

本书针对上海市政府购买养老服务中老年人参与问题展开研究，原因在于，一方面上海市较早进入人口老龄化社会，是全国人口老龄化和高龄化程度最高的城市；另一方面上海市是我国较早探索政府购买养老服务的城市。上海市经过20年左右的实践探索，基本形成了一套完善的政府购买养老服务运行机制。在养老基本公共服务方面，上海市服务供给量大、面广，但效果与社会实际需求仍有一定距离。

一、上海市政府购买养老服务运行机制

（一）对象确定机制

上海市优先支持保基本、兜底线养老公共服务，老年人根据身体状况、年龄等合理选择养老形式，享受梯度服务。① 2015年底，上海市建立了全市统一的老年照护服务需求评估体系，在徐汇、闵行、杨浦、普陀和浦东新区5个区试点成功后，逐步向全市推广。② 按照《上海市基本公共服务体系“十

---

① 上海市人民政府发展研究中心．上海养老服务发展报告（白皮书）[M]．上海：上海人民出版社，2016：51.

② 上海市人民政府．上海市开展老年照护统一需求评估体系建设试点工作意见（试行）[EB/OL]．http：//www.shanghai.gov.cn/nw2/nw2314/nw2319/nw12344/u26aw51019.html.

三五”规划》界定，通过老年照护统一需求评估，根据老年人的意愿和评估等级，上海市为老年人提供与其身体状况相匹配的居家、社区和机构照护服务。[①]“今后上海市所有新增的养老服务设施，凡是提供基本养老服务的，老年人提出申请，都要经过统一需求评估，根据照护等级，匹配相应的服务类型”。[②]

（二）服务供给方选择及合作机制

承接政府购买养老服务的主体有三类：事业单位、非营利社会组织（社会团体、民办非企业单位、基金会和慈善组织）、工商登记的企业组织，其中民办非企业单位（即民非组织）为主要承接主体。上海市“十三五”期间探索建立健全养老基本公共服务合格供应商管理制度，养老基本公共服务保障对象可以在合格供应商范围内，自主选择服务供给主体[③]，通过合同外包、服务券制、补助制、特许经营等方式广泛开展合作，以提高政府购买的质量和效率。上海市政府购买养老服务的费用给付主要有直接给付和间接给付两种方式，不同的给付方式对应不同的购买模式。一般而言，直接给付的政府运用的主要工具是合同契约和资金补助；间接给付的主要通过服务券等工具，参见表3-1。

表3-1　上海市购买养老服务费用给付的主要方式和购买工具

服务费用给付方式	购买工具	受补贴方
直接给付	合同契约	服务供给者
	资金补助	
间接给付	服务券或准服务券	服务使用者

资料来源：笔者整理。

（三）筹资机制

上海市政府购买养老服务的资金来源于财政预算支出和福利彩票基金。对市级政府部门来说，购买公共服务的资金大部分是本年度预算资金；对区（县）政府来说，政府购买养老服务归类于公共预算，而且以单独的条目列入。尽管各区民政区福利彩票基金、区财政资金等不尽相同，但都必须确保

①③　上海市人民政府．上海市基本公共服务体系“十三五”规划［EB/OL］. http://www.shanghai.gov.cn/nw2/nw2314/nw39309/nw39385/nw40603/u26aw50777.html.

②　上海市人民政府发展研究中心．上海养老服务发展报告（白皮书）［M］. 上海：上海人民出版社，2016：62.

中标项目资金的到位。上海市对政府购买养老服务的财政资金投入逐年增加，且资金来源多样化，有社会建设专项资金、中央财政资金、地方财政资金、福利彩票资金等，各区（县）和街道政府部门还会定制相应的配套支持性资金。

（四）监督和评价机制

上海市各级政府一方面不断完善购买制度，通过制定政府购买服务目录和负面清单，规范政府购买服务行为，建立健全政府购买公共服务制度的政策和法律规范；另一方面积极引入第三方评价机制，基于合同对购买养老服务展开绩效评估。监督和评估主要由政府购买部门负责实施，按照购买合同的相关要求，明确考核标准。考核一般采取日常考核和年度考核相结合的方式。常见的考核方法有现场观察、查看相关资料、抽查服务接受者等；政府工作人员进行监督的方式主要有常规的现场查看、查看提供机构的月/季报告、随机查档案、受理公众投诉等。

（五）购买机制发展

2001—2015年，社区居家养老服务是上海市政府层面重点实施的项目，制度运行成熟。2016年以后，伴随长期护理保险设计、试点工作的跟进，上海市开始变革居家养老服务制度。将民政部门负责的“六助”项目与长期护理保险项目进行合并，“六助”项目共有35项具体内容，长期护理保险（试点）共有42项内容，其中重叠24项，合并后民政部门只负责剩余11项与老人日常接触较多的项目，合并的24项由政府补贴支付转变为社会保险支付。合并后社区居家养老的内涵和范围都发生了变化，民政部门只负责长期护理保险不能覆盖的一些项目，服务对象仍是低保、低收入、身体欠佳的这部分群体。2017年上海市推广长期护理保险制度以后，上海市政府购买养老服务的主体发生变化，其中，卫生部门主要负责医疗保健服务和医疗评估服务供应商的招投标与管理；民政部门主要负责社区居家养老服务供应商的招投标与管理；人力资源和社会保障部门主要负责长期护理保险服务供应商的招投标与管理。虽然购买的主体机构有所区别，但招投标程序、财政资金、服务对象、服务供应商等具有高度关联性，购买领域和内容围绕老年人基本养老服务需求交叉展开，为符合条件的老年人提供长期的生活照料和医疗护理服务。这样，基于统一照护需求评估体系，形成了“老人申请—第三方评估—政府购买—社会组织服务”政府购买养老服务基本架构，参见图3-1。

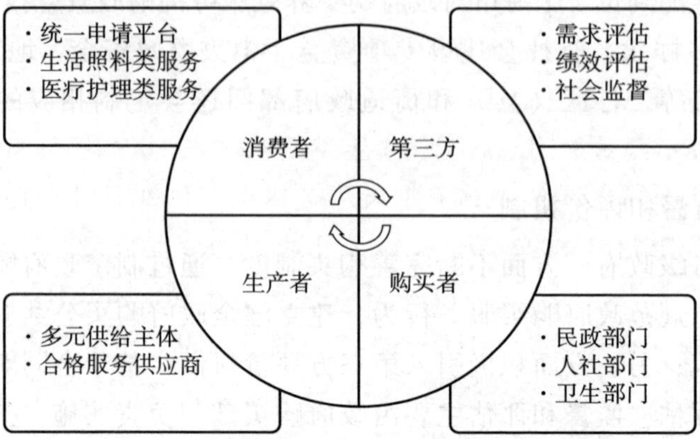

图 3-1　上海市政府购买养老服务的基本架构

资料来源：笔者自绘。

二、上海市政府购买养老服务项目与内容

（一）上海市政府购买养老服务项目和匹配情况

上海市在“十二五”期间，探索开展老年照护统一需求评估体系，按照评估等级匹配相应的养老服务项目，确保基本养老公共服务资源与需求有效对接、公平匹配，在医养结合的发展理念下，提出实现基本养老公共服务的应保尽保，让老年人得到连续、适宜、规范、便捷的“基本照护服务”。[①] 当前，上海市政府对养老基本公共服务的购买主要集中在社区居家照护服务和机构照护两个领域。目前，上海市统一使用上海市老年照护统一需求评估调查表开展需求评估。通过统一需求评估，根据不同的养老服务需求将老年人进行分层，供应相匹配的养老服务项目，同时根据老年人的经济状况决定其是否有资格接受养老服务补贴。具体享受资格和项目匹配情况参见图 3-2。

（二）政府购买养老服务的具体内容

在评估基础上，政府提供菜单式照护服务，老年人可以申请的基本照护服务涵盖了社区居家老年照护、机构老年照护两大类四小类服务，包括社区养老服务机构、养老机构、基层医疗卫生机构等多种服务供应主体，参见图 3-3。四小类服务具体包括：①社区居家生活照料服务（“六助”基

① 上海市民政局．“五个发展”系列新闻通气会［EB/OL］. http：//www.shmzj.gov.cn/gb/shmzj/node8/node890/u1ai41276.html.

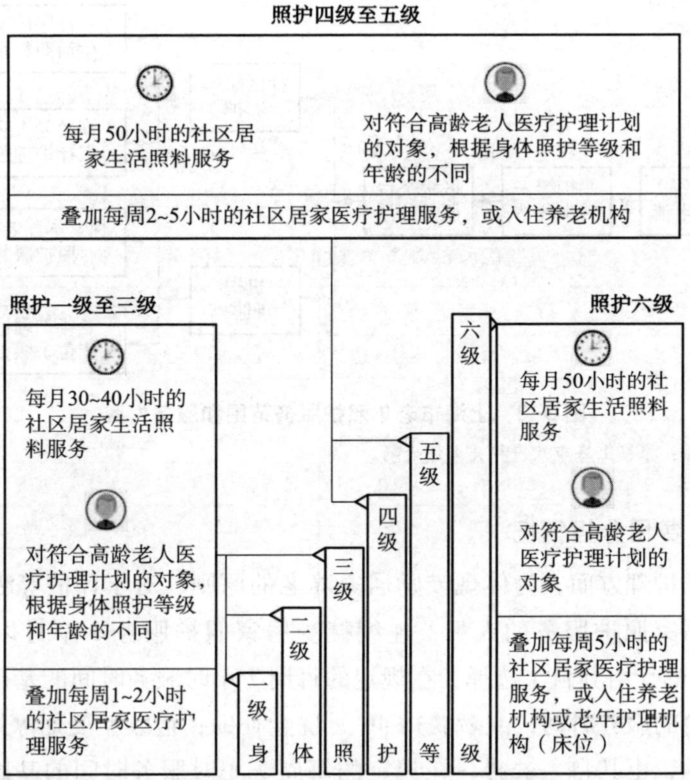

图 3-2　基本照护公共服务的享受资格和项目匹配

资料来源：上海市人民政府发展研究中心．上海养老服务发展报告（白皮书）[M]．上海：上海人民出版社，2016：62.

础上发展而来），即为有生活照护需求的轻度失能老年人，根据评估等级每月分别发放一定价值的助老服务券（卡），由有资质的社会服务组织提供或协助提供助餐、助浴、助洁、助医、助行、助急等生活照护服务。②高龄老人居家医疗护理服务，即为参加本市城镇职工基本医疗保险的高龄老年人，由有资质的医疗服务机构或医疗护理组织提供基本的、规范的居家医疗护理服务。③保基本养老机构照护服务，即由保基本养老机构为患慢性病、以生活护理需求为主的老年人提供照料护理服务。④老年护理机构（床位）照护服务，即由老年护理机构或附设护理床位的养老机构为病情相对较重、以医疗护理需求为主的老年人提供医疗护理、舒缓疗护等服务。

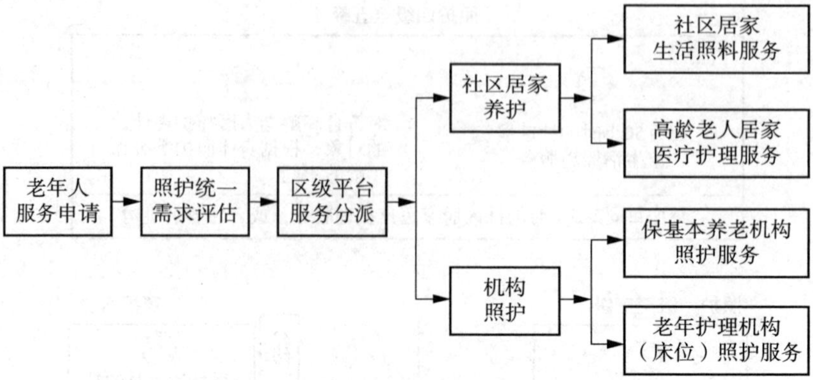

图 3-3　上海市老年照护服务范围和服务内容

资料来源：根据上海市政府相关文件绘制。

（三）费用分担情况

在长期护理方面，为体现鼓励居家养老的原则，对于评估等级为五级或六级接受居家照护服务的人员，连续接受居家照护服务 1 个月以上 6 个月（含）以下的，由其自主选择，在规定的每周 7 小时服务时间的基础上，每月增加 1 小时的服务时间，或者获得 40 元现金补助；连续接受居家照护服务 6 个月以上的，由其自主选择，在规定的每周 7 小时服务时间的基础上，每月增加 2 小时的服务时间，或者获得 80 元现金补助。① 在照护服务补贴方面，主要聚焦低保家庭老年人、适当兼顾低收入家庭对象、90 岁以上高龄老人以及计划生育特殊家庭等，对经老年照护统一需求评估 1~6 级的特殊困难老年人开展分类补贴。上海市政府购买养老服务费用分担情况见表 3-2。

表 3-2　上海市政府购买养老服务费用分担情况

享受项目	服务供应商	享受资格	费用情况
居家养老	居家养老服务社等	评估 1~6 级	部分付费 或保基本对象全免
社区养老	日间照料中心等	评估 1~6 级	部分付费 或保基本对象全免
机构养老	（定点）养老机构	评估 4~6 级	居家养老服务补贴转付
居家护理	社区护理站等	职工医保老人 且评估 1~6 级	职工医保分担 或保基本对象全免

① 上海市人民政府. 上海市人民政府关于印发《上海市长期护理保险试点办法》的通知［EB/OL］. http：//www. shanghai. gov. cn/nw2/nw2314/nw2319/nw41149/u83aw132. html.

续表

享受项目	服务供应商	享受资格	费用情况
社区护理	长者照护之家等	医保老人 且评估4~6级	医保分担 或政府补贴
机构护理	护理院 （定点）养老机构 卫生院办护理床位	医保老人 且评估4~6级	医保分担

资料来源：根据上海市政府相关文件整理。

三、上海市政府购买养老服务享受对象与特征

（一）享受政府购买养老服务老年人的群体特征

在一定意义上，现行制度已经对老年人按特征进行归类。享受政府购买养老服务的老年人群体，可以划分以下为两个类型：

一个类型是以纳入社会救助制度体系为主的弱势老年群体。这部分老人“一般需要满足民政部门的相关制度所限定的经济困难条件，并且生活自理能力受到功能限制”①，在政府购买养老服务过程中属于被动参与，缺乏服务需求的表达机会，也不具有较强的服务质量反馈能力。这部分老年人服务需求信息主要由社区和街道进行整合，被动纳入政府购买养老服务制度。

另一个类型是纳入社会保险制度体系的老年群体。这部分老人退休前有固定职业、有一定知识文化、有退休金和医疗保险，利用组织资源和政策获取的能力强。这一类型老年人主要是因为身体功能变差和长期照护需要而进入政府购买养老服务制度。是否纳入社会保险体系（主要是养老保险和保险体系，而不是地方“镇保”等）直接影响老年人享受长期护理服务资格。

（二）服务项目与老年人的关键人口特征

Ramón 等指出“人口因素（社会地位、性别、年龄、教育水平、薪金等）不仅仅是简单的社会经济指标，通常也是解释社会地位的因素，是反映其社会参与的指标”；② 不仅是老年人以往社会参与的结果，还影响着老年人未来生活中获取信息和社会参与的能力。所以，找到老年人的关键人口特征变量，合理对老年人进行归类和区分，对于后续研究有重要意义。

① 王阳亮．责任与合作：政府购买养老服务研究［M］．北京：中国社会科学出版社，2017：79.

② Tirado-Morueta R，Ángel Hernando-Gómez，Aguaded-Gomez J I. The capacity of elderly citizens to access digital media in Andalusia（Spain）［J］. Information Communication & Society，2016，19（10）：1427-1444.

显著影响老年人参与过程的变量有年龄、评估等级、医保待遇和收入。其中，年龄方面，90 岁是老年人自动纳入制度体系的一个重要标准；健康状况（即评估等级）决定老年人是否具备享受条件；是否享受医保决定老年人能否享受护理服务；收入衡量老年人是否为低收入群体或是否纳入养老保险体系。因此，这四个特征直接决定了老年人享受的服务项目，也最能反映老年人的特征。四个关键人口特征与“享受服务项目”存在直接因果关系，可以作为老年人分类依据。

1. 享受社区居家照护服务的老年人特征

“社区居家照护服务”是上海市践行多年的“社区居家养老服务”，享受这类服务的老年人一般是低保老人、低收入老人、“三无”老人、计生特殊家庭、90 岁以上高龄老人。这部分老年人有几个明显的特征：收入低（无收入或 2000 元以内的征地补贴）、没有纳入正式社会保障体系（无医保和退休金）、文化程度不高。这类人群基本可以归为弱势群体，以社会救助对象和帮扶对象为主。

2. 享受机构养老的老年人特征

享受机构养老服务的老年群体，一般是评估 3 级以上、家庭照顾不足时才会选择入住养老机构。由于收入有限，只能享受政府兴办的保基本床位，同时享受服务补贴。

3. 享受社区居家护理服务的老年人特征

这部分老年人最明显的特征是拥有医疗保险和退休金。一般认为，“拥有退休金和公费医疗的老年人遭遇绝对经济贫困和相对经济贫困的概率很低”①，而且医保和退休金与老年人早期的职业类型、文化程度、社会阅历相联系，深刻地作用于他们的参与效能。这部分老年群体收入相对较高，有能力支付个性化服务费用，存在高服务期望的可能性，参与的积极性高。这部分老年人每次享受服务后，通过医保个人账户进行结算。

4. 享受机构护理的老年人特征

这部分老年人数量较少，共同特征是身体状况差，对医疗护理的需求极大。享受机构护理服务的老人年龄集中分布在 80 岁及以上，大多数老人自理有困难，护理需求评估等级集中在 5~6 级。主要在专业护理机构或定点医院接受护理服务，并按照医保标准进行费用结算。

---

① 杨菊华．人口转变与老年贫困［M］．北京：中国人民大学出版社，2011：3.

第二节 调查设计

Matthew David 和 Carole D. Sutton 认为，所有的研究在本质上既是定性的也是定量的，定量研究方法与定性研究方法不是截然分离的，可以选择同等无顺序的并行策略，这样的研究取向可以称为“混合方法”或“三角互证”。① 将定量研究摆在优先位置开展研究设计和资料收集时，先利用文献法、观察法或访谈法做归纳性探索是明智的，可在后期的研究中再利用质化的方法来阐明研究发现或消除一些错误的解释。② 本节在前文构建的老年人参与模型基础上，结合上海市政府购买养老服务现况，整合定性与定量的研究方法，综合设计老年人参与问卷和访谈。设计定量问卷调查遵循“理论模型—假设—操作化—资料收集”的研究过程；定性访谈遵循“设计—实施—转录与保存—归纳抽象”的质性分析步骤。同时使用两种方法收集资料，问卷实证结果和访谈结果相互证实和补充，有助于深入分析老年人参与问题。

一、问卷调查设计

（一）问卷设计目标和原则

根据研究内容和研究模型，主要测量变量包括个人因素变量、组织因素变量、老年人参与变量、感知服务质量变量、服务满意度变量，5 个变量构成一级指标体系。第二章对每个变量的具体维度进行了探索和分析，并界定了每个维度的内涵，共 15 个具体维度，构成二级指标体系。根据具体的维度内涵设置具体问题条目。目前，学术界针对政府购买养老服务中的老年人参与问题的研究还不充分，尚未形成成熟的测量问卷或量表。本书在文献分析、专家咨询的基础上，对具体问题条目进行探索和设计。设计过程中，遵循针对性、科学性和明确性原则，立足上海市实际情况，结合老年人特点，力求规范、标准。

具体而言，各个问题条目形成的主要来源：①根据已有的理论和文献归纳得来。通过对相关文献回顾，对指标进行论证和归纳，形成具体问题。②借鉴以往相关研究问卷。本书参考了以往研究顾客参与、公众参与或居民

---

① Matthew David，Carole D. Sutton. 社会研究方法基础［M］. 陆汉文，等，译. 北京：高等教育出版社，2008：41-43.

② 约翰·W. 克雷斯威尔. 研究设计与写作指导：定性、定量与混合研究的路径［M］. 崔延强，等，译. 重庆：重庆大学出版社，2007：166-167.

参与的相关问卷，借鉴这些问卷中“要素提炼与筛选、问题表述、问题设置以及题目顺序”等内容。③借助专家，由同行筛选而来。

（二）问卷初稿设计

1. 人口特征变量选取

明确老年人的养老服务需求及其影响因素，有助于政府设计更符合老年人需求的购买方案。杨翠迎等指出，养老服务需求受到老年人自身和家庭等诸多因素的影响，年龄、性别、收入和社会保险、教育、配偶和子女情况、居住形态、本人健康状况、文化观念等因素都会影响老年人的养老服务需求。[①] 田北海和王彩云研究发现，老年人的社会养老需求受身体状况和家庭结构的影响，其中身体状况是硬约束条件，代际数量、配偶情况则实际影响着老年人的养老服务需求。[②] 本书选取老年人的年龄、性别、收入、教育、健康状况、配偶和子女情况等变量，来考察老年人的人口学特征。

2. 老年人参与动因问卷题目

在具体内涵探索和界定的基础上，参考陈芳设计的公共服务中的公民参与的个人调查问卷[③]、李春梅设计的公众参与认知量表和公众参与态度量表[④]、Lien Malderen 等开发的积极老龄化决定因素问卷[⑤]等相关指标要素和问题表述，形成老年人参与动因问卷指标库和问题条目，再邀请同行专家进行讨论，基于专家的意见进行筛选，确定最终的问题表达。

3. 老年人参与过程问卷题目

在顾客参与的测量上，国内外研究者根据研究对象、研究目标以及构建的操作模型来设置具体题目，研究领域和研究目标不同，具体问题的设计和表述千差万别。本书在对老年人参与过程各个维度内涵探索和界定的基础上，

---

① 杨翠迎，郑春荣．国际社会保障动态：社会养老服务体系建设［M］．上海：上海人民出版社，2014：246.

② 田北海，王彩云．城乡老年人社会养老服务需求特征及其影响因素——基于对家庭养老替代机制的分析［J］．中国农村观察，2014（4）：2-17.

③ 陈芳．公共服务中的公民参与——基于多层次制度分析框架的检视［M］．北京：中国社会科学出版社，2011：313-317.

④ 李春梅．城镇居民公众参与认知、态度和行为关系的实证研究［D］．成都：西南交通大学，2013.

⑤ Lien V M，Patricia D V，Tony M，et al. Active ageing within the nursing home：A study in Flanders，Belgium：［J］. European Journal of Ageing，2016，13（3）：219 - 230.

同时参考李春梅设计的公众参与行为量表[①]相关指标要素和问题表述，形成老年人参与过程问卷指标库和问题条目，再邀请同行专家进行讨论，基于专家的意见进行筛选，确定最终的问题。

4. 老年人感知服务质量问卷题目

结合国内外研究者对谷姆森 4Q 服务质量模型的应用，参考魏中龙设计的政府购买“居家养老”服务效率调查问卷[②]、Shruti Saxena 开发的医疗服务顾客参与和感知服务质量问卷[③]、刘红芹设计的政府购买居家养老服务质量评价问卷[④]等相关指标要素和问题表述，同时参考上海市《社区居家养老服务规范》中有关服务质量的评估指标和术语[⑤]，形成老年人感知服务质量问卷指标库和问题条目，再邀请同行专家进行讨论，基于专家的意见进行筛选，确定最终的问题。

5. 老年人满意度问卷题目

在对老年人满意度内涵探索和界定的基础上，同时参考耿先锋开发的卫生服务顾客参与和顾客满意度问卷[⑥]、王浦劬等设计的政府购买社会组织公共服务中的公民满意度问卷[⑦]相关要素和问题表述。其中，王浦劬等设计问卷的出发点“不仅是了解服务接受者作为顾客的满意度，还把握政府购买公共服务哪些方面能改善其满意度”[⑧]，其设计框架和价值视角对本书有较大启示。最终形成老年人服务满意度问卷指标库和问题条目，再邀请同行专家进行讨论，基于专家的意见进行筛选，确定最终的问题。

（三）问卷预测试、评估与修正

问卷初稿设计完成后，需要对问卷进行评估。“在正式调查之前要进行试

---

① 李春梅．城镇居民公众参与认知、态度和行为关系的实证研究［D］．成都：西南交通大学，2013：130.

② 魏中龙．政府购买服务的动作与效率评估研究［D］．武汉：武汉理工大学，2011.

③ Shruti Saxena. Consumer participation and perceived service quality in extended service delivery and consumption［D］. Arizona State University，2011：202-206.

④ 刘红芹．政府购买居家养老服务的绩效研究［D］．兰州：兰州大学，2012.

⑤ 上海市民政局．社区居家养老服务规范［EB/OL］．http：//www.shmzj.gov.cn/gb/shmzj/node8/node15/node55/node230/node246/userobject1ai25433.html.

⑥ 耿先锋．顾客参与测量维度、驱动因素及其对顾客满意的影响机理研究［D］．杭州：浙江大学，2008.

⑦ 王浦劬，［美］莱斯特·M. 萨拉蒙，等．政府向社会组织购买公共服务研究——中国与全球经验分析［M］．北京：北京大学出版社，2010：194-195.

⑧ 王浦劬，［美］莱斯特·M. 萨拉蒙，等．政府向社会组织购买公共服务研究——中国与全球经验分析［M］．北京：北京大学出版社，2010：11.

调查，试调查是掌控问卷质量必不可少的环节，对问卷的试调查包括客观检验和主观评价两种，主要使用焦点小组讨论、深度访谈和预测试三种方法”。[①] 本书采用主观评价法对问卷初稿进行评估，完成预测试和内容效度检验。

具体做法：将设计好的问卷印制100份，分别送给本领域的专家（教授、副教授）、政府部门工作人员、社会组织人员、老年人及其家属，请他们直接阅读和分析初稿，从自身角度进行填答，并根据自身的经验和认知对初稿进行评价，再召开专家小组讨论会，汇总大家的意见，从中发现问题并进行调整和修改。另外，讨论会上，在每个维度下面列出问题，组织社会保障专业的博士生和硕士生进行对比和勾选，选择比例高的题目考虑保留，选择比例低的考虑删除。为了确保数据的真实性和有效性，预调研中所获得的100份问卷数据不包括在最终样本中。

按照以上步骤，逐一设计了老年人参与动因问卷（题目序号为A1~A18）、老年人参与过程问卷（题目序号为B1~B15）、老年人感知服务质量问卷（题目序号为C1~C12）以及老年人满意度问卷（题目序号为D1~D10）。

（四）正式问卷形成

题目和答案确定后，编排问卷结构和题目顺序，最终形成正式调查问卷。正式问卷共分为五个部分：第一部分为个人基本信息，主要了解被访老年人的年龄、婚姻、退休金、医疗保险、主要照顾者等信息；第二部分是老年人参与动因问卷；第三部分是老年人参与过程问卷；第四部分是老年人感知服务质量问卷；第五部分是老年人满意度问卷。此外，设置卷首语，说明本次调研的目标和问卷要求，对老年人的配合表示感谢。除个人基本信息外，其余题项均采用Likert 5点评分，进行自评，“1”代表程度或评价最低，“5”代表程度或评价最高。本书设置的老年人参与个人因素、组织因素、参与过程、感知服务质量和满意度都是操作性定义，仅限于研究和问卷测量范围，得分越高表明该维度的程度越强。访谈提纲参见附录1。

（五）问卷数据的处理

对问卷所获得的数据主要做以下处理和分析：①描述性统计。不仅对样本人口特征进行描述性统计，判断样本的基本情况，还要对具体条目进行描述性统计，计算每道问题得分的分布情况，探索变量（指标）之间的相关性，检查问题的得分是否异常。②问卷信度和效度检验，检验问卷的可靠性和稳

① 谭祖雪，周炎炎．社会调查研究方法［M］. 北京：清华大学出版社，2013：123-124.

定性。③人口变量的差异性检验。重点检验不同服务项目、收入、年龄等人口特征对老年人参与动因、参与过程和参与结果的影响以及差异性。④主成分回归分析和结构方程模型检验，针对模型中的潜变量，利用这两种方法进行分析。

二、访谈调查设计

（一）访谈方法

本研究采用半结构化方式开展访谈，即按照一个粗线条的访谈提纲进行访谈，根据访谈对象的实际情况灵活调整方式和顺序，除了把握访谈提纲所涉及的问题范围，鼓励受访者自己提问题，尽可能多地收集和挖掘相关信息。在访谈问题的设计上，为防止受访对象不了解或者不关心相应的目标，以致出现不知该如何回答、或者答非所问、或者回答过于简单的情况，本研究以开放式问题为主，封闭式问题为辅，对受访者进行灵活提问和沟通引导。

（二）访谈对象

访谈对象主要是老年人及其主要照顾者、政府部门工作人员、服务机构人员以及第三方机构人员，重点围绕这四类人员进行访谈设计。

第一，老年人及其主要照顾者。老年人的对象选择标准是“接受统一需求评估符合照护等级要求，并在享受服务的老年人”。老年人的主要照顾者包括配偶、子女、亲戚、孙代等。因为护工、全天候保姆等人员不具有对老人的法律监护权，也没有参与家庭的决策权，不属于本书的主要照护者访谈对象。

第二，政府部门工作人员。政府部门工作人员访谈对象的选取主要分为两类：一类是在市和区县层面工作的人员，这类人员职务和级别较高，能够全面把握政府购买养老服务的信息；另一类是基层工作人员，如街道（乡镇）老龄干部和社区老龄干部[①]，这类人群直接接触老人和服务机构，对实际情况比较了解。

第三，服务机构人员。服务机构人员的访谈对象选取有两类：一类是服务机构的管理人员，这类人员了解机构承接养老服务信息，了解整体服务交付状况以及承接过程中老年人参与的实际问题。另一类是实际为老年人服务人员，与老年人实际接触，或实际上门打扫、或实际看护照料、或实际配药

① 上海市以街道为基本行政单位，实际养老服务政策执行和宣传中社区居委会起到重要作用，同时考虑到实践中居委会行政化的问题，这里将社区老龄干部也归为基层干部一类进行访谈。

护理，提供具体服务。

第四，第三方机构人员。政府委托第三方开展评估是当前主流的评估方式，评估内容包括两个方面：一是对需求对象（老人）资格的评估；二是对服务机构合同履行情况的评估。所以，第三方机构人员也有两类：一类是资格评估的第三方工作人员；另一类是合同绩效评估的第三方人员。

（三）访谈内容和提纲

访谈内容和访谈提纲设计主要围绕老年人参与动因、参与过程和参与结果三个方面展开，根据对象和研究需要设置具体的目标，以开放式问题为主，半开放式问题为辅。具体内容设计如下。

第一，老年人及其照顾者访谈内容。通过访谈了解老年人的需求、期望、参与意愿、实际参与行为、参与评价等信息。通过访谈了解主要照顾者对老年人参与的支持情况、对政策的看法和熟悉程度等信息。

第二，政府工作人员访谈内容。通过对市和区级工作人员的访谈，了解政府购买决策、合同制定、招投标、实施和管理等情况，以及如何吸纳老年人参与等情况。通过对基层工作人员的访谈，了解政府购买养老服务政策的执行情况以及老年人参与情况。

第三，服务机构人员访谈内容。通过对机构管理人员访谈，了解组织如何执行购买合同、如何管理顾客关系（老人与家属关系）、如何把握服务质量和服务满意度。服务机构管理人员参与到政府购买养老服务的招投标过程，与政府职能部门来往密切，更熟悉政府购买养老服务决策、合同制定、合同监督和绩效评估的规则，是访谈的重点对象。通过访谈服务人员，了解老年人需求状况、服务开展状况和服务效果等情况。

第四，第三方机构人员访谈内容。通过对第三方资格评估人员的访谈来了解老年人的申请、实际需求、期望等情况。通过对第三方绩效评估人员的访谈，了解养老服务购买合同履行和监督情况、老年人参与其中的程度、购买合同约定的资金使用情况、服务开展情况、老年人满意情况等。

访谈对象基本情况参见附录 2；正式调查问卷参见附录 3。

（四）访谈资料处理方法

对半结构化访谈获取的原始资料采用质性研究方法进行分析。本书遵循马丁·登斯库姆的质性分析四个步骤进行访谈资料分析和处理。[①] 首先，对访

---

① ［英］马丁·登斯库姆．怎样做好一项研究——小规模社会研究指南［M］．陶保平，译．上海：上海教育出版社，2011：245-248.

谈资料进行编码，用数字或关键词首字母简洁、系统地将原始资料与相关分析联系起来。其次，对编码进行分类，即用关键标题对各种编码进行分类，使编码被有效地分组。再次，找出编码与分类之间的关系，或者找出数据中的模式与主题，在编码、分类之间建立联系。最后，形成概念或概括性陈述。基于研究所建构的“动因—过程—结果”分析框架，以5个主要研究变量为对象，对原始资料进行编码、归类、分析和解释。老年人访谈对象以L1开头进行编码；主要照顾者访谈对象以L2开头进行编码。市和区层面的工作人员访谈对象以G1开头进行编码；基层和社区工作人员访谈对象以G2开头编码。服务机构管理者访谈对象以S1开头编码；服务人员访谈对象以S2开头编码。第三方资格评估人员访谈对象以S3开头编码；第三方绩效评估人员访谈对象以S4开头编码。

第三节 数据收集与检验

一、调查的组织实施

本书开展的问卷调查和访谈调查，主要依托国家自然科学基金某面上项目、上海市民政局某横向课题、河南省教育厅人文社科项目、河南省科技厅软科学项目，在“协调政府部门、召集专家小组讨论、调查经费、硬件设备”等方面获得支持。这也是本书调查方案得以顺利组织实施的基础。

（一）问卷调查的组织实施

1. 抽样区域和抽样方案

为了兼顾调查的科学性与合理性，注重实施的便捷性与可行性，出于“便于组织协调”和“样本量”等因素考虑，选取浦东新区、普陀区、闵行区、徐汇区和杨浦区5个区作为抽样区域。2014年底，由上海市卫计委牵头，民政、社保等部门共同参与起草的老年照护统一需求评估标准选取这5个区作为试点，试点以来积累了大量经验。照护统一需求评估有完整的评估标准和专业的评估团队，其评估结果是政府服务分配的直接依据，较客观地反映了老年人的健康状况，反映其服务需求。这5个区老龄化程度高，试点时间较长，有完善的需求评估和服务分派流程，制度较为统一，具有典型性，既便于对老年人进行抽样，又能够减少因制度差异对研究结果的影响。

各个区县民政局提供参与统一需求评估老年人的完整名册，按照名单抽取问卷调查对象。采用简单随机抽样的办法进行抽样，先根据随机数表，选取一个“随机起点”，对照随机数表顺序抽样。如果抽取的老人已经去世、病危或者出现其他情况，往后依次顺延，直到抽满200名为止。不足的人数辅以目的抽样进行补充。

2. 问卷调查组织实施

根据研究目标，2013年3月至2017年6月，先后在浦东新区、普陀区、闵行区和徐汇区开展调研，2017年8月在杨浦区开展调研。主要按照名册上的户籍信息，通过居委会与老年人或监护人进行联系和沟通；对于享受机构养老和机构护理服务的老人，必要时通过民政部门联系其所在的机构。在问卷调研过程中，民政部门提供的资料包含了老年人住址信息、联系电话、评估等级、享受项目等基本信息，调研中对这些信息不再询问。考虑到老年人年龄、方言、身体条件等因素，答卷过程中允许照护人员、家属以及邻里熟悉的人员代为传达一些基本信息，确保信息的有效性和准确性。同时，由于问卷篇幅较长，每隔30分钟让老年人休息10分钟左右。问卷回收后，赠送老人一件小礼品以表示感谢。

本研究全部采取直接走访的方式发放纸质问卷，指导老年人作答并现场回收。考虑到老年人视力不好、文化程度低，主要选择便于控制的访问调查形式来进行调查，同时鼓励条件允许的、有知识文化的老人自填。如果调查中途出现老年人或监护人拒访、老年人身体不适等情况，则调查立即结束，问卷作废卷处理。

3. 问卷数据的回收

在五个区共发放问卷1000份，回收1000份，经过整理和筛选，剔除信息不全的无效问卷，共回收有效问卷866份，问卷有效率86.6%。数据录入使用SPSS22.0软件进行，对原始资料进行备份保存，以保证原始数据可查以及分析结果的可重复。

不同的研究对样本量有不同的要求，样本量太小模型不稳定，样本量太大则会影响到拟合指数的大小，且会影响到对模型拟合效果的判断。① Bentler和Chou在分析结构建模中的实际问题时指出，抽样的数据如果符合正态分布，则平均每个变量对应5个样本；如果抽样不符合正态分布，则每个变量

① 耿先锋．顾客参与测量维度、驱动因素及其对顾客满意的影响机理研究——以杭州医疗服务业为例［D］．杭州：浙江大学，2008.

对应10个样本是足够的。[①] 张文彤等也认为，问卷项目数和样本数之间的比例为1∶10较为合适。[②] 一方面，调查题目数量和回收样本数已接近1∶16，完全能够实现调查的目标；另一方面，考虑调查对象主要为高龄老年人，存在“人户分离”、沟通困难和拒绝接受调查等问题，尤其是接受机构护理的老年人，很多处于卧床不起状态、医护人员和监护人普遍对调查持排斥态度，无效问卷的比例较大[③]，所以86.6%的有效率是完全可以接受的。

（二）访谈的组织实施

1. 访谈对象选取

根据研究目标，2017年3月至2017年8月，与问卷调研同步，分别在上海市普陀区、徐汇区、闵行区、浦东新区和杨浦区对享受政府购买照护服务的老年人及其家属进行访谈，共23名访谈对象；同期对上海市民政局、上海市老龄科学研究中心、五个区县民政局工作人员、街道工作人员以及居委会工作人员进行访谈，共19名访谈对象；同期对四个区县承接为老服务的社会组织负责人和服务人员进行访谈，共13名访谈对象；同期对第三方机构人员进行访谈，共5名访谈对象。访谈采用半结构化访谈形式，按照事前准备的访谈提纲与受访者进行非正式的访谈，根据研究需要对不同访谈对象进行系统编号。同时围绕研究主题，不定期与上海市几所高校的社会保障专业教授、副教授以及博士研究生进行沟通和交流。

2. 访谈组织实施

在组织访谈政府部门人员和机构人员的过程中，首先跟访谈对象取得联系（或由政府部门人员协助联系），表达访谈的目的和意图，征得对方同意后，确定访谈时间和地点。在组织实施对老年人及其主要照顾者访谈的过程中，首先由街道或居委会负责提供名单和详细资料，随机抽取访谈对象，再由居委会老龄干部与老人及其家属联系和沟通后，正式开展上门访谈。

3. 访谈资料的收集与整理

访谈过程中，首先说明研究的目的和意义；在征得被访谈者同意后，对访谈内容进行录音，以减少文字速记对沟通的影响；被访者拒绝录音时，按

---

① Bentler P M, Chou C. Practical issues in structural modeling [J]. Sociological Methods Research, 1987, 16 (1): 78-117.

② 张文彤，董伟. SPSS统计分析高级教程 [M]. 北京：高等教育出版社，2013：219.

③ 陈岩燕和陈虹霖在其论文《需求与使用的悬殊：对社区居家养老服务递送的反思》中采用调查者上门的方式进行问卷填答，同样面临社区中“人户分离”和拒绝接受调查等现实问题。

照访谈提纲顺序记录要点，用笔录的方式保障资料的完整性，并在访谈后回忆补充。对部分特殊老人（听力不佳、普通话理解差等），可以由子女或居委会人员配合解释说明。访谈结束后，及时对原始资料进行分类归纳整理。正式访谈60人次，收集和整理了大量文字和录音资料。

二、问卷调查基本情况

调查主要基于老年人户籍信息进行联系和沟通，样本户籍分布在徐汇区全部13个街道（镇）、普陀区全部10个街道（镇）、杨浦区9个街道（镇）、闵行区11个街道（镇、工业区）以及浦东新区17个街道（镇）；样本涉及5个区的护理站、养老院、护理院、社区居家服务中心、长者照护之家、公立医院等96家养老服务机构。出于伦理原则和保护老年人个人隐私，不再将样本老年人名单作为附录列出。[①] 样本老年人基本情况参见表3-3。

表3-3　样本老年人基本情况（N=866）

统计变量		样本数	比例（%）	统计变量		样本数	比例（%）
地区	普陀区	171	19.6	年龄	60~69岁	58	6.7
	徐汇区	179	20.7		70~79岁	322	37.2
	杨浦区	162	18.4		80~89岁	298	34.4
	闵行区	173	20.0		90~99岁	184	21.2
	浦东新区	181	21.3		100岁及以上	4	0.5
性别	男	251	29.0	医保情况	干部保健医疗待遇	27	3.1
	女	615	71.0		城镇职工医疗保险	261	30.1
婚姻状况	从未结婚	41	4.7		城镇居民医疗保险	206	23.8
	有配偶	201	23.3		亲属半费报销待遇	4	0.5
	离婚	20	2.3		医疗救助	14	1.6
	丧偶	604	69.7		完全自费	354	40.9
文化程度	不识字	529	61.1	评估等级	1级	63	7.3
	小学或私塾	128	14.8		2级	211	24.4
	初中	65	7.5		3级	202	23.3
	高中或职专	74	8.5		4级	180	20.8
	大专	41	4.7		5级	104	12.0
	本科及以上	29	3.3		6级	106	12.2

① 考虑名单中包含老年人的身份、户籍、住址、联系方式、评估信息等多项个人隐私信息，各区民政部门反复强调仅作学术研究不可公开，故详细抽样名单不予公开。

续表

统计变量		样本数	比例（%）	统计变量		样本数	比例（%）
	自己	266	30.7		2000元以下	444	51.3
	老伴	156	18.0	收入状况	2000~4000元	304	35.1
照顾者	子女	322	37.2		4000~6000元	97	11.2
	孙代或亲戚	91	10.5		6000元以上	21	2.5
	保姆	10	1.2		社区居家养老	319	36.8
	其他	21	2.4	服务项目	机构养老	188	21.7
	党员	31	3.6		社区居家护理	269	31.1
政治面貌	民主党派	0	0		机构护理	90	10.4
	群众	835	96.4		自己申请	46	5.3
	完全免费	188	21.7	需求评估	家人协助	478	55.2
服务付费	部分付费	623	71.9		街道告知	249	28.8
	完全自费	55	6.4		其他	93	10.7

在866份有效样本中，普陀区户籍171人、徐汇区户籍179人、杨浦区户籍162人、闵行区户籍173人、浦东新区户籍181人。老人平均年龄为79.96岁，年龄最小的老人为61岁，年龄最大的老人为105岁；老年人子女年龄普遍较大，健在子女数量儿子平均为1.31名，女儿平均为1.49名。

经济收入方面，无退休金到2000元的比例最高，说明享受政府购买养老服务的老年人普遍经济收入低。2017年4月，上海市最低生活保障标准调至970元。闵行区和杨浦区部分乡镇（街道）征地补偿基本在2000元以内；浦东新区享受镇保的老人每月1300元左右、农保老人每月500~600元。退休金收入与老年人退休前的工作、岗位等相关联，差异比较大。大部分老年人收入在3000元左右；退休干部或技术岗位的老年人退休工资相对较高，个别老人退休金收入能达到6000元以上。关于如何申请评估方面，自己申请的有46人，占样本的5.3%；家人帮助申请的有478人，占样本的55.2%；因符合条件，街道或社区主动告知的有249人，占样本的28.8%；其他情况（服务机构或社会组织协助申请）的有93人，占样本的10.7%。在调查对象中，尽管很多老年人对照护服务有强烈需求，但明确向政府提出要求的不多（自己申请5.3%），大部分老年人缺乏表达自身照护服务需求的主动意识。

文化程度上，不识字、很少识字、小学或私塾的比例高达75.9%，老人文化程度整体不高。政治面貌上，96.4%的老年人是群众，较少一部分是党员。

样本老年人以丧偶老人居多，共604人，占样本的69.7%，这与老年人独居生活方式和自我照料等特征相关。所以，老年人的主要照顾者多为自己（30.7%）或儿女（37.2%）。

根据评估等级可以享受对应的服务项目，在享受项目方面，享受社区居家养老的老人有319人，占样本的36.8%；享受机构养老的有188人，占样本的21.7%；享受社区居家护理的有269人，占样本的31.1%；享受机构护理的有90人，占样本的10.4%。[①] 按照原民政部门标准，1级和2级为轻度失能；3~4级为中度失能；5~6级为重度失能。虽然两套标准没有严格对应，但还是能大致判断老年人的身体状况。

此外，有几个人口变量特征过于统一，如"政治面貌"，老年人绝大部分为群众（96.4%），党员和民主党派的老年人数量极少，这一变量后续不再纳入分析范围。同样还有"文化程度"变量，75.9%的老年人为小学以下；婚姻状况上，69.7%的老人为丧偶，区分度不大。题项"子女对您的直接经济支持情况怎样?"很多老年人选择"完全没有"。这种情况的背后有多种原因，有可能是老年人子女也已退休，实际赡养能力不足；也有可能是老年人自身退休工资高，根本不需要子女赡养，甚至还能帮助子女；还有可能是子女以生活物品、食品等形式替代了直接经济支持。

三、问卷数据的检验

本书根据顾客参与模型和以往相关研究设计了每个变量的结构维度和测量问题。但是，还需要对这些结构维度和测量问题进行检验，以便对问卷结构和内容进行优化，保障其信度和效度，以达到有效测量的目的。

（一）信度检验

"对于由Likert量表构成的问卷，内部一致性信度是最常用的信度评价方法，其中Cronbach's Alpha系数用得最多，它是用来检验调查问卷中各个问题得分的一致性"。[②] 其中α值0.65~0.70是最小可接受值，0.70~0.80为信度较好，0.80~0.90为信度非常好。由信度检验可知，本次调研所使用的问卷具有较好的内部一致性和稳定性，数据可靠程度较高。

---

① 按照上海市老年照护统一需求评估调查表，老年人参加照护需求评估时，有6个评估等级，相应有6个享受项目。实际操作中，没有严格区分，有的街镇仍按照社区居家养老体系和社区居家护理两套体系开展。

② 王佳欣，孙钰．基于顾客参与的服务质量提升路径研究［J］. 甘肃社会科学，2012（4）：21-24.

1. 老年人参与动因问卷信度检验

本书利用 SPSS22.0 软件对参与动因问卷的正式数据进行信度检测，结果参见表 3-4。个人因素整体的信度 α 值为 0.792，组织因素的整体信度 α 值为 0.876，说明一级指标维度数据的可靠性较理想。另外，利益动因、责任动因、政治效能感的信度 α 值分别为 0.822、0.828、0.787，组织支持、组织沟通和制度环境的信度 α 值分别为 0.851、0.703、0.700，说明各个维度的信度 α 值较理想，达到了研究目的。

表 3-4　老年人参与动因问卷的信度分析

一级指标	二级指标	N	Cronbach's Alpha	
个人因素	利益动因	3	0.822	0.792
	责任动因	3	0.828	
	政治效能感	3	0.787	
组织因素	组织支持	3	0.851	0.876
	组织沟通	3	0.703	
	制度环境	3	0.700	

2. 老年人参与过程问卷信度检验

使用软件 SPSS22.0 对老年人参与过程问卷数据进行可靠性检验，结果参见表 3-5。参与过程问卷的整体信度 α 值为 0.848，信度较理想。其中决策参与、服务参与和评估参与三个维度的信度 α 值分别为 0.698、0.784、0.877，说明各个维度的信度 α 值较理想，达到了研究目的。

表 3-5　老年人参与过程问卷的信度分析

一级指标	二级指标	N	Cronbach's Alpha	
老年人参与	决策参与	5	0.698	0.848
	服务参与	5	0.784	
	评估参与	5	0.877	

3. 老年人感知服务质量问卷信度检验

使用软件 SPSS22.0 对老年人感知服务质量问卷数据进行可靠性检验，结果参见表 3-6。老年人感知服务质量问卷的整体信度 α 值为 0.899，说明问卷的信度较理想。其中设计质量、递送质量、关系质量和结果质量四个维度的信度 α 值分别为 0.849、0.816、0.790、0.795，说明各个维度的信度 α 值较理想，达到了研究目的。

表 3-6　老年人感知服务质量问卷的信度分析

一级指标	二级指标	N	Cronbach's Alpha	
感知质量	设计质量	3	0.849	0.899
	递送质量	3	0.816	
	关系质量	3	0.790	
	结果质量	3	0.795	

4. 老年人服务满意度问卷信度检验

使用软件 SPSS22.0 对老年人服务满意度问卷数据进行可靠性检验，结果参见表 3-7。老年人服务满意度的整体信度 α 值为 0.898，说明问卷的信度较理想。其中，过程满意度和结果满意度的信度 α 值分别为 0.850 和 0.890，说明各个维度的信度 α 值较理想，达到了研究目的。

表 3-7　老年人服务满意度问卷的信度分析

一级指标	二级指标	N	Cronbach's Alpha	
满意度	过程满意度	5	0.850	0.898
	结果满意度	5	0.890	

（二）效度检验

一般来说，问卷效度分为内容效度、准则效度和结构效度。其中，内容效度大多数靠研究者基于自己的专业知识来进行判断，本书在问卷设计过程中充分参考专家、为老服务人员、老年人及其照护者的意见，借鉴了国内外已有的顾客参与问卷，问卷内容具有较好的效度。这里，仅对问卷结构效度进行检验。在检验结构效度时，通常运用探索性因子分析和验证性因子分析。

将样本随机分半后，首先对其中一半样本进行探索性因子分析，对调查数据进行 KMO 检测和 Bartlett 球形检测，检验数据是否能够展开主成分分析，以及检测相关矩阵。通常认为，KMO 值应该在 0.7 以上。通过对数据进行因子载荷分析，发现题项的因子转秩载荷分布规律：在经过旋转后每个维度中题项的因子载荷都能够落在预设的维度上。由于借鉴了成熟的顾客参与模型，且在预调查和专家小组讨论的基础上设计了具体问题，故探索性因子分析结果较为理想。以探索性因子分析所得到的因子结构为基础，在另一半样本上进行验证性因子分析，以证实探索性因子分析所得结构的有效性。在验证性因子分析的模型拟合指标中，本书参考最通用且最具检验效力的拟合指标及其标准，具体如下：CFI 大于 0.95，TLI 大于 0.95，RMSEA 小于 0.08，SRMR 小于 0.06，代表模型拟合结果较好。验证性因子分析的结果基本证明了本书所编制各问卷具有较好的结构效度。具体检验过程如下。

1. 老年人参与动因问卷的效度检验

老年人参与动因问卷中，个人因素主要从老年人个体出发设计问题，而组织因素从外部环境出发设计问题。因此，这里分开进行探索性因子分析和验证性因子分析。

个人因素问卷方面，使用 SPSS22.0 软件分析数据得出，因子分析 KMO 度量值为 0.780，Bartlett 球形检验卡方值为 5797.52，p 值为 0.000，小于 0.01，通过了显著水平为 1%的显著性检验，由此可知，9 个题项适合进行因子分析。以特征值大于 1 为标准，用主轴因式分解的抽取方法共抽取 3 个因子，累计解释方差变异为 85.911%，说明 9 个题项提取的 3 个因子对原始数据的解释度较好。抽取的 3 个因子经过直接斜交旋转后，将载荷小于 0.40 的负载值删除，得到载荷表 3-8。

表 3-8　个人因素问卷的探索性因子分析

题项	因子命名		
	利益动因	政治效能感	责任动因
A1	0.745		
A2	0.744		
A3	0.759		
A4			0.789
A5			0.661
A6			0.697
A7		0.591	
A8		0.777	
A9		0.784	
特征值	4.172	1.925	1.635
解释变异量	46.357	21.384	18.170
累计解释变异量	46.357	67.741	85.911
Bartlett 球形检验	卡方值＝5797.52；p-value＝0.000		
KMO 度量值	0.780		

个人因素各题项较为清晰地分别负载在 3 个因子上（A4 在责任动因和利益动因上出现交叉负载，由于 0.789 远大于 0.441，因此可以认为 A4 负载在

责任动因上），3 个因子分别命名为利益动因（对应题项 A1~A3）、责任动因（对应题项 A4~A6）、政治效能感（对应题项 A7~A9）。

随后在另一半样本中，以 Amos22.0 对探索性因子分析所得的 3 因子结构进行验证性因子分析。分析模型拟合指标可知，CFI 为 0.979，TLI 为 0.969，RMSEA 为 0.073，SRMR 为 0.025，均处于较好的模型拟合指标区间内，3 因子结构很好地完成了数据拟合，验证了探索性因子分析所得的因子结构。个人因素问卷的验证性因子分析详细参数见表 3-9。

表 3-9　个人因素问卷的验证性因子分析

题项	因子命名		
	利益动因	政治效能感	责任动因
A1	0.743		
A2	0.658		
A3	0.692		
A4			0.703
A5			0.774
A6			0.635
A7		0.684	
A8		0.579	
A9		0.549	
卡方	81.692		
CFI	0.979		
TLI	0.969		
RMSEA	0.073		
SRMR	0.025		

组织因素问卷方面，使用 SPSS22.0 软件分析数据得出，因子分析 KMO 度量值为 0.828，Bartlett 球形检验卡方值为 6702.165，p 值为 0.000，小于 0.01，通过了显著水平为 1%的显著性检验，由此可知，9 个题项适合进行因子分析。以特征值大于 1 为标准，用主轴因式分解的抽取方法共抽取 3 个因子，累计解释方差变异为 80.331%，说明 9 个题项提取的 3 个因子对原始数据的解释度较好。抽取的 3 个因子经过直接斜交旋转后，将载荷小于 0.40 的负载值删除，得到载荷表 3-10。各题项较为清晰地分别负载在 3 个因子上。3 个因子分别命名为组织支持（对应题项 A10~A12）、组织沟通（对应题项 A13~A15）和制度环境（对应题项 A16~A18）。

表 3-10 组织因素问卷的探索性因子分析

题项	因子命名		
	组织沟通	制度环境	组织支持
A10			0.675
A11			0.796
A12			0.723
A13	0.718		
A14	0.798		
A15	0.615		
A16		0.750	
A17		0.657	
A18		0.721	
特征值	4.623	2.440	1.067
解释变异量	51.371	20.107	8.853
累计解释变异量	51.371	71.478	80.331
Bartlett 球形检验	卡方值=6702.165；p-value=0.000		
KMO 度量值	0.828		

随后在另一半样本中，以 Amos22.0 对探索性因子分析所得的 3 因子结构进行验证性因子分析。分析模型拟合指标可知，CFI 为 0.992，TLI 为 0.988，RMSEA 为 0.056，SRMR 为 0.026，均处于较好的模型拟合指标区间内，3 因子结构很好地完成了数据拟合，验证了探索性因子分析所得的因子结构。组织因素问卷的验证性因子分析参数见表 3-11。

表 3-11 组织因素问卷的验证性因子分析

题项	因子命名		
	组织支持	组织沟通	制度环境
A10	0.609		
A11	0.661		
A12	0.847		
A13		0.770	
A14		0.656	
A15		0.548	
A16			0.733
A17			0.837
A18			0.676

续表

题项	因子命名		
	组织支持	组织沟通	制度环境
卡方		50.490	
CFI		0.992	
TLI		0.988	
RMSEA		0.056	
SRMR		0.026	

2. 老年人参与过程问卷的效度检验

使用 SPSS22.0 软件分析数据得，老年人参与过程问卷因子分析 KMO 度量值为 0.703，Bartlett 球形检验卡方值为 11693.85，p 值为 0.000，小于 0.01，通过了显著水平为1%的显著性检验，由此可知，15 个题项适合进行因子分析。以特征值大于 1 为标准，用主轴因式分解的抽取方法共抽取 3 个因子，累计解释方差变异为 83.321%，说明 15 个题项提取的 3 个因子对原始数据的解释度较好。抽取的 3 个因子经过直接斜交旋转后，将载荷小于 0.40 的负载值删除，得到载荷表 3-12。各题项较为清晰地分别负载在 3 个因子上（B8 在因子 1 和因子 3 上出现交叉负载，B12 在因子 2 和因子 3 上出现交叉负载，由于 0.751 和 0.818 分别远大于 0.422 与 0.437，因此可以认为 B8 负载在因子 3 上，B12 负载在因子 2 上）。3 个因子分别命名为决策参与（对应题项 B1~B5）、服务参与（对应题项 B6~B10）和评估参与（对应题项 B11~B15）。

表 3-12 参与过程问卷的探索性因子分析

题项	因子命名		
	决策参与	评估参与	服务参与
B1	0.697		
B2	0.756		
B3	0.651		
B4	0.702		
B5	0.507		
B6			0.771
B7			0.662
B8	0.422		0.751
B9			0.654
B10			0.617

续表

题项	因子命名		
	决策参与	评估参与	服务参与
B11		0.720	
B12		0.818	0.437
B13		0.663	
B14		0.631	
B15		0.598	
特征值	6.471	4.084	1.943
解释变异量	43.140	27.227	12.954
累计解释变异量	43.140	70.367	83.321
Bartlett 球形检验	卡方值=11693.85；p-value=0.000		
KMO 度量值	0.703		

随后在另一半样本中，以 Amos22.0 对探索性因子分析所得的 3 因子结构进行验证性因子分析。分析模型拟合指标可知，CFI 为 0.967，TLI 为 0.960，RMSEA 为 0.078，SRMR 为 0.032，均处于较好的模型拟合指标区间内，3 因子结构很好地完成了数据拟合，验证了探索性因子分析所得的因子结构。参与过程问卷的验证性因子分析参数见表 3-13。

表 3-13　参与过程问卷的验证性因子分析

题项	因子命名		
	决策参与	服务参与	评估参与
B1	0.794		
B2	0.480		
B3	0.665		
B4	0.660		
B5	0.748		
B6		0.685	
B7		0.566	
B8		0.712	
B9		0.778	
B10		0.618	
B11			0.755
B12			0.556
B13			0.648

续表

题项	因子命名		
	决策参与	服务参与	评估参与
B14			0.641
B15			0.473
卡方	188.113		
CFI	0.967		
TLI	0.960		
RMSEA	0.078		
SRMR	0.032		

3. 老年人感知服务质量问卷的效度检验

使用SPSS22.0软件进行探索性因子分析得，老年人感知服务质量问卷因子分析KMO度量值为0.792，Bartlett球形检验卡方值为6182.55，p值为0.000，小于0.01，通过了显著水平为1%的显著性检验，由此可知，12个题项非常适合进行因子分析。由于问卷所基于的理论架构，在因子分析中固定因子数为4，用主轴因式分解的抽取方法共提取4个因子，累计解释方差变异为82.033%，说明12个题项提取的4个因子对原始数据的解释度较好。抽取的4个因子经过直接斜交旋转后，将载荷小于0.40的负载值删除，得到载荷表3-14。各题项较为清晰地分别负载在4个因子上。4个因子分别命名为设计质量（对应题项C1~C3）、递送质量（对应题项C4~C6）、关系质量（对应题项C7~C9）和结果质量（对应题项C10~C12）。

表3-14 感知服务质量问卷的探索性因子分析

题项	因子命名			
	结果质量	设计质量	递送质量	关系质量
C1		0.594		
C2		0.589		
C3		0.667		
C4			0.675	
C5			0.696	
C6			0.550	
C7				0.645
C8				0.717
C9				0.556

续表

题项	因子命名			
	结果质量	设计质量	递送质量	关系质量
C10	0.758			
C11	0.657			
C12	0.605			
特征值	4.488	2.271	1.866	1.220
解释变异量	37.401	18.921	15.549	10.163
累计解释变异量	37.401	56.322	71.870	82.033
Bartlett 球形检验	卡方值=6182.55；p-value=0.000			
KMO 度量值	0.792			

随后在另一半样本中，以 Amos22.0 对探索性因子分析所得的 4 因子结构进行验证性因子分析。分析模型拟合指标可知，CFI 为 0.972，TLI 为 0.962，RMSEA 为 0.071，SRMR 为 0.044，均处于较好的模型拟合指标区间内，4 因子结构很好地完成了数据拟合，验证了探索性因子分析所得的因子结构。感知服务质量问卷的验证性因子分析参数见表 3-15。

表 3-15　感知服务质量问卷的验证性因子分析

题项	因子命名			
	设计质量	递送质量	关系质量	结果质量
C1	0.631			
C2	0.712			
C3	0.601			
C4		0.811		
C5		0.572		
C6		0.584		
C7			0.767	
C8			0.691	
C9			0.686	
C10				0.472
C11				0.775
C12				0.520
卡方	132.918			
CFI	0.972			
TLI	0.962			
RMSEA	0.071			
SRMR	0.044			

4. 老年人满意度问卷的效度检验

使用 SPSS22.0 软件分析数据得，老年人满意度问卷因子分析 KMO 度量值为 0.722，Bartlett 球形检验卡方值为 4457.890，p 值为 0.000，小于 0.01，通过了显著水平为1%的显著性检验，由此可知，10 个题项非常适合进行因子分析。以特征值大于 1 为标准，用主轴因式分解的抽取方法共抽取 2 个因子，累计解释方差变异为 60.498%，说明 10 个题项提取的 2 个因子对原始数据的解释度较好。抽取的 2 个因子经过直接斜交旋转后，将载荷小于 0.40 的负载值删除，得到载荷表 3-16。各题项较为清晰地分别负载在 2 个因子上。2 个因子分别命名为过程满意度（对应题项 D1～D5）和结果满意度（对应题项 D6～D10）。

表 3-16 满意度问卷探索性因子分析

题项	因子命名	
	过程满意度	结果满意度
D1	0.507	
D2	0.616	
D3	0.710	
D4	0.734	
D5	0.570	
D6		0.675
D7		0.612
D8		0.484
D9		0.782
D10		0.748
特征值	5.632	1.417
解释变异量	46.325	14.173
累计解释变异量	46.325	60.498
Bartlett 球形检验	卡方值=4457.890；p-value=0.000	
KMO 度量值	0.722	

随后在另一半样本中，以 Amos22.0 对探索性因子分析所得的 2 因子结构进行验证性因子分析。分析模型拟合指标可知，CFI 为 0.989，TLI 为 0.985，RMSEA 为 0.047，SRMR 为 0.027，均处于较好的模型拟合指标区间内，2 因子结构很好地完成了数据拟合，验证了探索性因子分析所得的因子结构。详

细参数见表 3-17。

表 3-17 满意度问卷的验证性因子分析

题项	因子命名	
	过程满意度	结果满意度
D1	0.783	
D2	0.699	
D3	0.643	
D4	0.813	
D5	0.508	
D6		0.813
D7		0.670
D8		0.766
D9		0.653
D10		0.790
卡方	60.579	
CFI	0.989	
TLI	0.985	
RMSEA	0.047	
SRMR	0.027	

综上，通过对正式问卷的信度分析、探索性因了分析和验证性因了分析，证明了设计的分析模型具有解释意义，数据结构具有合理性，正式问卷数据为后续分析奠定了基础。

本章小结

本章分析了上海市政府购买养老服务实践，明确了服务项目、服务内容、服务对象。在分析现状的基础上，开展调查设计。综合运用定性和定量的研究方法进行实证调查设计，通过文献回顾、专家小组讨论、预调查等途径，围绕主要变量进行问卷设计和访谈设计。

在调查问卷设计方面，基于第二章对老年人参与模型主要变量和维度的探索，结合文献分析、专家小组讨论和专家评分等方法，设置了问卷的具体问题，形成老年人参与模型测量指标体系。采用专家小组讨论的方法对内容效度进行检验，确立了问卷的指标体系，保证了指标体系设计与研究目标的一致。

在访谈调查方面，根据研究目标和研究模型设计了半结构化访谈调查，重点访谈“老年人及其主要照顾者”“政府部门工作人员”“养老服务机构人员”以及“第三方机构人员”四类对象。通过访谈能更清晰地把握研究问题，且有助于调查问卷的设计。

在调查的组织实施方面，正式问卷调查先后在上海市浦东新区、普陀区、闵行区、徐汇区和杨浦区开展，根据各区民政局提供的名册，以随机抽样的办法抽取老年人信息。回收有效问卷 866 份，并对问卷调查数据进行可靠性检验、探索性因子分析和验证性因子分析，检验其信度和效度，为后续分析奠定了基础。访谈调查同步开展，正式访谈 60 人次，收集和整理了大量文字和录音资料，并对访谈资料进行归纳和整理，归类、编码，为后续深入分析做准备。

第四章　老年人参与政府购买养老服务的动因分析

公民个人为了实现自身的利益诉求、监督和约束政府行为、体现自身价值，而有着强烈的参与动机和愿望；政府为了实现政策目标、维护和实现公共利益，也有接纳公民参与的动机和需要。[①] 参与动机是政府应考虑的、促进老年人更广泛地参与政府治理的关键因素，政府应重视影响老年人参与的因素，辨别什么是阻碍和什么是驱动。通过了解老年人参与者的参与动机，还可以帮助政府区分某一类型的老年人是由哪些共同利益所驱动的，进而帮助政府回应老年人的利益诉求，增进老年人福祉。[②] 老年人的参与行为既有自利的动机，也有公益的动机，同时受到制度环境和现实条件的影响。[③] 老年人参与行为是主体的内在动因和外部环境相互作用的结果。因此，要想真正理解和说明政府购买养老服务中老年人参与行为，就必须首先对其参与动因进行分析，发现影响其参与的促进因素和阻碍因素。

第一节　老年人参与动因的调查

本章在参与动因问卷调查的基础上，结合实地观察，对老年人参与动因的基本情况进行描述和初步梳理，描述参与动因调查情况、考察不同特征的老年人参与动因的异同，并归纳问卷调查的主要发现。

一、老年人参与动因问卷描述

老年人参与动因问卷共有 6 个二级指标，对应 18 道问题。样本老年人对 18 道问题的评价情况参见表 4-1。从频数分布来看，反映利益动因的 A1～A3 题项，老年人评价主要分布在“比较符合”和“非常符合”水平上；反映责

① 李占乐．中国公民社会参与政策执行的动因和方式［J］. 行政论坛，2012，19（2）：31-34.

② Andrea M. Petriwskyj，Jeni Warburton，Jo-anne Everingham，et al. Seniors' motivations for participation in local governance：Evidence from an australian study ［J］. Local Government Studies，2014，40（2）：240-263.

③ 王阳亮．责任与合作：政府购买养老服务研究［M］. 北京：中国社会科学出版社，2017：88.

任动因的 A4～A6 题项以及反映政治效能感的 A7～A9 题项，老年人的评价分布较为均匀；反映组织支持的 A10～A12 题项，老年人的评价主要分布在“一般符合”水平上；反映组织沟通的 A13～A15 题项，老年人的评价主要分布在“不太符合”水平上；反映制度环境的 A16～A18 题项，老年人的评价分布较为均匀。整体来看，参与动因的维度评价较为集中的是“利益动因”“责任动因”“组织支持”和“组织沟通”；评价呈现较大波动的是“政治效能感”和“制度环境”。

表 4-1 老年人参与动因问卷题项的描述统计结果（N=866）

二级指标	题项	频数				
		完全不符合	不太符合	一般符合	比较符合	非常符合
利益动因	A1	25	52	159	375	255
	A2	24	55	167	345	275
	A3	55	80	224	317	190
责任动因	A4	149	251	209	156	101
	A5	132	224	199	184	127
	A6	142	335	191	105	93
政治效能感	A7	263	205	203	121	74
	A8	237	168	186	165	110
	A9	254	218	180	133	81
组织支持	A10	79	115	361	211	100
	A11	92	119	364	200	91
	A12	105	121	345	212	83
组织沟通	A13	251	264	228	72	51
	A14	155	171	234	166	140
	A15	282	249	226	70	39
制度环境	A16	106	95	300	252	113
	A17	164	116	303	213	70
	A18	118	156	313	185	94

从对具体题项的评价来看，“A6. 政府购买养老服务是肯定了我的社会贡献”题项评价最差，老年人普遍认为享受政府购买养老服务是政府的一种“恩惠”，不认可是自己的权利。组织支持和组织沟通各个题项评价差异大，说明在实际生活中，各个区（县）、街道、居委会的工作效能存在差异，老年人对组织支持和组织沟通的感受不同。从“A16、A17、A18”题项得分情况来看，老年人对参与制度环境的认可度普遍较高，认为政府赋予了他们参与

权利、营造了积极的外部环境。以上老年人具体评价得分仅是对现象的观察，还需要进一步对老年人参与动因进行深入分析。

二、不同老年人参与动因的异同

老年人的年龄因素（即是否大于 90 岁）、身体健康状况（即评估为 1~6 级)、收入因素（用以区分低保、低收入和正常收入老人）和医保待遇（是否有资格享受长期护理）4 个变量决定了老年人所享受的服务，这 4 个变量为关键人口变量。因此，这里重点分析这几个人口变量下老年人参与动因的异同。

为便于分析和呈现结果，本书将年龄划分为四个等级，60~69 岁年龄组、70~79 岁年龄组、80~89 岁年龄组和 90 岁及以上年龄组。将医保待遇分为享受医保和不享受医保两个方面。将健康状况划分为 3 个等级，评估1~2级与民政系统评估的“轻度”标准对应、评估 3~4 级与“中度”标准对应、评估 5~6 级与“重度”标准对应。将收入划分为 3 个等级，0~2000 元对应低保、征地补贴或无退休收入等老人，2000~4000 为中等收入老人，4000 元以上为高收入老人。后续章节基于这个划分标准进行分析。

（一）不同年龄组的老年人参与动因异同

本书对不同年龄组的老年人参与动因做单因素方差分析，检验不同项目的老年人参与动因的异同。分析结果参见表 4-2。

表 4-2　不同年龄组的老年人参与动因差异性比较

年龄组	M/SD	利益动因	责任动因	政治效能感	组织支持	组织沟通	制度环境
60~69 岁	M	3.83	2.59	2.33	3.12	2.42	2.96
	SD	0.830	1.099	1.166	0.942	0.974	0.947
70~79 岁	M	3.65	2.56	2.66	2.86	2.53	3.00
	SD	1.028	1.218	1.042	0.899	0.844	0.790
80~89 岁	M	3.75	3.32	3.20	3.33	2.84	3.31
	SD	0.908	0.981	1.002	1.009	0.998	1.016
90 岁及以上	M	3.91	2.06	2.28	2.99	2.32	2.96
	SD	0.900	1.199	1.308	0.960	0.987	0.932
F		1.966	33.013	27.532	8.490	9.567	6.693
p		0.118	0.000	0.000	0.000	0.000	0.000

通过差异性检验发现，同样是享受政府购买服务，但不同类型的老年人参与动因存在较大差异，具体如下。

（1）不同年龄组的老年人在利益动因上差异性不显著，说明无论享受什么类型的服务，利益动因都是老年人参与的根本原因。

（2）责任动因上，不同年龄组对责任动因的主效应显著，事后检验（Turkey HSD）发现，80~89 岁年龄组老人的责任动因显著高于其他三类老人（三组对比 p 值均小于 0.001）；90 岁及以上年龄组老人的责任动因显著低于其他三类老人（三组对比 p 值均小于 0.01）；60~69 岁年龄组老人与 70~79 岁年龄组老人责任动因差异不显著（p=0.993）。

（3）政治效能感上，事后检验（Turkey HSD）发现，80~89 岁年龄组老人的政治效能感显著高于其他三类老人（三组对比 p 值均小于 0.001）；60~69 岁年龄组老人的政治效能感显著低于 70~79 岁年龄组老人（对比 p 值小于 0.01）；其他组别老人间政治效能感差异不显著。

（4）组织支持上，事后检验（Turkey HSD）发现，80~89 岁年龄组老人的组织支持显著高于 70~79 岁年龄组与 90 岁及以上年龄组老人（两组对比 p 值分别小于 0.001 和 0.05）；60~69 岁年龄组老人的组织支持显著高于 70~79 岁年龄组老人（p<0.05）；其他组别老人间组织支持差异不显著。

（5）组织沟通上，事后检验（Turkey HSD）发现，80~89 岁年龄组老人的组织沟通显著高于其他三类老人（三组对比 p 值均小于 0.001）；其他三类老人之间组织沟通差异不显著（三组对比 p 值均大于 0.05）。

（6）制度环境上，事后检验（Turkey HSD）发现，80~89 岁年龄组老人的制度环境显著高于其他三类老人（三组对比 p 值均小于 0.01）；其他三类老人之间制度环境差异不显著（三组对比 p 值均大于 0.05）。

（二）是否享受医保的老年人参与动因异同

通过差异性检验发现，同样是享受政府购买服务，医保状况不同的老年人参与动因却存在较大差异（见表 4-3）。

表 4-3　老年人是否享受医保参与动因差异性比较

是否享受医保	M/SD	利益动因	责任动因	政治效能感	组织支持	组织沟通	制度环境
享受医保	M	3.6379	3.0819	3.0347	3.1888	2.7271	3.2065
	SD	0.90761	1.08561	1.06434	0.94503	0.91673	0.90556
不享受医保	M	3.9633	2.1483	2.0814	2.9475	2.2979	2.8609
	SD	0.80972	1.01520	0.99689	0.94367	0.88865	0.88757
F		22.550	125.937	136.475	10.612	36.442	24.025
p		0.000	0.000	0.000	0.000	0.000	0.000

单因素方差分析结果显示，有医保的老人利益动因显著低于没有医保的

老人，但在责任动因、政治效能感、组织支持、组织沟通、制度环境五个变量水平上均显著高于没有医保的老人。

（三）不同健康状况的老年人参与动因异同

通过差异性检验发现，同样是享受政府购买服务，不同健康状况（评估等级）的老年人参与动因却存在较大差异（见表4-4）。

表4-4 不同健康状况的老年人参与动因差异性比较

健康状况	M/SD	利益动因	责任动因	政治效能感	组织支持	组织沟通	制度环境
1~2级	M	3.8152	2.6166	2.4629	3.1986	2.6252	3.1641
	SD	0.84151	1.06356	1.12419	1.02246	0.95410	0.99891
3~4级	M	3.8365	2.8059	2.7690	3.1635	2.6086	3.1561
	SD	0.82999	1.17482	1.10334	0.86739	0.93933	0.87341
5~6级	M	3.5651	2.7766	2.7919	2.9086	2.4636	2.8832
	SD	0.98909	1.18989	1.17374	0.98319	0.88285	0.86269
F		6.388	1.721	5.480	5.808	1.907	6.582
p		0.002	0.180	0.004	0.003	0.149	0.001

（1）不同健康水平的老年人在责任动因和组织沟通上差异不显著。

（2）健康水平对利益动因的主效应显著，事后检验（Turkey HSD）发现，健康水平最差的老人利益动因显著低于健康水平中等和健康水平较好的老人（两组对比p值均小于0.01）；健康水平中等与健康水平较好的老人利益动因差异不显著（p=0.962）。

（3）健康水平对政治效能感的主效应显著，事后检验（Turkey HSD）发现，健康水平较好的老人政治效能感显著低于健康水平中等和健康水平较差的老人（两组对比p值均小于0.01）；健康水平中等与健康水平较差的老人政治效能感差异不显著（p=0.973）。

（4）健康水平对组织支持的主效应显著，事后检验（Turkey HSD）发现，健康水平较差的老人组织支持显著低于健康水平中等和健康水平较好的老人（两组对比p值均小于0.01）；健康水平中等与健康水平较好的老人组织支持差异不显著（p=0.913）。

（5）健康水平对制度环境的主效应显著，事后检验（Turkey HSD）发现，健康水平较差的老人制度环境显著低于健康水平中等和健康水平较好的老人（两组对比p值均小于0.01）；健康水平中等与健康水平较好的老人制度环境差异不显著（p=0.973）。

（四）不同收入的老年人参与动因异同

通过差异性检验发现，同样是享受政府购买服务，不同收入状况（评估等级）的老年人参与动因却存在较大差异（见表4-5）。

表4-5 不同收入的老年人参与动因差异性比较

收入等级	M/SD	利益动因	责任动因	政治效能感	组织支持	组织沟通	制度环境
0~2000元	M	3.8930	2.4585	2.4021	3.0745	2.4537	2.9799
	SD	0.83964	1.14997	1.13309	0.95869	0.89957	0.88440
2000~4000元	M	3.5564	2.9079	2.8366	2.9896	2.5227	3.0285
	SD	0.92113	1.12835	1.06561	0.90085	0.87477	0.88978
4000元以上	M	3.7833	3.3333	3.3300	3.4867	3.1167	3.5767
	SD	0.87152	0.88636	0.99097	0.96216	0.98516	0.92582
F		11.023	28.517	31.754	10.391	21.556	18.111
p		0.000	0.000	0.000	0.000	0.000	0.000

（1）收入对利益动因的主效应显著，事后检验（Turkey HSD）发现，低收入老人利益动因显著高于中等收入老人（$p<0.001$），其他收入水平老人间差异不显著（两组对比p值均大于0.05）。

（2）收入对责任动因的主效应显著，事后检验（Turkey HSD）发现，低收入老人责任动因显著低于中等收入和高收入老人（两组对比p值均小于0.01）；高收入老人责任动因显著高于低收入和中等收入老人（两组对比p值均小于0.01）。

（3）收入对政治效能感的主效应显著，事后检验（Turkey HSD）发现，低收入老人政治效能感显著低于中等收入和高收入老人（两组对比p值均小于0.01）；高收入老人政治效能感显著高于低收入和中等收入老人（两组对比p值均小于0.01）。

（4）收入对组织支持的主效应显著，事后检验（Turkey HSD）发现，高收入老人组织支持显著高于中等收入和低收入老人（两组对比p值均小于0.01）；中等收入与低收入老人组织支持差异不显著（$p=0.603$）。

（5）收入对组织沟通的主效应显著，事后检验（Turkey HSD）发现，高收入老人组织沟通显著高于中等收入和低收入老人（两组对比p值均小于0.01）；中等收入与低收入老人组织沟通差异不显著（$p=0.717$）。

（6）收入对制度环境的主效应显著，事后检验（Turkey HSD）发现，高收入老人制度环境水平显著高于中等收入和低收入老人（两组对比p值均小于0.01）；中等收入与低收入老人制度环境水平差异不显著（$p=0.879$）。

三、参与动因问卷调查的主要发现

统计显示，部分人口统计变量对老年人参与的动因机制发挥调节作用。通过对老年人参与动因问卷的分析，得出如下基本结论。

（一）个人因素的现状与主要发现

1. 老年人参与主要受利益动因驱动

无论是享受哪一类服务项目或哪一个年龄组，利益动因都是最根本的动因，但老年人参与内在动因呈现某种不平衡性。这种不平衡首先表现在，老年人参与的“利益动因”最强，在与自身利益没有直接关系的领域，参与积极性普遍不高，“责任动因”不足。尤其是机构养老和机构护理服务的老年人，有强烈的养老服务需求，在家庭照护资源耗尽后，转而求助于政府，以期获得政府基本照护服务支持，这部分老年人有较强的服务需求，因而利益动因强烈。

2. 老年人参与的责任动因存在群体差异，受政治效能感影响大

老年人参与的责任动因和政治效能感存在群体差异，参与意识强弱决定老年人是否抱有被动参与和消极参与的心理，参与能力和参与认知受到经验、渠道、对政府的信任度等因素的影响。享受护理服务的老年人（主要是社区居家护理服务）责任动因高于享受养老服务的老年人（包括社区居家养老和机构养老），且责任动因和政治效能感关联度高。

一方面，享受护理服务的老年群体，责任动因和政治效能感强，这与其经济收入、退休前社会地位、文化水平、组织资源等密切相关。另一方面，享受社区居家养老服务和机构养老服务的老年人，政治效能感不强，参与能力差，而且服务期望模糊。政治效能感不强，既会造成老年人参与意愿高但参与行为不足，也会造成老年人参与意识不足和认识不足，进而影响责任动因。

（二）组织因素的现状与主要发现

1. 外部制度环境不断改善，但难以有效影响老年人实际参与行为

有的老人通过各种渠道（服务供应商宣传、媒体、社区宣传等）获悉政府养老服务政策后，审视自身条件，再选择是否参与政府购买养老服务。例如，很多入住养老院或长者照护之家的老年人，重新申请统一需求评估，以获得养老服务补贴。

2. 组织支持和组织沟通对老年人参与驱动作用大

从组织因素来看，组织支持和组织沟通是影响老年人参与的主要因素，

是发挥关键作用的因素。享受社区居家养老服务和机构养老服务的老人是社会主要救助对象，主要是通过“街道告知”而享受养老服务项目的老年人，这类人群受组织因素的影响普遍较大，街道和社区的执行效能对这部分老年群体的参与行为有直接影响。这部分群体主要依靠政府主动发现并积极提供基本公共服务，属于被动参与。

（三）老年人参与动因的整体状况

1. 不同服务项目老年人的参与动因存在差异

年龄、身体状况（评估等级）、收入和是否享受医保 4 个条件，直接决定了老年人享受的服务项目。在一定意义上，现行制度已经按老年人群体特征进行享受项目划分，因此这几个变量可以视为关键人口变量。享受不同服务项目的老年人，其群体特征不同，参与动因和具体表现也不尽相同。老年人健康状况和经济状况变量对老年人参与的利益动因影响最大。纳入社会保险（医保、养老）体系的老年群体占有更多经济资源和组织资源，在参与热情、参与期望和参与效果上都优于纳入社会救助体系的老年群体。

2. 老年人参与的动因阻碍

从内在动因来看，老年人参与的责任动因不足，政治效能感差异大，而且政治效能感可以影响责任动因，造成老年人参与的内在驱动力不足。从组织因素来看，制度环境并不能直接影响老年人的参与行为，组织沟通和组织支持作用较大，组织沟通和组织支持方面若出现阻碍因素会严重影响老年人的参与机会和参与行为。

综上，不同类型的老年人参与动因不同。从个人因素来看，老年人参与主要受到利益动因的驱动，较少出于责任动因，而且参与行为受政治效能感影响；从组织因素来看，组织沟通和组织支持是老年人参与的重要基础，制度环境影响不明显。以上是问卷调查所呈现的老年人参与动因的客观状态，对现象背后的原因和规律还需要做进一步思考和挖掘。老年人内在参与动因如何形成？组织层面的动因如何作用？参与动因存在哪些不足？这些问题都需要做进一步的分析和解释。

第二节　影响老年人参与的内在动机分析

从统计结果来看，老年人个人因素是影响老年人参与政府购买养老服务的主要原因，个人因素既能促进老年人参与，也可能阻碍老年人参与。本节详细分析利益动因、责任动因和政治效能感的具体影响和作用。

一、利益动因是老年人参与的根本动因

利益动因是公民参与的根本动因。对老年人而言，养老服务需求是老年人主动参与政府购买制度的根本原因。老年人参与政府购买养老服务主要是基于利益动机，即满足个人养老需求。老年人更关注通过参与能否满足自身养老服务需求，政府能否提供需要的、个性化的服务，这是老年人参与政府购买养老服务的最基础、最直接动因。利益动因驱动老年人参与的主要原因如下。

（一）自我照护能力和资源不足

无论是在自我照护能力上还是对照护资源的占有上，老年人都处于不利局面，影响老年人自我照护。

1. 失智失能问题

Olshansky 等指出，随着死亡率下降和老龄化进程加快，80 岁以上的高龄老人对社会照护资源需求急剧增加，老年人群体需求的变化会影响社会福利政策的走向。[①] 上海市户籍人口平均期望寿命达到 83.18 岁，其中，男性 80.83 岁，女性 85.61 岁。[②] 从样本老人年龄分布来看，经统一需求评估后，80 岁以上老年人是主要服务对象（占 56.1%），60～69 岁的低龄老年人相对较少（占 6.7%）。随着人口寿命不断提升，伴随而来的是老人身体机能的衰退，发病率的逐渐增加，罹患慢性病人数的增多，且患病时间延长、自理能力不断下降。失能、半失能老年人口数量多，长期照护费用不断增加，形成了庞大的养老服务需求。

2. 老年贫困和低收入问题

样本中，收入在 2000 元以内的老人占 51.3%，说明享受政府购买养老服务的对象很大一部分是低保、低收入群体。样本中，无退休金或 2000 元以下收入人员所享受的政府购买养老服务，大部分由集体财政支付，上海市部分街道和村镇在发展中财政积累充裕，在区县、街道或村集体财政层面能够给予这些老人以生活补贴。部分老年人分不清“退休金”来源，只知道每个月

---

① Olshansky S J, Carnes B A, Désesquelles A. Prospects for human longevity [J]. Science, 2001, 291 (5508): 1491-1492.

② 上海市民政局. 2016 年上海市国民经济和社会发展统计公报 [EB/OL]. http: //www. stats-sh. gov. cn/html/sjfb/201703/293816. html.

政府发放的金额。[①] 2016 年，上海市平均退休工资为 3283 元[②]，意味着超过 63.7%的老人收入低于平均退休工资水平。许多老年人收入微薄，没有太多的养老储蓄，20 世纪 90 年代养老金改革，养老金替代率有所下降，老年群体的消费能力也受到影响。[③] 老年人失智失能问题开始凸显，老年人长期照护费用和医疗费用急剧增加。

“老人都是自我资源用尽了，才求助于政府，政府应该按照传统美德予以政策支持。当前需要生活照料的老人都是三四十年代出生的，经历战火、时代变迁，手中都没有太多的钱，加上医疗、养老保险体系不完善，既不能有效地释放需求，也没有能力消费”。（上海市老龄科学研究中心；访谈对象：G101-YZG）

（二）家庭照护功能减弱

在家庭小型化和核心化趋势下，传统家庭养老和照料的功能逐渐弱化，主要表现在以下两个方面。

1. 家庭照护功能的弱化

20 世纪末实行的计划生育政策使得家庭结构趋于小型化，家庭的照护功能正在逐渐弱化，依靠传统家庭提供的保障明显不足，导致老年人的长期照护问题日益尖锐。我国实施计划生育政策后，独生子女家庭增多，子女数量不断减少，在人们生活方式改变、居住条件提高等因素的影响下家庭养老功能正在逐步变弱。[④] 一方面，家庭结构小型化使得家庭照护功能不断减弱；另一方面，老人自理能力的下降导致长期照护需求日益增加。因此，传统的家庭照护将无法满足日益增长的长期照护需求，需要建立长期护理保险来满足日益增长的长期护理需求。

2. 高龄子女赡养能力下降

子女年龄较大，赡养能力不足。样本老年人平均 79.96 岁，其子女部分已经离世，健在子女一般年龄也较大，60 岁以上的较多，子女自身也进入退

---

① 本书所指的收入主要是退休金收入或者地方政府给予的补贴或救助金，样本老年人多数患有一种或几种慢性疾病，个人劳动收入较少；其子女供养的收入弹性较大，不计入调查范围。

② 上海市统计局．2016 上海统计年鉴［EB/OL］. http：//www. stats-sh. gov. cn/html/sjfb/201701/1000339. html.

③ 杨翠迎，郑春荣．国际社会保障动态：社会养老服务体系建设［M］. 上海：上海人民出版社，2014：293.

④ 郑莹，高源．政府购买社区养老服务的法学审视［J］. 辽宁大学学报（哲学社会科学版），2017，45（3）：113-120.

休期，影响其对高龄父母的赡养和照护。样本描述统计显示，主要照顾者为“孙代和亲戚”选项的有 91 人，占样本的 10.5%，这其中就有部分老人是由孙代赡养，其子女已无法尽到赡养义务或者已经离世。随着互联网的普及，政府购买的详细信息都通过官方网站公示、统一需求评估申请网上操作，“技术鸿沟”不仅限制了老年人的参与，甚至也限制了其高龄子女的参与。老年人及其子女受限于自身能力，对政府购买养老服务中的意见和问题，不知道向哪个部门反映，也不清楚具体方式，影响了参与的积极性。

“我妈妈今年 86 岁，去年到街道领取成人尿不湿不批。她开始到居委会反映，解决不了问题，后来直接到街道反映，告诉我说政策已经暂停了，让我去市里申请复议。我今年 63 岁了，哪里知道去什么部门复议啊，也不知道地址和电话。这个小问题反复问了十几次了，都找不到解决部门，像我妈妈这样的老人，年纪大了，时间等不及的。”（爱博六村居委会；访谈对象：L209-QYZ）

（三）养老服务需求的专业性和多样性

养老服务需求被界定为“不同年龄结构老龄群体在综合分析自身身体素质、收入水平、教育程度等信息的基础上形成的实际需求”。① 根据马斯洛的需求层次理论和科尔曼的理性选择理论可知，人的基本需求能够按照重要程度进行排列，且人们可以根据排列的顺序进行理性选择。随着老年人口规模的逐渐扩大，老年人对于养老服务需求的内容从生理需求扩展到生理需求（包括经济需求、日常照顾需求）与心理需求（包括社会交往需求、获得尊重的需求和自我实现需求等）并重。② 老年照护服务对象差异较大，需求是多维度、多层次的③，家庭照护缺乏专业性和灵活性，很难满足老年人长期的照护服务需求。

二、责任动因是老年人参与的重要保障

老年人积极参与政府购买制度运作、监督政府、监督服务供应商，是维护自身基本权利的重要形式和手段。通过参与政府购买养老服务，老年人有

---

① 蒲新微，孙娇娆，党宇菲．年龄结构、养老服务需求与服务满意度——基于万份数据的实证调查［J］．吉林师范大学学报（人文社会科学版），2017，45（4）：63-69.

② 王覫昀，刘亚娜，李春．政府向社会组织购买养老服务中的责任链条及框架体系构建［J］．改革与战略，2015（2）：168-172.

③ 张晖，许琳．需求评估在长期护理保险中的作用及实施［J］．西北大学学报（哲学社会科学版），2016，46（5）：124-131.

机会影响政府行为，表达自己的利益诉求及实现自己的养老期望。责任动因驱动老年人参与的主要原因如下。

（一）公民权利意识的不断提高

随着我国民主政治建设的不断发展，公民的政治心理素质和民主意识日趋成熟和提高，对政治民主化的社会期望大大增强，更加明确自己的职责和权利，期待通过参与实现自己的切身利益、维护社会的公平正义。实现自己的知情权、参与权和表达权是老年人参与政府购买养老服务制度运作的重要原因，也是老年人通过参与制度运作来表达和实现自己利益需求的重要保障。

（二）拥有履行公民责任的渠道和机会

接受服务的老年人有机会参与政府的满意度调查、第三方评估、抽查等活动，表达自己的诉求和意见，老年人监督和投诉的渠道不断增多。实际调研中发现，上海市当前监督和投诉机制已经建立且能够解决实际问题。政府部门接到投诉后，会先联系基层政府或服务机构落实投诉内容是否属实；如果属实再联系相关职能部门和相关服务机构加以解决，再把处理结果反馈给投诉者。虽然仍有很多老年人和家属不了解投诉机制的运行情况，对政府信息透明和公开程度有意见，对参与和监督的渠道不是很清楚，但是已经表达了强烈的知情和参与意愿。

“我们部门几乎每天都要处理两三条投诉信息，有的老年人比较偏执，通过写信、打电话等方式持续投诉其所在社区或者服务机构。如果确实存在问题，我们会及时解决，如果没有问题我们也要逐一回复。老人拨打“12345 热线”和“962200 热线”进行投诉，工单产生后，我们都要认真处理和答复，对投诉的问题转由区或街道直接处理，把处理结果反馈到个人，并向上级反馈处理情况。投诉次数和处理情况影响到部门年度绩效考核分数，进而影响到部门人员绩效工资和部门奖金，压力很大。”（甘泉街道社区服务中心；访谈对象：G202-JJJ）

（三）照顾者的公共动机影响

社会化养老趋势下，家庭支持功能退化，但并不意味着完全退出。对很多身体健康程度差或者高龄老人而言，子女是养老服务申请、利用、选择的主要决策者，也是老年人权利和责任履行的“代理者”。此外，部分高龄老年人的子女也进入退休期，这部分“代理老年人”也是表达服务需求、监督政府和服务供应商的重要力量。相对而言，子代和孙代具有一定的知识和文化，具有较强的公民意识，有能力获取政策信息，利用组织沟通和监督渠道。这些主要照顾者会基于切身感受出发，影响老年人的参与。

三、政治效能感对参与行为有重要影响

政治效能是测量公民个人知识和意识如何影响合作生产行为的指标。公民合作生产的技能和知识至关重要，这也是为什么有的人积极参与政府购买公共服务中而有些人却消极应对的原因。[①] 政治效能感对老年人参与行为产生直接影响。从抽样情况来看，参与照护统一需求评估的老年人，普遍年龄较大、文化程度低，效能感不强。老年人综合素质和能力直接影响其参与的程度、参与的积极性和参与的效果。政治效能感对老年人参与行为的影响主要如下。

（一）政治效能感对责任动因的影响

“公众因无从参与而出现无所适从的心态，造成其不认为真正享受了监督权和参与权。”[②] 政治效能感既包括老年人对自身参与能力的认识，也包括其对政府信任程度、政社关系的判断。政治效能感强的老年人，对自身参与能力和参与水平更自信，更容易表现出出于公共立场的参与行为。政治效能感对老年人表达诉求、权益申述、控告、建言建议等具体行为均有影响，而且还影响到老年人参与意识培育、参与技巧学习和参与能力提升。此外，政治效能感还包括老人感受自身与政府的关系，通过判断政府购买政策意图和关系紧密程度，而产生政治认同。政治认同度高的老年人，参与的积极性就高；政治认同度低的老年人，参与积极性低，而且容易造成消极心态。

调查中发现部分享受社区居家照护的老年人，以前做过“老伙伴”计划的志愿者[③]，对社区资源和政府养老服务政策有一定的认知，对自己步入高龄后的照护安排、心理调适有一定的预期；在做志愿者期间，了解高龄老年人的需求、了解政府供给的养老公共服务项目和资格条件、清楚信息获取和需求表达的途径。因此，需要不断提升老年人对政府的信任度，让老年人感受到政府的购买是出于提高老年人福祉的目标，也让老年人感受到自己能够与政府有效沟通，发挥自身积极作用。通过提升老年人政治效能感可激发其更积极的责任动因和参与行为。

---

① Thomsen M K. Citizen coproduction: The influence of self-efficacy perception and knowledge of how to coproduce [J]. American Review of Public Administration, 2015, 4 (3): 340-353.

② 贾旭东. 基于扎根理论的中国城市基层政府公共服务外包研究 [D]. 兰州：兰州大学，2010.

③ 上海市“老伙伴”计划是2012年上海市政府的实事工程之一，目的是向全市10万名高龄独居者提供互助服务。“老伙伴”计划是以结对互助的方式，由低龄志愿者向高龄老人提供家庭互助服务，其主要以“健康生活方式”为主题，开展预防失能、健康科普、精神慰藉行动。

（二）政治效能感与组织因素的相互影响

政府购买养老服务过程中，外部的组织支持和组织沟通与老年人个人政治效能感相互影响。只有让老年人自发地组织起来进行参与或者依托已有社会组织进行参与，才能使老年人在参与过程中保持较高的政治效能感；否则就会挫伤老年人参与的积极性。回应机制的缺失会导致老年人参与积极性的下降，提高老年人参与动力的一个重要激励是加强政府对老年人参与行为的回应。因此要通过建立老年人需求表达机制，促进老年人需求表达与政府回应，建立与老年人的互动合作机制。此外，要从法律层面上保障老年人的参与权和监督权，健全老年人投诉、信访等参与的制度，使“有序参与”的观念深入人心，解除老年人参与监督的后顾之忧。

四、老年人内在参与动机的过程化

个体的参与动机不是静态不变的，而是一个不断演变的过程。初始进入阶段和持续阶段的参与动机有很大不同，存在进入时的“初始参与动机”和进入后的“持续参与动机”的阶段性和差别性。① 任何政治参与主体的行为都反映着行为者特定的动机、态度等社会心理因素，这些心理因素影响着主体是否参与对政治过程、参与方式、参与强度等的偏好与选择，参与的过程与效果又强化着需要与动机。② 已有研究注意到老年人在参与政府购买养老服务制度运作过程中，参与动机存在过程化发展的现象。③

（一）老年人需求和期望的变化对参与动因的影响

老年人服务需要具有动态性和层次性，不同阶段对服务的需求和期望不同。基本养老服务具有供给刚性，项目和待遇水平“能上不能下、能增不能减”。所以，在老年人享受服务过程中，他们对政府购买服务的认识和期望也在不断变化。

1. 服务需求的动态性影响参与动因

从个人因素来看，老年人随着身体机能的逐渐退化，对照护服务的需求会从一般服务向专业服务转变，服务项目数量也会逐渐增多，老年人出于健康和生存的考虑，会更积极地参与到政府购买养老服务中。从社会因素来看，随着经济社会的进步，老年人照护服务的医疗成本、人力资源成本、社会成

---

① 吴鲁平．志愿者的参与动机：类型、结构——对 24 名青年志愿者的访谈分析［J］．青年研究，2007（5）：31-40.

② 王伟勤．当代中国白领阶层政治参与特征与功能［J］．理论导刊，2011（11）：24-25.

③ 张旭升．政府购买居家养老服务参与主体的行动逻辑研究［D］．南京：南京大学，2011.

本等都具有刚性，个人消耗和社会消耗都会同步增长，经济压力会驱动老年人更积极参与政府购买养老服务。从制度环境来看，随着服务型政府建设，政府部门会投入更多的资源进入养老服务领域，老年人要利用这些资源，必须积极参与政府购买养老服务，为自身争取更多的权益。

2. 服务期望的动态变化影响参与动机

期望是对动机所诱发的相关行为的预期，“需求—动机—期望—行为”构成了个人参与的路径模式。[①] 顾客期望会随着顾客掌握的信息情况、服务体验等发生变化，导致服务接触过程中参与的驱动因素变化。随着老年人享受服务项目时间的推移和体验深入，其对服务人员、服务设施、服务交互关系的感知度慢慢固化甚至下降。老年人对服务项目的熟知和体验，会降低其期望，从理想型期望转化为基本型期望，认为服务项目是政府应该提供的基本质量特征，满意度下降，诱发其参与提升服务质量的动机和行为减弱。老年人期望越高、期望越明确，其参与动力越强。

（二）参与动因的积极转变

欧美国家公民个人及其社会组织的价值观经历了从恩赐性的慈善到社会福利权利的转变过程，至今又从依托主权国家公民的社会权利向着解释力更强的全球化条件下的人权发展。[②] 因此，老年人参与动因可以实现从利益动因到责任动因的积极转变。参与过程是不断学习和提高的过程，要帮助老年人塑造和形成公共责任和公共价值观。最初的参与动因主要是满足个人养老服务需求，即以利益动因为主；随着时间的推移，参与服务质量管理和监督转化为一种社会责任感，成为老年人持续参与的动机。在现实中，老年人参与会受到内外因素的影响，真正因受强烈的公民责任感驱动而积极参与的老年人并不多。虽然各种因素导致责任动因很难成为主导性动因，但是“未来随着社会进步和民主政治的发展，推动公民参与将越来越依靠利益动因和公民责任动因”。[③]

（三）参与动因的消极转变

有研究指出，顾客参与和满意之间不是在任何情况下都呈正向关系，顾客自身的知识和能力也发挥调节作用，当“低知识顾客作为共同开发者，参

---

① 熊凯，王娟．服务企业顾客期望管理［J］．当代财经，2005（1）：62-65.
② 江立华，沈洁．中国城市社区福利［M］．北京：社会科学文献出版社，2008：142.
③ 梁纪毅．我国公民政治参与动因的变迁［J］．党政论坛，2013（11）：33-34.

与越深反而对参与过程感觉越不满意”。[①] 这种“老年人参与引起老年人不满意”的现象，违背了吸纳老年人参与的初衷。造成这种不满意或满意度下降的原因在于，老年人认为参与后政府服务供给结果与期望一致，而现实中的不一致会引起不满意。

第三节　影响老年人参与的外在诱因

老年人参与政府购买养老服务是复杂权责关系的集中表现，老年人表现出强烈的参与意愿，既与老年人通过参与满足养老需求、实现公民价值、履行公民责任等个人因素相关，也受到包括权力关系和现有制度环境等一系列外部组织因素的影响。现实中，有些老年人愿意参与到政府购买养老服务的决策与执行过程中，并积极表达观点和态度；有些老年人则表达需求的意愿较弱，需要外部刺激才能使其产生参与需要和参与可能。宏观上，社会经济和政治体制、具体购买制度、政府部门行政效能、政策信息传递、社会组织发育程度等因素都能影响老年人的参与机会和参与过程。本节尝试从制度环境、组织支持和信息沟通三个层面对影响老年人参与的外部诱因进行分析。

一、不断优化的制度环境是老年人参与的根本

公民参与的制度环境包括战略制度环境和具体制度环境，并由宪法、法律、行政法规、部门规章、地方政府规章、规范性文件、领导讲话等组成。[②] 体制和制度环境集中体现了公民的政治地位以及在多大程度上获得参与机会的权利保障。[③] 在我国，参与权作为公民的一项基本政治权利具有法制保障。中国民主政治的发展为民意形成和公民利益表达提供了多样化渠道，且这些渠道更具回应性；同时经济的发展和现代化建设的推进给个人带来更多的个人资源和组织资源，促进了公民的意见表达和政治参与。

（一）政府职能的积极转变

党的十八届三中全会强调要创新社会治理体制，并促进社会和谐公正。

---

① 王莉，罗瑾琏．产品创新中顾客参与程度与满意度的关系——基于高复杂度产品的实证研究［J］．科研管理，2012，33（12）：1-9.

② 金太军，周义程．政策过程中公民有序参与有效性的影响因素——基于系统论视角的考量［J］．学术界，2014（5）：84-92.

③ 唐．中国民意与公民社会［M］．胡赣栋，张东峰，译．广州：中山大学出版社，2008：124-125.

从内容上看，政府和社会组织共同提供各种公共服务，重视提升公共服务的效能，是治理创新的题中之义。[①] 政府购买公共服务作为创新社会治理的重要形式之一，是实现“公共服务精细化”的重要途径，政府购买养老服务项目决策的科学性、服务供给与老年人需求的匹配性、服务项目定价公共性、购买环境的竞争性、合同治理的复杂性等问题都对政府创新社会治理能力提出挑战。老年人参与能够帮助政府系统识别老年人的个性化需求和共性需求，保障政府购买养老服务决策的科学性和民主性，巩固政府与老年人的信任合作关系，并获取更好的政策执行效果。“政府购买公共服务作为一种持续的社会建设和社会改进理念，通过公民利益和需求表达，实现公共服务供给的优化”。[②] 在政府购买养老服务过程中，政府具有吸纳老年人参与的内在诉求，通过老年人参与不断发现购买过程中的新问题、探索新的解决途径，以产生更优的购买结果。

（二）老年人参与的法律保障

我国宪法、老年人权益保障法以及政府购买养老服务的具体条例都明确了老年人的参与权利。在我国，老年人参与是公民的基本权利之一，也是创新社会治理的重要内容和制度安排。老年人作为公民有权利参与到政府购买养老服务的政策过程中，行使自己的表达权、知情权和监督权，向政府表达自己的养老服务诉求，并要求政府给予回应。针对政府购买养老服务，国家和上海市相继颁布了多部法规，对养老服务进行内容规定和监管，并明确了老年人作为服务接受者的参与权利。例如，财政部颁发的《关于做好政府购买养老服务工作的通知》中明确提出“要建立健全由购买主体、养老服务对象以及第三方组成的综合评审机制，加强购买养老服务项目绩效评价”。[③]

（三）老年人参与的制度保障

我国建立了较为全面的公民参与制度，从多角度保障公民参与权利，这些参与制度为老年人表达需求、参与监督、投诉建议提供了广泛的渠道。具体如下。

政务公开机制。《中华人民共和国政府信息公开条例》规定政府部门所有

---

① 黄毅，文军．从“总体—支配型”到“技术—治理型”：地方政府社会治理创新的逻辑［J］．新疆师范大学学报（哲学社会科学版），2014（2）：35-44.

② 王浦劬，［美］莱斯特·M. 萨拉蒙，等．政府向社会组织购买公共服务研究——中国与全球经验分析［M］．北京：北京大学出版社，2010：42.

③ 财政部．关于做好政府购买养老服务工作的通知［EB/OL］．http：//www. mof. gov. cn/pub/shehuibaozhangsi/zhengwuxinxi/zhengcefabu/201409/. html.

公共事务、公共服务的信息、事项都依法公布于众。政务公开是公民参与机制的前提和基础。通过政务信息的公开，公民实现知情权。尤其是在互联网时代，新媒体在信息公开方面得到越来越多的应用。在政府购买养老服务方面，政府购买的程序、内容和结果等内容都要通过多种渠道公开，便于老年人了解政策信息、申请和使用服务、开展监督。

信访制度。信访制度具有信息沟通、民主监督和权利救济等功能。随着信访制度的逐步完善，人民群众来信来访在化解社会矛盾、传达民意方面发挥了重要作用。作为信访制度的补充，市长热线、领导接待日等制度也是为社会公众所熟悉的机制，逐渐成为老年人利益表达与回应的重要渠道。

政府调研制度。政府调研制度是我国政府在管理公共事务过程中使用的一种方式。政府派工作人员或委托专业社会组织，下到基层，深入群众中间进行调查，收集老年人对养老公共服务的意见和建议，发现新问题、新情况，分析原因并做出正确的服务供给决策。

除了上述制度外，还有各种座谈会、需求调查等制度形式，可以吸纳老年人参与。从1995年上海市确立了“二级政府、三级管理、四级网络”的管理体制开始，上海市一直致力于老年人参与公共服务决策和公共服务供给过程，各级政府成立调研小组，发扬基层民主，对居民区开展事务民主协商、听证、评议情况进行调研，采用问卷调查、座谈会、个别访谈等形式，对辖区的居民区进行专题调查。在政府购买养老服务过程中，上海市各级政府和民政局通过门户网站广泛征集民众意见，设有相关背景介绍、内容公示、意见建议、监督投诉等版块，老年人可以通过网络渠道参与政府购买养老服务。此外，上海市还以电话热线方式致力于回应公民诉求和监督。从早期的市长热线到“12345，有事找政府”“962899”等政府服务热线，构建了老年人表达利益诉求和参与监督的平台。

（四）上海市不断完善政府购买养老服务制度

上海市各级政府陆续出台了与购买公共服务相关的文件，促进了上海市公共服务购买的制度化、规范化。上海市在“十二五”期间，探索开展老年照护统一需求评估体系，按照评估后的照护等级，匹配相应的养老服务类型，确保基本养老公共服务资源与需求有效对接、公平匹配。[①] 2017年1月，上海市开始长期照护保险试点，对社区居家养老的35项服务项目与长期护理保险的42项服务项目进行整合。因为涉及专业医学护理、医疗康复等内容，政

① 上海市人民政府发展研究中心．上海养老服务发展报告（白皮书）［M］．上海：上海人民出版社，2016：62.

府通过调整购买方式，鼓励更多的社会力量参与到基本照护服务供给中，重点培育提供居家生活照护和与生活密切相关的医疗护理服务的社会组织，以及向定点机构购买长期照护服务。[①] 随着政府购买养老服务制度的不断完善，将吸纳更多的老年人参与制度建设、享受基本养老服务。

二、组织支持是老年人参与的基础和条件

（一）社区和居委会对老年人的参与支持

正如唐（Tang W. F.）的观点，“在个人福利公共服务领域，人们的利益表达大多是狭隘的、分散的、低层次的，社区和基层政府成了民意表达和回应的主要机构”。[②] 对老年人而言，街道办事处、社区居委会、各类社会组织、老年协会以及其他非正式组织是老年人表达养老服务需求和意志、参与政府购买养老服务政策过程的重要组织平台和组织基础。

1. 街道和社区的支持

在科层体制下，街道及社区成为最大载荷单位，精细化的社区治理和末梢管理可通过各种正式和非正式化的手段来开展。街道和社区是老年人打交道较多的部门，对其组织的活动表现出较高的参与度。所以，街道和社区在促进老年人参与方面有重要的能动作用，其中社区是老年人参与的主要平台。街道和社区承担“监管”和“服务”两大职能，监管职能主要是对养老服务供给过程进行监督检查，接受老年人服务投诉，保障服务质量，及时纠正服务合同履行过程中的偏差；服务职能主要是收集和整理老年人的服务需求，把老年人的需求及时传递给上级决策者，以便根据需求的变化及时调整服务的供给。

“街道与社会组织签订服务协议，根据协议内容进行监管，主要分两个部分：街道老龄工作办公室随机抽检，社区居家养老服务社定期检查和接受老年人投诉，发现问题及时处理。街道对老年人需求信息和投诉反馈的信息及时汇总、定期上报上级主管部门”。（斜土路街道社区服务中心；访谈对象：G203-XZM）

① 上海市民政局．普陀区积极推进长期护理保险试点工作［EB/OL］. http://www.shmzj.gov.cn/gb/shmzj/node4/node10/n2603/u1ai44379.html，2017-05-04.

② ［美］唐．中国民意与公民社会［M］. 胡赣栋，张东峰，译．广州：中山大学出版社，2008：125.

2. 居委会的重要作用

居委会是最受老年人信任的活动组织者，要推动社区公共事务管理平台建设，让社区成为居民意见和利益表达的场所和公开平台，实现居民与基层政府的良性互动，促进政府公共服务更好地与居民需求对接。社区居委会虽然被界定为群众自治组织，但是在财政上依赖于街道办事处，并接受街道办事处的工作考核。“上面千条线，下面一根针。”除了日常工作外，居委会还要承担各级政府下达的工作任务，实际上成了各级政府工作的承受层、操作层和落实层。养老服务政策落到基层——社区居委会的过程中，容易出现各种执行问题，使得居委会成为社区养老服务体系建设的瓶颈。“社区能否在预防和满足社会照护服务需求方面发挥更大作用，以帮助老年人独立生活、健康老龄化、预防慢性病、维护公民尊严，是一个被反复讨论的主题”。① 针对这一问题，建议发展社区组织、促进社区能力建设和积累社区社会资本，以及帮助社区内老年人不断满足照护服务需求等。居委会要在社区成员互信互助、社区管理和宣传政策信息等方面发挥主动作用，为老年人参与提供信息传递和利益表达平台。

“我们每周给楼组长开会，一方面了解各居民楼的最新情况，另一方面传达新的政策和信息。我们居委会每个人负责几幢楼，要经常到自己负责的区域走一走，和居民聊一聊。我们发放很多小册子和小卡片，上面印有各种政策信息和各部门的电话，便于社区居民了解各类信息。老年人是我们重点关注的对象，每到春节、端午、重阳等节假日，居委会都会组织慰问老人的活动，老人也都有我们的电话，有事情可随时给我们打电话。但是，有些老年人年纪大了，我们只能上门问问情况，不邀请他们参加集体活动，万一出什么意外，我们负担不起这个责任。我们居委会一般都是组织70岁以下的老年人开展活动，比如结对子、健康讲座等。很多政策是靠这部分老年人去宣传”。（闵行区航华一村居委会；访谈对象：G207-ZWC）

（二）社会组织的角色和积极作用

老年人既可以通过老年协会等具有官方色彩的组织向政府表达需求和行使监督权，也可以通过专业的社会组织来表达需求，借助其专业优势，以项目报告和政策倡议等方式影响政府购买决策。社会组织既能将分散的利益诉求进行综合，借助组织优势促进老年人的利益表达，也能保障政府购买养老

① Knapp M, Bauer A, Perkins M, et al. Building community capital in social care: Is there an economic case? [J]. Community Development Journal, 2013, 48 (2): 313-331.

服务的精准性和科学性。通过组织平台，老年人可以相互联系、相互沟通，获取政策信息的同时提升参与知识和参与素质；而且这种联系和沟通充分保障了老年人个人意志的独立性，使老年人能够更好地维护和表达自身利益诉求。社会组织作为服务供应商，还可以向政府提供和反馈有关养老服务实践信息，并代替政府向老年人解释、宣传政府购买政策，便于老年人了解政府购买养老服务的相关信息。目前，已经有一些社会组织为了拓展业务范围，积极宣传政府相关政策，充当政府与老年人的沟通媒介。

“我们的生活照料和护理服务是分开的，虽然是一个老板，但两套系统运作。我这边主要负责社区居家的照料，护理站那边负责社区居家护理。这个长期护理政策是针对医保老人新出的政策，很多人还不清楚。我们这边社区居家服务做了好多年，很多老人都很熟悉了，他们那边就让我们帮忙宣传，介绍一个人过去还给我们补50块钱。宣传宣传也好，毕竟对老年人有好处嘛！”（闵行区恒研助老服务社；访谈对象：S102-CLS）

社会组织能够让老年人以组织化的形式有序参与到政府购买养老服务过程中来，促进老年人参与的有序化、组织化和科学化，避免个体参与过程中利益取向的分散，降低个体参与成本，提升参与的效能感。因此，社会组织的发展状况是影响老年人参与的重要因素。

三、信息沟通是老年人参与的重要促进因素

各国政府都在利用互联网技术开展沟通和创新传递渠道，政府利用信息技术搭建服务平台，探寻更为有效的服务信息传递渠道，提升公民对公共服务的感知。① 政府与老年人的信息沟通，不仅能帮助老年人获取政府购买养老服务的政策信息，还能帮助政府了解老年人的需求信息和服务利用情况。

（一）多样化的信息沟通渠道

当前沟通的主流渠道有政府网站公示和留言、热线电话和平台、传统的或新的公共媒体、社区组织宣传、社会组织宣传等。此外，考虑老年人获取信息的渠道有限，可以采取更直接的沟通渠道，如小区宣传栏、宣传手册（页）、电话沟通、社区宣讲会、政府告示或路牌等，这些沟通渠道能够把信息具体、直接地传递给老年人及其家属。以往政府提供公共部门服务的地点

---

① Shareef M A, Dwivedi Y K, Kumar V, et al. Reformation of public service to meet citizens' needs as customers: Evaluating SMS as an alternative service delivery channel [J]. Computers in Human Behavior, 2016, 61 (C): 255-270.

主要在政府办公地。考虑便利性、可及性，政府可以因地制宜，灵活地选择地点，选择老年人容易获取政府服务或参与政府计划的地点和方式。此外，“政府要委托独立的第三方进行需求调查，保障调查的客观、公正和独立性，并将调查数据和分析结果公开”。①

（二）养老服务信息平台建设

信息平台可以帮助政府有效地分析老年人需求，并能为目标群体提供优选消息，便于其访问和处理，大大提高老年人对服务有效性的认知。上海市各级政府尝试建设以数据整合为基础的综合为老服务平台，发挥平台沟通渠道和载体作用，让老年人及其家属充分表达自身的养老服务需求。建立各种政府信息化平台、社区养老服务一体化终端，及政府与其他社会主体之间形成的服务委托和购买平台，即公共服务交易信息化平台。比如，上海市徐汇区建设的“徐汇区老年照护管理信息系统”②，居民可以通过“政策咨询”查询当前本区的为老服务政策、评估流程等信息；可以通过“服务机构”查询服务机构信息，也可以通过“我要留言”版块表达需求信息和咨询相关政策。此外，还有热线平台，在供给与需求之间搭建一个诚信服务平台，把老年人的需求反馈政府和社会组织，再针对性地开展服务。

“我爸爸长期卧床，去年妈妈又得了脑梗。我一边照顾爸爸，一边照顾妈妈，实在是忙不过来，就去养老院咨询，入院等待的时间太长了。我实在没办法了，多方打听，听说现在有统一需求评估，合格的话就能入住养老院。我先到网站上了解了一下，然后就在网上帮妈妈申请了，很快两个评估员就上门评估了。后来接到通知说评估护理等级为5级，等了两个月就住进了这家护理院。这个时间应该算是很快了，体现了公平公正。如果没有这个平台，我想我们很难进来。”（茶陵路第二居委会；访谈对象：L206-TXM）

（三）信息沟通的主要方法

当前，政府信息沟通方式主要有社会调查、咨询、服务小组评估、街头采访、公民发起接触等。其中，由公民发起的接触多为信访、电话投诉等较为极端的方式。

“我妈妈今年94岁了，退休教师，还是党员，现在除了退休金得不到任何帮助，我因此给区政府写过几次信反映我妈妈的问题。居委会还是比较关

---

① 杨成，刘潇潇．论政府购买公共服务中的公众参与［J］. 行政与法，2016（10）：17-23.

② “徐汇区老年照护管理信息系统”（http：//lnzhglxt. xh. sh. cn/mainmenu. aspx）属于区民政局建设的信息平台。

心的，主动通知我妈妈参加高龄护理计划，享受每周 5 次上门护理服务。我觉得是我写的那几封投诉信起了很大作用”。（大木桥第二社区；访谈对象：L205-CSY）

此外，政府部门可以雇用专业调研公司来收集和分析资料，也可以通过服务商开展民意测验[①]，还可以委托第三方进行较大规模的调查和访谈，向老年人及其他利益相关者了解他们对政府购买养老服务的看法与态度、对服务项目和服务质量的意见与建议等。但是，应注意这种方法沟通上的单向性和单次性，限制了老年人进一步表达意见、深入参与。此外，针对养老服务领域的市场调查，不仅着眼于公众的满意度，还应涵盖市场、服务、价格、宣传以及配给等方面，同时应关注公众的需求和期望以及政府回应性。

第四节　老年人参与动因的障碍

动因要素的影响是双重的，一些因素会对参与造成障碍，进而制约老年人参与的积极性和有效性。“不管何种动因要素，均可通过外部手段加以调节，进而产生有利于公众参与的驱动力，变被动为主动、变驱动为自觉、变形式参与为实质参与”。[②] 个人因素中利益动因虽能促进老年人参与，但是责任动因弱和政治效能感不强也会阻碍老年人参与。从组织因素来看，决策部门吸纳老年人参与的渠道不畅，缺乏科学、开放、合理和高效的体制和规范，老年人参与的随意性较大，制度化水平较低。所以，老年人参与依然存在内在动机不足和外在因素阻碍的问题。老年人参与的最大阻碍来自其个人参与能力不足，缺乏实践历练，因而老年人参与的内在驱动力不足，并由此掩盖了参与的低度组织化。

一、老年人参与的内在动力不足

老年人无论享受哪种服务项目，利益动因都是参与的主要动因。政府购买基本养老服务表现为一种隐性福利，很多老年人认为享受这种服务是政府的恩惠，而不认为是其合法权利，因而缺乏主动要求并督促政府供给所需养老服务的意识，对享受的养老服务种类是否合适、数量是否恰当、程序是否

---

① Nguyen T V, Le C Q, Tran B T, et al. Citizen participation in city governance: Experiences from vietnam [J]. Public Administration & Development, 2015, 35 (1): 34-45.

② 吕建华，柏琳．我国海洋环境管理公众参与机制构建刍议 [J]．中国海洋大学学报（社会科学版），2017 (2): 32-38.

正当、成本及价格是否合理、质量是否过硬等信息知之甚少，主动了解这些信息的动机不足，更谈不上主动监督。当前老年人参与的责任动因不足，且政治效能感不强，进一步制约了老年人基于公共责任的参与行为。

（一）老年人权利意识淡薄

权利意识淡薄是限制老年人参与的重要因素，老年人缺乏公民权利意识和公共责任意识，导致其参与的主动性和自觉性不高。一方面，老年人不愿意花费时间和精力参与服务的设计、监督与评估过程；另一方面，老年人缺乏公共意识和政治责任，不愿意主动争取应有的权利。很多老年人出生在旧社会，受传统文化的影响还存有许多旧观念，从思维方式到文化心理结构上仍对政府存有较高的依附、顺从心理，抑制了其参与的积极性。老年人政治效能感不强，造成其参与意识不强、参与能力不足，认为其参与行为无法改变最终的结果，没有参与的必要。“虽然部分老年人有能力表达自己的关注，但大部分老年人由于身体功能和认知能力衰退使其处于弱势地位，对照顾者和专业人士的依赖导致不平等的权力关系，让老年人更可能觉得自己对制度建设和环境缺乏个人控制权”。[①] 老年人关注点在于是否有人为自己提供服务、能否真正享受到服务，对于政府如何购买、购买效果如何等认为与自己的关系不大，因而对服务监督、绩效评估、权利维护等过程中的权益意识缺乏。

“老年人一般对政府没有要求，只要自己健健康康就好，中国传统文化中有‘无功不受禄’的思想，老年人对政府供给的这些无偿服务往往充满感激，不习惯主动向政府提要求，有时宁愿掏钱雇保姆，也不愿意去政府反映问题，以求心安理得”。（杨浦区民政局；访谈对象：G107-GYC）

（二）老年人参与能力不足

老年人普遍文化程度低，加上身体机能不断下降，造成参与能力不足。参与能力不足突出表现在老年人通过网络、新媒体等渠道获取政策信息，表达需求和参与监督的能力不足。参与过程中涉及较多的专业技术知识，限制了老年人参与的深度和广度。老年人获取养老服务和福利政策信息主要途径是广播电视和与周边人的交流，其次是报纸等纸质资料，应用网络平台、社区信息推送和新媒体工具的较少。很多老年人随着年龄的增长，视力和听力都开始下降，接受信息的渠道越来越少，主要靠街道和社区为老服务人员的宣传以及与周边人的交流来获取信息。一方面，老年人主动获取养老服务信

---

① Boelsma F，Baur V E，Woelders S，et al. “Small” things matter：Residents’ involvement in practice improvements in long-term care facilities［J］. Journal of Aging Studies，2014（31）：45-53.

息的能力较低，需要政府部门主动推送；另一方面，政府部门、社区及各社会组织对老年人的信息需求关注度不够，导致老年人信息获取严重不足。老年人文化素质不高导致其参与能力普遍较低，对相关法律和政策了解不够，参与的方式方法不尽合理，限制了老年人参与的积极性和效果。

（三）老年人的社会经济地位低

调查中发现，老年人收入普遍不高，且子女对老年人的直接经济援助较少。老年人退休后，社会活动能力下降，社会支持减少，获取资源的能力下降。由于社会经济地位的不同，老年人需求表达能力变弱，但是对服务的需求更为迫切。尽管政府进行了民意调查，但仍然会造成需求满足的偏差。① 较低的社会经济地位，限制了老年人的活动能力和活动范围，削弱了老年人知情权、表达权、参与权和监督权的行使。

（四）老年人的消极参与体验

政府购买养老服务的方式刚刚兴起，很多老年人囿于以往的认知和体验，对政府购买养老服务的接受和理解程度不高，导致其参与的积极性不强。部分老年人的负面参与经历，抑制了老年人参与的积极性。老年人也可能有机会参与到区县（或街道）购买养老服务的座谈会、参与接受政府部门随机抽检等。无论哪种形式，老年人都是被动参与，形式意义大于实质意义。一方面，形式参与降低了老年人参与积极性。当前，老年人参与监督的最常见方式是满意度调查，按照这一方式，消费者被动对服务做出满意、一般或者不满意的简单评价，且调查过程往往容易流于形式。另一方面，参与渠道长期不畅，使得老年人对监督较为冷漠。

总之，主动意识的缺失、长期的失语状态磨灭了老年人表达服务需求的动力，导致老年人越来越忽视自己对服务的知情权、选择权和监督权，忽视了自己的公民权利，导致其参与的内在动机不足。

二、老年人参与受外部因素阻碍

从制度环境因素来看，当前政府购买养老服务制度化水平仍不充分，服务供应商竞争性发展也不充分，老年人在购买服务中的主体地位不强。某些政府部门追求自身利益、服务供应商带有较强的依附性和半行政化特征、第三方独立性不足，这些组织特征成为老年人参与的障碍。② 组织因素对老年人

① 刘素仙．政府购买公共服务绩效评价的价值维度与关键要素［J］．经济问题，2017（1）：17-20.

② 付建军，张晓东．政府购买公共服务中的公众参与［J］．贵州社会科学，2017（8）：22-28.

参与的阻碍主要表现在供需信息沟通的阻碍、资格获取的阻碍、参与权利行使的阻碍三个方面。

（一）供需信息沟通的阻碍

老年人在获取信息和信息处理能力方面仍处于劣势，这种信息不对称会引起信息的漏损和失真，影响老年人参与的实际效果。老年人的需求不能充分地表达，政府对老年人需求的回应受到限制，且政府的购买政策和服务信息无法有效地传递给老年人。供需信息不对称是制约老年人参与的重要因素。

1. 老年人服务需求征询渠道不畅

老年人个人服务需求的表达多数是狭隘的、分散的、低层次的，不能形成有影响的民意，即使是老年人向上海市或区县级政府反映问题，最后还是交由街道和社区回复和处理。社区居委会和街道办事处是老年人表达养老服务需求的主要对象，从实践来看，仍然存在双方互动不够、沟通渠道不畅等问题，影响了老年人对政府购买服务的了解和利用。虽然街道和社区回应老年人诉求的主动性很强，但是效果不佳。社区居委会促进老年人参与政府购买养老服务中扮演了重要角色，然而社区居委会“运动式”信息传播、专业服务功能定位模糊等不足，影响社区居家养老和社区居家护理服务的供给和递送。[①] 此外，街道和社区的回应方式与方法存在缺陷，仅对具体问题做答复，带有随意性，没有形成制度化。虽然基层政府、社区居委会和服务机构对老年人的诉求有较高的回应率，但回应质量不高。因此，亟须创新政府回应方式，并保持回应渠道的有效和畅通。

2. 社会组织发掘老年人需求的功能受限

政府没有给社会组织提供足够的政策和制度空间，使其真正成为社会需求和意志的表达者，社会组织在发现老年人需求方面的功能受到限制。社会组织资源主要来源于政府，导致其生存和发展缺乏独立性，自身资源严重不足，缺乏发现社会养老服务问题的能力和资源的整合能力，老年人参与的组织基础薄弱。社会组织缺乏应有的独立性和自主性，组织自身的制度化程度不够，发挥不了桥梁和纽带作用。

3. 老年人自组织功能娱乐化

老年人需求表达的有效性和组织化程度密切相关，其组织化程度越高，

---

① 陈岩燕，陈虹霖．需求与使用的悬殊：对社区居家养老服务递送的反思［J］．浙江学刊，2017（2）：30-37.

需求表达的力度和效果越好，对政府购买决策的影响越大；反之，老年人需求表达的力度和有效性受限。笔者在实地调查中发现，各个社区都有政府扶持或者居民自发成立的社会组织，如低龄志愿者、老年活动队等。这些组织多是基于爱好而成立，在互助、信息传递上有积极作用，但是在收集、整合和表达养老服务需求、监督和维权等方面作用有限，存在老年人自组织娱乐化倾向，难以影响政府购买决策。社区老年人组织大部分是娱乐性质的，如老年舞、广场舞等，而且参与者都是低龄老年人，身体健康、养老服务需求不突出。此外，虽有志愿者“结对子”活动，低龄老年人可以帮助高龄老年人，但大家对政策信息都不了解，除了生活上有所照应外，对老年人参与的促进作用有限。

（二）资格获取的阻碍

不同类型的购买政策效果不同，服务对象的年龄、经济困难程度等救助型政策限制条件影响了政策的覆盖面及政府购买进程①，从而在资格获取上形成阻碍。救助型购买政策的养老服务覆盖面远不及救助兼福利型，而且养老服务社会化水平远低于救助兼福利型。

1. 医疗保险制度对资格获取的阻碍

当前，“我国老年人的社会救助与基本公共服务重叠，政府购买养老服务囿于社会救助的逻辑框架，没有明确区分养老领域的公共服务、准公共服务及政府责任边界”。② 由前文分析可知，享受服务项目与老年人是否纳入社会保险体系高度关联。根据上海市现行基本照护服务购买政策，社区居家护理服务项目与城镇职工医疗保险直接挂钩，长期护理保险项目与职工医保、居民医保直接挂钩，而且这部分群体多数具有高退休金，是否有退休金是衡量老年人能否享受社区居家护理的前提。当前上海市很多制度设置，如高龄居家护理、长期护理保险等都将没有享受医保的老年人排斥在外（上海老人称之为“大医保”，即国家正式医疗保险体系）。无医保、无退休金的老年人只能依赖社会救助体系，而救助又给其带来“污名化”影响，反而是对贫困老年人的追加伤害。③

---

① 杨琪，黄健元．政府购买居家养老服务政策的类型及效果［J］．城市问题，2018（1）：4-10.

② 王阳亮．政府购买养老服务：属性、问题与对策［J］．哈尔滨工业大学学报（社会科学版），2017，19（4）：22-27.

③ 访谈中发现，作为社会救助对象的老人一定程度上会被区别对待，这种“区别对待”带给他们的或是同情、或是歧视、或是关爱、或是污名。居家老人尚好，而日间照料中心或长者照护之家等老年人聚集的地方，这种负面影响明显。

“长期护理保险试点后，社区居家养老服务大部分项目并入长期护理保险。社区居家养老服务多是针对家庭贫困的老人，长期护理保险是针对失能老人，二者的侧重点不同。在实际操作中，两个体系对老年人的支持不一样，制度设计有割裂，造成一部分老年人无法享受全部需要的服务。”（普陀区民政局；访谈对象：G104-FY）

2. 政策信息宣传不足

从调研情况来看，信息沟通渠道不畅通，老年人评价较低。政府和老年人之间信息严重不对称，政策宣传不到位，老年人及其家属对政策知晓程度低，对政策利用程度更低，政府购买养老服务各个环节的信息没有及时传递给老年人及其家属。比如，上海市闵行区莘庄镇从 2015 年 7 月正式施行统一需求评估起到 2017 年 5 月 1 日，共受理 260 份统一需求评估申请，其中居家养老 13 名、医院照护床位 19 名，110 名老人享受居家护理，其余全部为敬老院轮候。上海市闵行区新虹街道实行统一需求评估以来，2016 年全年共有 25 名老年人提出申请，14 名通过审核，11 名没有通过审核；2017 年 5 月 1 日前，48 名老年人申请，24 名审核通过，24 名待评估中。[①] 可见，老年人服务需求征询和沟通渠道不畅，限制了老年人的参与行为，老年人养老服务信息的获取都是通过其他渠道实现。

“我也是偶然在闵行手机报上看到这个统一需求评估对象和标准的，我对比了一下（标准），我妈妈是符合的，所以就给江川街道社区中心打电话。街道办事人员告诉我需要准备的材料，不是偶然看到，我们现在还不知道这个政策。”（天恒名城居委会；访谈对象：L207-LPY）

3. 户籍制度限制

当前，上海市政府购买养老服务以户籍为依据，对老人进行评估并就近分配服务机构。外地来沪异地养老的老人、海外归侨、在外援建退休返沪老人等群体，被排斥在正式制度之外，只能依靠社会救助等来解决养老问题。救助制度的定位是保障公民的生存权，而照护服务和个人发展还需要借助养老和医疗体系提供保障，户籍限制了老年人的参与权利和可能性。

（三）参与权利行使的阻碍

老年人往往不能获得充分的政策信息和服务信息，因而其服务获取、服务监督等行为受到制约。

① 数据资料由上海市闵行区莘庄镇和新虹街道相关工作人员提供。

1. 参与制度化水平低

老年人参与机制不完善，缺乏操作性。虽然我国宪法和法律规定公民有权通过多种途径和形式参与公共事务，但在如何实施、采取什么样的途径和形式、参与的深度与权限约束等方面缺少制度和法律配套，缺乏结合实际情况的具体设计。从具体层面来看，老年人参与政府购买养老服务有法律法规保障，也明确了老年人满意导向和参与环节，但是在具体实施过程中，程序设计不完善，现有渠道难以发挥作用；而且，老年人参与权利救济渠道不畅，致使出现很多非制度化的参与行为。当政府养老服务供给不能满足或调整滞后时，老年人及其家属往往采取非正常表达形式，引发政府和老年人之间的冲突。

“我们院收了一位沈阿姨，第一次评估是1级，只能享受居家养老，要自付一半费用，后来她儿子去评估中心和街道闹，威胁要把老人送到社区中心去养老。再后第二次评估改为6级，也没有另外付钱。”（江川路碧江敬老院；访谈对象：S205-ZLS）

2. 个别政府部门追求自身利益

长期以来，公共决策是由政府主导和控制，某些公共服务项目的确定往往是从个别部门的利益需求来考虑的，而不是以公民的实际需求为依据。“官员的政治取向、成本—效益预期等都是影响养老服务供给中竞争性购买的重要因素”。[①] 政府部门也有利益诉求，隐蔽地追求治理垄断，公众参与弱化或空缺会导致政府决策缺乏外部压力和监督。个别部门在购买决策时往往避重就轻，核心决策轻描淡写故意不让公众知情（如招投标），或者利用专业技术障碍排斥公众参与，仅把边缘议题拿来“民主治理”，挫伤了公民参与的积极性。政府公共服务供给中的部门性偏好和行政性偏好，会使其仅从自身的工作理念、实际需求、部门偏好出发购买服务，老年人只能被动接受服务。

“当前个别部门仍然存在‘付费者’思维，对社会组织购买服务，是其履行公共财政的再分配、履行自身基本养老公共服务职能，是义务而不是上帝，更不是恩赐！”（上海市老龄科学研究中心；访谈对象：G101-YZG）

---

① Sami Fredriksson, Olli Hyvärinen, Mikko Mattila, et al. The politics of competitive tendering: Political orientation and attitudes towards contracting out among finnish local politicians [J]. Local Government Studies, 2010, 36 (5): 637-654.

3. 现行参与制度操作性差

我国虽已建立选举制度、听证制度、民意调查制度等基本制度保障公民参与，但在具体养老服务领域还没有规范的参与机制，没有可执行和可操作的程序和制度保障。首先，对于正常参与渠道，老年人不愿、不会、不能利用这些渠道，表现出种种情绪化的过激行为；其次，现存参与机制不完备、不充足或者缺乏，造成老年人参与不充分，不能取得实际效果；最后，正式参与渠道不畅时，老年人会选择非正式参与，即通过老年人组织、非正式群体等渠道表达利益诉求，但这些非正式渠道又得不到支持。

"政府购买社区居家养老服务项目主要是'六助'范围，2017 年长期护理保险试点以后，社区居家养老服务大部分项目并入长期护理保险。程序上是老人申请，第三方评估确定资格后政府给予补贴。服务项目是全市统一设定好的，区县也好，老人也好，在决策过程中影响力较小。"（普陀区民政局；访谈对象：G104-FY）

4. 参与的低度组织化

组织化参与表现为一种发言权，政府决策过程中的协商、谈判和对话。[①] 社会组织自主性偏低，限制了其推动老年人参与的能力。政府主导养老服务资源分配，社会组织处于依附状态，发育不全面、不健康。社会组织在养老服务需求发现和表达、影响政府资源分配等方面的能力有限，难以承担老年人组织化参与的角色和责任。正式参与制度的不完善会引发大量的非制度化参与行为。一些老年人及其家属为了表达利益诉求，选择到政府部门上访，而政府又要花大量时间和精力去解决单个老人的利益诉求问题。如果不迅速改变老年人参与的低组织化状态，并使社会组织成为政府和老年人良性互动的平台和力量，老年人有效参与仍然难以实现。

本章小结

老年人参与动因是基于老年人个人和组织双重视角而言的，不同因素对老年人产生的影响不同，识别这些影响因素，可以更深入地了解老年人参与行为的驱动机制，可以更有效地指导管理实践。老年人参与的动因要素包括利益动因、责任动因、参与能力、公民意识、公共价值观等，这些内部因素

① 郑红．公民参与问题研究［M］．沈阳：沈阳出版社，2014：187.

是老年人参与行为最直接的驱动力。源自外部环境的因素包括组织支持、组织沟通，广义上甚至包括政治制度等，这些因素也对老年人的参与行为产生影响。

家庭小型化也造成家庭照护能力的下降，子女年龄较大，赡养能力不足。老年人参与政府购买养老服务主要是为了获得基本照护服务，保障自身的生存权利，同时缓解或减轻家庭照护压力。老年人政治效能感不强，受自身知识、能力和权利意识的制约，普遍责任动因不强。应充分认识老年人个人和家庭的影响及制约因素，同时引导老年人参与的公共动机。没有政府的强力推动，单独凭借公民责任意识无法实现有效参与，因此组织支持和组织沟通是影响老年人参与的关键因素。

老年人参与的内在动因与外部组织支持密切关联。当前，老年人参与的内在驱动力不足，并掩盖了参与低度组织化的现实。主动意识的缺失、长期的失语状态磨灭了老年人表达服务需求的动力，导致老年人越来越忽视其对于服务的知情权、选择权和监督权；分散的、未经组织化的供需信息沟通，低效的组织支持则是老年人参与的最大障碍。

第五章　老年人参与政府购买养老服务的过程分析

老年人参与应该与“政府购买服务的流程相契合，从必要性到参与制度纠偏，融入政府购买的全过程”。[①] 老年人的参与权是政府购买养老服务过程中购买决策、购买执行和评估的重要内容。[②] 本章从政府购买养老服务的决策阶段、服务阶段和评估阶段三个层面分析老年人参与的过程。在政府购买三个阶段，中老年人的参与行为前后密切关联，共同影响着政府购买的效果。老年人充分有效的参与可以提高政府购买养老服务效率和效果；而老年人参与不足则严重影响着政府购买养老服务制度良性运行。[③] 本章重点对老年人参与过程进行分析，阐述在政府购买养老服务三个阶段中，老年人参与的现状、存在的不足以及产生的影响。

第一节　老年人参与过程的调查

在老年人参与过程问卷调查和实际观察的基础上，本节对老年人参与过程现状进行描述。基于参与过程的调查情况，分析人口特征变量和参与动因变量对参与过程的影响，并归纳问卷调查的主要发现。

一、老年人参与过程问卷描述

对老年人参与动因问卷15道题目进行描述统计，老年人详细评价结果见表5-1。从评价频数的分布可以看出，老年人对反映决策参与的B1~B5题项的评价主要分布于“完全不符合”和“不太符合”；老年人对反映服务参与的B6~B10题项的评价主要分布于“非常符合”和“比较符合”；老年

---

① 李洪山，范思阳．治理理论视角下公民参与政府购买公共服务研究［J］．理论导刊，2017（2）：9-12.

② 张梦婉．政府购买公共服务法理基础的重构——以公民权利为中心［J］．天府新论，2015（1）：89-98.

③ 张旭升，牟来娣．政府向民间组织购买居家养老服务的实践困境及破解之道——以M市Y区为例［J］．中共福建省委党校学报，2018（1）：1-8.

人对反映评估参与的 B11～B15 题项的评价呈现较大波动。整体上来看，老年人对决策参与的评价不高，对服务参与的评价较高，对评估参与的评价一般。

表 5-1　老年人参与过程问卷题项的描述统计结果（N=866）

二级指标	题项	频数				
		完全不符合	不太符合	一般符合	比较符合	非常符合
决策参与	B1	413	223	133	17	12
	B2	370	221	151	65	59
	B3	571	200	58	27	10
	B4	306	194	167	117	60
	B5	501	228	108	79	40
服务参与	B6	41	59	129	378	258
	B7	11	53	137	396	269
	B8	7	19	113	424	303
	B9	14	22	133	421	276
	B10	7	27	100	435	297
评估参与	B11	184	234	221	144	83
	B12	135	174	262	185	110
	B13	112	121	228	269	136
	B14	88	107	216	288	167
	B15	182	205	254	154	71

从具体题目的打分情况来看，“B3. 接受服务前，政府就服务设计征求过我的意见”评价最低，说明老年人参与服务设计中极少，对合同信息极不了解。“B2. 接受服务前，我接触过政府的需求调查”和“B4. 接受服务前我了解服务供应商的信息”评价在组间最高，说明老年人比较关注养老服务机构，积极主动去了解养老服务信息。老年人对“B8. 接受服务时，我努力配合服务人员工作”和“B9. 接受服务时，我会主动与服务人员沟通”最为积极，说明双方在服务过程中互动较好。“B13. 接受服务后，我会向服务机构反映意见以提高服务质量”和“B14. 接受服务后，我会配合政府或第三方开展服务监督”所受评价较高，说明老年人有评估参与的意识和主动行为。但对“B11. 接受服务时，我可以参与服务机构的服务管理”和“B15. 接受服务后，我会向政府部门反映意见以改进服务供给”的积极评价不多，说明老年人在评估阶段参与的机会受限或主动性不强。从以上老年人具体评价来分析，仅是对现象的观察，还需要对老年人三个阶段的参与行为进行

深入分析。

二、参与动因对参与过程的影响

根据前文构建的老年人参与模型，本部分不仅对老年人参与动因的状况进行分析，还要分析老年人参与动因对老年人参与过程的影响。考虑老年人参与过程受 4 个关键人口变量影响，所以将关键人口变量也纳入自变量范围，利用多元回归分析探索关键人口变量和参与动因对老年人参与过程的影响。

（一）回归分析的基本原理

线性回归分析法是最基本的回归分析方法，其假设自变量和因变量之间存在线性关系，线性回归的数学模型如下。

$$y=\alpha+\beta x+\beta x+\cdots+\beta x+\varepsilon$$

用矩阵形式表示为：

$$y=\alpha+X\beta+\varepsilon$$

其中，$y=\begin{pmatrix} y_1 \\ y_2 \\ \vdots \\ y_n \end{pmatrix}$为被解释向量；$\alpha=\begin{pmatrix} \alpha_1 \\ \alpha_2 \\ \vdots \\ \alpha_n \end{pmatrix}$为模型的截距项；$\beta=\begin{pmatrix} \beta_1 \\ \beta_2 \\ \vdots \\ \beta_n \end{pmatrix}$为待估计参数；$X=\begin{pmatrix} x_{11} & x_{12} & \cdots & x_{1k} \\ x_{21} & x_{22} & \cdots & x_{2k} \\ \vdots & \vdots & \cdots & \vdots \\ x_{n1} & x_{n2} & \cdots & x_{nk} \end{pmatrix}$为解释变量；$\varepsilon=\begin{pmatrix} \varepsilon_1 \\ \varepsilon_2 \\ \vdots \\ \varepsilon_n \end{pmatrix}$为误差项。被解释变量的变化可以由 $\alpha+X\beta$ 组成的线性部分和随机误差项 ε_i 两部分解释。

（二）相关分析

在正式回归分析之前，首先需要进行相关分析以了解变量间的整体联系与趋势。双变量相关结果详见表 5-2。通过人口变量、参与动因变量和参与过程变量的相关分析，发现年龄、退休金收入、评估等级这些关键人口变量都与参与过程显著相关；参与动因中的利益动因、责任动因、政治效能、组织支持以及制度环境都与老年人参与过程密切相关。

表 5-2 人口变量、参与动因与参与过程的相关分析

变量	年龄	医保待遇	退体金收入	评估等级	利益动因	责任动因	政治效能	组织支持	组织沟通	制度环境	决策参与	服务参与	评估参与	参与过程
年龄	1													
医保待遇	-0.250**	1												
退休金收入	0.150**	-0.634**	1											
评估等级	0.175**	-0.249**	-0.043	1										
利益动因	0.279**	-0.334**	0.188**	0.189**	1									
责任动因	0.376**	-0.243**	0.251**	-0.110**	0.000	1								
政治效能感	-0.159**	0.144**	-0.077*	-0.109**	0.000	0.000	1							
组织支持	-0.206**	-0.077*	0.254**	-0.203**	-0.035	0.135**	0.153**	1						
组织沟通	0.017	-0.014	0.014	-0.122**	0.153**	0.100**	0.466**	0.000	1					
制度环境	0.227**	-0.281**	0.106**	0.130**	0.571**	0.273**	-0.150**	0.000	0.000	1				
决策参与	0.393**	-0.002	-0.121**	-0.081*	0.287**	0.393**	-0.013	-0.003	0.150**	0.267**	1			
服务参与	-0.178**	0.054	0.116**	-0.317**	-0.051	-0.005	0.435**	0.231**	0.402**	-0.106**	0.000	1		
评估参与	0.212**	-0.219**	0.322**	0.047	0.241**	0.332**	-0.050	0.289**	0.071	0.253**	0.000	0.000	1	
参与过程	0.239**	-0.066	0.138**	-0.228**	0.262**	0.400**	0.233**	0.270**	0.377**	0.220**	0.647**	0.618**	0.447**	1

注：*表示在 0.05 水平（双侧）上显著相关；**表示在 0.01 水平（双侧）上显著相关。

（三）回归分析

由以上相关分析并结合研究背景资料，确定将人口统计学变量年龄、退休金收入、医保待遇、评估等级，以及参与动因的变量利益动因、责任动因、政治效能感、组织支持、组织沟通、制度环境共 10 个自变量纳入参与过程的回归分析。对人口特征变量赋值，其中，将纳入医保体系的变量赋值为 1；未纳入医保体系的变量赋值为 0；退休金收入、年龄、评估等级等按照程度从低到高赋值。人口特征变量的赋值情况见表 5-3。

表 5-3　人口特征变量赋值情况

变量		赋值	变量		赋值
退休金收入	2000 元以下	1	健康状况（评估等级）	1~2 级	1
	2000~4000 元	2		3~4 级	2
	4000 元以上	3		5~6 级	3
是否享受医保	干部保健医疗待遇	1	年龄	60~69 岁	1
	城镇职工医疗保险	1		70~79 岁	2
	城镇居民医疗保险	1		80~89 岁	3
	亲属半费报销待遇	1		90~99 岁	4
	医疗救助	1		100 岁及以上	5
	完全自费	0			

为探讨老年人参与过程的影响因素，以老年人参与过程、决策参与、服务参与和评估参与为因变量；以上述 10 个变量为自变量，采用直接进入的方法进行多元线性回归分析。具体回归系数和 T 值结果参见表 5-4。

表 5-4　参与过程影响因素的回归分析

变量	模型 1：决策参与	模型 2：服务参与	模型 3：评估参与	模型 4：参与过程
年龄	0.045 (1.755)	−0.080 (−1.894)	0.104* (2.325)	0.128* (3.506)
退休金收入	0.311** (5.175)	0.130* (2.024)	0.290** (4.262)	0.005 (0.145)
医保待遇	−0.060* (−2.106)	0.046 (1.517)	0.342** (2.343)	0.014 (0.813)
健康状况	0.000 (−0.017)	−0.196** (−7.650)	0.057* (2.113)	−0.056** (−3.937)
利益动因	−0.025 (−0.725)	0.250** (6.869)	−0.106* (−2.735)	0.053** (2.646)

续表

变量	模型 1：决策参与	模型 2：服务参与	模型 3：评估参与	模型 4：参与过程
责任动因	0.294** (8.087)	−0.053 (−1.374)	0.213** (5.183)	0.148** (6.844)
政治效能感	0.287** (7.302)	−0.059 (−1.408)	0.146** (3.277)	0.125** (5.371)
组织支持	0.119** (3.711)	0.081* (2.368)	0.286** (7.869)	0.149** (7.831)
组织沟通	0.077* (2.315)	0.266** (7.480)	0.094* (2.489)	0.150** (7.586)
制度环境	−0.040 (−1.066)	0.041 (1.018)	0.069 (1.609)	0.018 (0.785)
常量	0.478	−0.014	−3.393	0.536
Adjusted R^2	0.641	0.589	0.538	0.669
F	46.594	33.606	23.670	43.588

注：* 代表 $p<0.05$；** 代表 $p<0.01$。

模型 1 以决策参与为因变量，各人口变量和动因变量为自变量进行线性回归。从个人因素来看，责任动因和政治效能感正向预测决策参与；从组织因素来看，组织沟通和组织支持对决策参与具有正向的预测作用；从人口变量来看，收入对决策参与存在正向预测作用，医保待遇对决策参与存在负向预测作用。

模型 2 以服务参与为因变量，各人口变量和动因变量为自变量进行线性回归。从个人因素来看，利益动因正向预测服务参与；从组织因素来看，组织沟通和组织支持对服务参与具有正向预测作用；从人口变量来看，收入对服务参与存在正向预测作用，健康状况对服务参与存在负向预测作用。

模型 3 以评估参与为因变量，各人口变量和动因变量为自变量进行线性回归。从个人因素来看，责任动因和政治效能感正向预测评估参与，利益动因负向预测评估参与；从组织因素来看，组织沟通和组织支持对评估参与同样具有正向预测作用；从人口变量来看，退休金收入、医保待遇、健康状况和年龄均对评估参与存在正向预测作用。

模型 4 以参与过程为因变量，各人口变量和动因变量为自变量进行线性回归。从个人因素来看，利益动因、责任动因和政治效能感均对参与过程有正向预测作用；从组织因素来看，组织沟通和组织支持对参与过程具有正向预测作用；从人口变量来看，年龄对参与过程存在正向预测作用，健康状况对参与过程存在负向预测作用。

三、参与过程问卷调查主要发现

整体来看，老年人参与的动力既是自内而外的，也是自外而内的，是一个双向过程，但是组织因素的影响是主要的。通过对问卷调查数据进行整理、分析和归纳，得出如下初步结论。

（一）关键人口变量对老年人参与行为的影响

享受政府购买养老服务的老年人有一些共同特征，如在年龄上，以 70 岁以上老人群体为主；政治面貌上，多为群众；性别分布上，女性多于男性，符合人口学老年存活率规律；健康状况上，多数老年人患有慢性疾病或自理能力下降。退休金收入高的老年人参与决策的积极性高、机会多；是否享受医保对老年人决策参与存在负向影响。人口特征变量中，收入和评估等级的影响最大。退休金收入与老人退休前的职业、文化程度等因素高度相关，退休金收入越高，社会经济地位越高，参与的积极性越高、可能性越大。评估等级反映了老年人的身体状况，身体越差的老年人，其利益动因越高，参与过程中表现得越积极主动。人口变量的调查结果反映了参与动因与参与过程之间的内在联系。

Rijckmans 等在研究欧洲老年照护服务顾客需求表达时，发现不同背景因素的组间差异显著的前三个变量分别是“收入”“受教育程度”和“年龄”，而且他们认为对于“收入、受教育程度以及年龄的显著相关性解释，可能因为是老年人和受教育程度较差的人发现自己处于相对脆弱的地位（例如，社会经济地位低），因此，在需求表达过程中，对双方地位关系感到更无力和不安全；而较高收入的老年人，有更多的手段（财务、获取信息便利等）来满足他们的需求和表达需求”①，这与本书结论有较多相似之处。

（二）决策参与状况与主要发现

老年人在决策环节的参与最为薄弱。人口特征变量、个人因素和组织因素对老年人决策参与的影响不同。

个人因素方面，利益动因主要影响老年人服务环节的参与，在“看得见、摸得着”的环节，老年人为了维护个人利益最大化，积极参与和互动。可见决策参与跟老年人个人责任动因、政治效能感等因素密切相关。部分老年人

---

① Rijckmans M J, Bongers I M, Garretsen H F, et al. A clients' perspective on demand-oriented and demand-driven health care [J]. International Journal of Social Psychiatry, 2007, 53 (1): 48-62.

责任意识和权利意识较高，普遍表现出对政府购买养老服务的关注，但在涉及更为具体的政策内容和政策机制上老年人又缺乏了解，无法获取具体信息，参与渠道受限；同时对重要的参与机制缺乏了解，使得老年人的这种关注在决策阶段未能有效转化为参与行为。

组织因素方面，老年人决策参与离不开组织提供的信息和渠道支持，制度环境对决策参与的影响较小。

（三）服务参与状况与主要发现

利益动因和组织支持对服务参与的预测作用强；这一方面与服务阶段的交互性有关，无论责任感和效能感怎样，老年人都要参与到服务中，接受服务；另一方面老年人受个人利益驱动，参与积极性高。人口变量方面，评估等级越高，即身体状况越差，服务参与越多，存在高的服务交互。

（四）评估参与状况与主要发现

政治效能感、责任动因、利益动因、组织沟通都对评估参与有正向预测作用。人口变量方面，退休金收入对评估参与有正向预测作用，可以理解为退休金收入越高的老人，参与评估的机会越大。

（五）影响老年人参与过程的因素与整体评价

老年人参与的三个环节不均衡，三个阶段参与程度对整个变量的贡献差别明显，服务参与较多，决策参与和评估参与相对较少。相对决策环节和评估环节，老年人不能认识到参与的重要性，或者低的效能感、利益动因影响小，而责任动因和政治效能感影响大。除制度环境外，其余动因变量都对参与过程产生影响，在 4 个回归模型中，组织沟通和组织支持都在 0.01 水平上显著。因此，我们可以判断，组织因素是影响老年人参与行为的主导因素，参与过程应该是受多种因素影响的一个综合结果。

综上，通过对老年人参与过程问卷分析发现，老年人对决策参与的评价普遍较低，对服务阶段的参与评价较高，对评估参与的评价波动较大，这与现实中观察到的情况较为一致。整体来看，老年人在政府购买养老服务三个阶段的参与不均衡，决策参与和评估参与明显不足，老年人参与过程中还存在不少问题，参与的有效性也有待提高，还需要后续深入探索。以上问卷调查所呈现的是老年人参与过程的客观状态，是对现象的一种描述，现象背后的原因和规律还需要进一步思考和挖掘。虽然初步呈现了老年人参与不足的问题，但是老年人决策参与、服务参与和评估参与的具体过程怎样？老年人参与不足的集中表现是什么？老年人参与不足的主要原因在哪？老年人参与不足会带来什么样的后果？这些问题还需要进一步思考和探索。

第二节　决策阶段老年人参与情况分析

本节根据问卷调查的发现，对老年人在决策阶段的参与情况进行进一步分析，发现老年人决策参与现存问题，并分析其对政府购买养老服务的影响。

一、老年人决策参与的现状

从 B1～B5 题项的评价情况来看，老年人在决策阶段参与明显不足，老年人对决策环节不了解、参与渠道少。

（一）需求调查的参与情况

需求调查是政府购买养老服务规划和项目决策的基础。政府购买养老服务必须在充分的需求调查基础上进行，老年人可通过参与需求调查表达自己的需求和偏好，影响政府的资源投入和购买决策。当前，上海市需求调查主要在街道层面开展，有时也委托独立的调查机构进行需求调查。

老年人参与街道的需求调查较多。在科层体制下，街道、乡镇及社区成为最大载荷单位，精细化的社区治理和末梢管理能够通过各种正式和非正式手段开展工作。街道收集和整理老年人的服务需求，并及时把老人的需求分析传递给上级决策者，以便政府根据需求的变化及时调整服务的供给。

另外，除街道层面的参与渠道外，老年人也可以通过社区居委会来表达服务需求。居委会判断的标准通常是高龄、独居、收入等。社区老年组织和集体活动也是传达信息的重要渠道。也有个别极端的老年人，依靠拨打投诉电话和上访方式，表达养老诉求。老年人参与社会机构调查的机会较少。

（二）项目规划和合同设计的参与情况

上海市出台了政府购买公共服务的相关实施办法、项目指南以及购买服务清单，并建立了规范的项目招投标程序。上海市级政府制定原则性、方向性规范，及以整体、宏观为基本取向；各区（县）政府通过需求调查和实际状况决定购买服务的具体内容、标准、时间以及要求等。市级职能部门确定宏观的购买目录，更为具体的细则以及那些具有特殊性的服务项目，交由区（县）级政府确定，设置其个性化的需求目录。上海市政府购买养老服务的项目规划和合同制定权限都在区（县）一级政府部门。作为参与的前提基础，老年人接触政府决策层的比例偏低。老年人接触最多的政府部门是街道办事处，普遍与区（县）政府距离较远，无法及时了解养老服务项目的规划，对合同信息了解也不足。

（三）合同招投标的参与状况

公共服务的承接主体应当采取公开招标、邀请招标、竞争性谈判等公平竞争的方式进行选择。笔者在实地调研中发现，很多老年人家属对政府购买养老服务招投标政策仅停留在认知阶段，了解其大概政策和情况，很少有人有积极的参与行为，陷入一种想参与却无力参与的困境。知识和能力欠缺严重影响了老年人的参与，找不到有效的途径对政府购买行为进行评价，还存在“知易行难”的问题。

“合同和招投标这一块呢，应该是在政府网站公布或者街道办事处张贴公告吧，公示应该是有的，我也听说过，就是让大家知道这个事情。但是作为老百姓，我们也不清楚合同怎么制定的、怎么操作的，更不知道如何参与和监督了。”（莘庄镇第一福利院，访谈对象：L204-ZBL）

二、老年人决策参与的不足

“在政府部门传统的控制风险思路主导下，政府购买资金使用基本是规范到位的，但是资金使用效益却明显不高”。[①] 政府作为服务购买者，拥有购买项目内容的最终决定权，自上而下确定购买内容，购买规划、项目决策、合同制定、招投标工作等主要由政府职能部门完成，在实际操作中，民意基础相对模糊。老年人在决策阶段参与不足主要表现在以下几个方面。

（一）老年人参与决策能力的不足

很多老年人既没有参与能力，也没有参与所需的专业知识。老年人主要关注的是自身个性化养老服务需求，无法就整个群体服务要求提出针对的、普适的对策建议，不能明确而系统地表达自己的观点和要求。在政府购买养老服务的决策阶段，决策过程的专业性和复杂性增加了老年人参与的难度，对老年人的参与意识和参与能力都提出了较高要求。虽然老年人有较为强烈的公民意识，普遍认为政府应当承担养老责任，但是参与所要求的文化素质、法律素质、社会经济地位、组织资源等相对匮乏，限制了其有效参与行为。

（二）现行决策机制的限制

老年人参与制度运行机制和操作程序是指整体性设计和管理过程，包括政府设定的老年人参与的活动规则与安排，规定了老年人参与决策制定过程的时间、环节、方式、参与偏好表达与审议方法、参与结果使用机制等。党

---

① 王浦劬，郝秋笛．政府向社会力量购买公共服务发展研究：基于中英经验的分析［M］．北京：北京大学出版社，2016：145.

的十八大以来，政府职能积极转变，老年人参与权和表达权得以迅速实现。但老年人实际参与过程中，受到参与程序的制约，老年人实际参与行为和参与路径还存在不少问题。

1. 现行决策机制不完善

虽然各级政府从法律和法规层面上对老年人参与和表达予以支持，也在实践中积极探索具体的参与机制，然而就其效果而言，尚难以对政府购买公共服务形成有效的程序规制，仍然存在着具体规范不清、参与渠道不畅、缺少可操作性、参与结果不能有效落实、制度化形式化参与等问题。在决策阶段，意见征求制度和听证制度是较为成熟的参与机制，政府开展需求调查的形式也较多样化。但是，目前现有的参与渠道如通告、听证会、公民调查、公民咨询委员会、焦点小组、参与式预算等，效果普遍不佳。老年人需求表达、项目信息知情、服务监督和服务效果评估等方面都没有制度化参与保障。

2. 老年人对参与机制的利用不足

在政府购买养老服务过程中，老年人在环节参与、参与内容、参与深度和广度、参与程序、参与结果应用、参与监督等，基本上是由政府职能部门掌控和主导。老年人对决策主体、决策权力、决策依据、决策部门、决策流程的认知较模糊，甚至认知混乱。老年人对现行参与机制的利用程度明显不足，尤其是对法律框架内所建立的各种内生型参与机制利用，如政府调研、听证制度、座谈会等，都还没有达到设计的预期效果。老年人对参与机制的利用不足，直接影响其决策参与的有效性。

（三）决策过程的开放程度低

无论是议程设置、需求调查、决策方案、购买合同还是招投标，老年人在各个环节都无法同行政官员、专家一起发挥作用。政府职能部门在开展服务设计和购买决策时，对老年人、家属、供应商、第三方等利益相关者参与的重要性认识不充分，较多地追求自身和部门利益，忽视利益相关者的利益。政府购买养老服务的项目内容由政府主导设定，老年人群体在购买项目规划、购买合同制定过程中的参与度低，常处于被动接受状态，自身个性化需求不能得到表达。

（四）组织性参与的问题

在决策阶段，老年人参与的启动因素、具体途径、具体事务都是由政府主导和组织发起，老年人处于被动参与的状况。参与以组织性参与为主，老年人在其中仅仅是一种间接参与，政府主要是要实现目标公众的组织性、间接性参与，不仅“带有精英主义色彩”，老年人个体也未必能把自己的服务需求与偏好充分输入到购买议程中。[①] 老年人在参与政策方案讨论方面发挥的作用极其有限，象征性参与的意义远大于实质性参与的意义。

三、决策参与不足对科学购买的影响

决策参与发挥基础作用，老年人的需求是否能够进入政府购买清单、购买服务项目是否能满足老年人表达的需求是政府购买养老服务的关键所在。项目决策的不健全或不合理，将严重影响政府购买服务的良性运行及效力的有效发挥。整体来看，在养老服务项目购买决策上，仍然是政府本位的单中心决策体制。在决策主体范围上，排除社会组织和老年人的参与；在决策程序上，重视政府意志和吸纳专家意见，轻视公众诉求；在决策信息的获取上，缺乏信息互动的平台和机制，社会公众难以影响决策过程；在决策执行上，过于强调政策意图的贯彻，忽视对于成本—收益分析和社会效益分析，造成决策的科学性难以保证、项目社会认同度不高等问题。老年人决策参与不足会造成政府购买项目和老年人实际需求之间存在偏差，既难以调动社会力量积极参与服务供给，也难以提升老年群体参与的积极性。

（一）老年人参与不足影响购买项目规划的科学性

政府购买项目大多数没有进行充分的需求调查，尤其是缺乏服务受众的有效参与，政府往往只考虑自身的中心工作和财力水平而编制购买计划，因而在种类的多元化、服务的专业化、服务的目标定位上都与公众实际需求有一定的差距，造成“买不准”的问题。[②] 政府对老年人需求的调研不充分，也没有形成一个社会化的民意表达机制。老年人难以向政府表达服务的需求，政府提供的服务也很难回应老年人的服务需求。“政府对问题结构化，或者制定诸多方案供公众选择都不是真正的主导，公众参与并不包括那些在决策制定后才向公众征询意见或进行讨论的做法，应在草案阶段就吸纳相关公众参与讨论”。[③] 这些非决策过程参与不是完全没有意义，而在于参与行为对政府购买决策结构实际影响程度低。有效的参与是老年人与政府之间的良性互动，同时也为购买决策的质量提供了保障。老年人无法提出有效的政策诉求，并使其纳入政府购买的决策中，老年人代表的参与只是作为促使其接受早已制

---

① 付建军，张晓东．政府购买公共服务中的公众参与［J］．贵州社会科学，2017（8）：22-28.

② 杜荣胜．政府购买公共服务问题和对策研究［J］．财政研究，2014（6）：29-32.

③ 吕建华，柏琳．我国海洋环境管理公众参与机制构建刍议［J］．中国海洋大学学报（社会科学版），2017（2）：32-38.

定好的政策的手段。老年人参与不足会造成政府缺乏对购买项目的明晰定位，错误制定购买决策，忽视老年人实际需求，必然会影响政府购买效果。

（二）老年人参与不足损害项目的公共性

把老年人排斥在决策过程之外，根据不充分的需求调查和部门自身的主观判断等形式来确定养老服务需求，忽视了养老服务需求的动态性和差异性，导致对老年人公共利益的损害。此外，老年人参与的制度化和程序化建设滞后，不仅影响政府购买养老服务过程中老年人的知情权、监督权和参与权的实现，还影响政府购买决策的科学性、民主性，造成养老服务供给与需求不匹配。购买决策的形成应该在平等沟通、协商达成共识的基础上，老年人应享有利益表达的机会和权利，老年人参与的缺失，使得服务供给不能以需求为导向，“容易偏离公共利益目标，而且使得公共服务失去有效的监督”。①

（三）老年人参与不足影响购买合同制定的全面性

老年人参与不足影响政府购买合同的科学拟定，导致政府购买养老服务项目难以有效反映老年人的真实需求，诱发购买目标的偏离，造成养老服务资源投放方向和供给结构的不清晰。在老年人参与缺位的情况下，政府购买养老服务合同制定更容易受技术专家的支配，相关领域专家的知识将会逐渐支配政策过程，进而挤压了老年人的表达空间。老年人对合同信息和服务招投标信息了解少，没有主动获取这些信息的渠道和能力，信息不对称也限制了老年人的参与行为。政府购买养老服务应采用以结果导向与任务导向并重的合同形式。政府购买养老服务合同一般要求目标具有弹性，关注服务效果或老年人主观感受，这要求养老服务供应商寻找最优的供给方式。此外，养老服务中的护理、心理慰藉等服务具有很强的专业性，必须在合同中列明具体的服务内容、操作规范等，侧重于对服务供应商的服务行为进行规范。老年人是服务的最终享用者，却游离于购买合同之外，对购买项目缺乏决策资格和监控能力，这是政府购买养老服务应关注的问题。

（四）老年人参与不足影响服务招投标管理

在参与招投标方面，往往在购买项目决策形成后甚至招投标完成后才向社会征询意见，导致老年人普遍存在参与滞后的问题。服务供应商的选择以及合作的具体内容在很大程度上受政府意志的影响，老年人参与权和表达权

---

① 彭向刚，张杰．论我国公共服务创新中公民参与的价值及路径［J］．吉林大学社会科学学报，2010（4）：7-12.

缺乏规范的制度和渠道保障。在传统科层制管理体制下，公共服务的供给都是由政府主导的、自上而下开展的，政府部门进行单向的行政管理，而社会公众也习惯了这种管理方式。政府把更多的服务权利交给具体服务供应商，而作为服务对象的老年人却不能做出适合需求的消费选择。

第三节　服务阶段老年人参与情况分析

本节根据问卷调查的发现，对老年人在服务阶段的参与情况进行分析，找出老年人服务参与的不足，并分析其对政府购买养老服务的影响。

一、老年人服务参与的现状

由于服务的交互性，老年人在服务阶段的参与程度更高，参与的积极性也较高。然而，老年人主要是被动接受服务，主动参与服务合作生产的行为不足，更难参与服务机构的服务管理。

（一）服务交互情况

老年人在接受服务的过程中，与服务机构、服务人员有较为频繁的接触。在服务递送和关系交互过程中，服务机构主动与老年人接触，进行服务沟通、签订服务协议、约定双方权责；老年人按照服务协议接受服务，表达意见并进行监督。

（二）合作生产情况

实践中，越来越多的服务机构鼓励老年人参与服务的供给过程，激励他们分享创新思想和创新方法，改善服务质量、实现服务创新。服务供应商注重通过优化老年人服务流程、设计老年人体验环境、增进老年人与服务机构的互动，从而实现老年人和服务机构共同创造服务价值的目标。“共同产出”精确地描述了服务生产过程中服务双方的特殊关系，在这种关系里，服务机构必须坚持“用者参与的理念”，即服务机构应创造各种条件与机会，推动用者充分表达需求，参与服务的规划、监督和评估。① 老年人既是公共服务的消费者，也是养老服务的合作生产者，而且老人及其家属强烈的服务需求驱动其主动参与。但是，老年人文化水平普遍较低，参与意识不强等限制了老年人参与服务的合作生产，老年人在获取其所需的产品和服务时几乎没有选择

① 张旭升，牟来娣．政府向民间组织购买居家养老服务的实践困境及破解之道——以 M 市 Y 区为例［J］．中共福建省委党校学报，2018（1）：1-8.

余地。同时，服务供应商主要以购买合同为导向，对合同规定外的服务创新兴趣不大。

（三）参与机构管理情况

部分服务机构在运营管理过程中通过座谈会、问卷等形式听取老年人意见，吸纳监护人的投诉和建议。在实践中，老年人虽对公办机构的信任程度高，但参与服务机构管理的积极性不高。老年人对服务机构承接服务情况、服务机构管理章程、服务机构的服务协议等内容认知程度较低。老年人几乎不能“审阅政府有关部门对养老机构实施的监察结果”，不能“获取个人医疗记录、合约、事故报告和财务报告等资料”，也没有“正常和合法的影响服务递送的渠道”。部分社区居家照护的老年人甚至对服务协议的条款都不完全清楚，仅关心与自身利益密切相关的服务条款和规章制度。

二、老年人服务参与的不足

老年人对于服务质量的要求并不高，也未能意识到自己有权利要求政府和服务机构提高养老服务质量。相当一部分享受政府购买养老服务的老年人是弱势群体，他们参与意识相对缺乏，加之服务供给过程和监督过程的复杂性，老年人参与的有效性必然随之降低。

（一）对服务供应商的监督不足

当前，承接服务的社会组织与政府并不互为独立存在。社会组织在服务承接过程中存在可能异化为政府部门附属的困境。在政府设立民非组织承接养老服务的情况下，政府购买不是在充分的市场竞争条件下进行，通常是在弱竞争甚至没有竞争的情况下购买。老年人对服务供应商的承接过程监管不足。

另外，服务过程中服务供应商不披露信息，老年人对服务合同信息、管理信息、服务人员相关信息都不能完全掌握，也就无法监督服务供应商的服务行为。

（二）对服务交付的“合作生产”不足

养老服务的“合作生产”过程，为老年人的创造活动提供了机会。养老服务生产必须考虑老年人个性化和独特的服务需求，按老年人的意愿来提供服务，提升服务供给的精准性和服务绩效，实现供需匹配。老年人很难为养老服务递送和管理提供良好的建设性意见，也难以发挥实质性影响和作用。“无论是一般的照料服务还是专门医疗护理服务，服务机构的管理策略都是必要的，以面对老年人需求的多变性和个性，而此领域的理论和实践都侧重于通过顾客教育和严格控制、执行服务协议等方式来管理或降低这种多变性”。① 随着对“顾客参与”认识的不断提高，服务供应商应该采取更多的管理策略来面对这种多变性，而不是想方设法减少多变性。

三、服务参与不足对项目交付的影响

老年人服务参与不足，严重影响服务“保质保量”的交付。服务资源的存在并不一定必然导致服务对象的获得，因为服务的输送体系可能存在分割性、不连续性、不负责任和不可获得性等问题。② 政府购买养老服务质量的核心影响因素是监管，有效的监管对于保障政府购买养老服务质量具有重要意义。③ 政府在购买服养老服务过程中形成多重委托代理关系，对服务过程的监督存在弱化的风险。政府监管存在滞后性，主要表现为事后监管多，事中监管弱，事前监管缺失，难以对服务质量和服务效果进行实时监管。④ 虽然在服务交付过程中，服务机构也强调和践行以老年人需求为本，但是老年人的参与不足，直接或间接地导致服务需求与供给的“错位”⑤，诱发服务交付过程中服务目标的偏离。

（一）对服务内容的有效监督缺失

由于决策参与的不足，老年人无法判断机构的“服务协议”是否契合了政府的“购买合同”，这种信息不对称在一定程度上限制了老年人的知情权与监督权。老年人参与的缺失虽然不影响政府购买制度安排的过程，但是会损害制度运行的效果，容易出现服务开展偏离服务对象实际需求的问题。⑥ 养老服务的有效交付受诸多因素的影响，老年人参与不足，会造成对服务供应商交付服务过程的监管不足。老年人不能监督服务机构是否按照合同要求提供服务。服务供应商的选择以及合作的具体内容在很大程度上受政府意志的影响，服务供应商只对合同负责、对政府负责，反而对作为消费者的老年人甚

---

① Vredenburg J，Bell S J. Variability in health care services：The role of service employee flexibility [J]. Australasian Marketing Journal，2014，22（3）：168-178.

② 王思斌．我国城市社区福利服务的弱可获得性及其发展［J］．吉林大学社会科学学报，2009（1）：133-139.

③ 张雨婷，徐兰．基于扎根理论的政府购买公共服务质量影响因素研究［J］．江苏科技大学学报（社会科学版），2017，17（3）：89-96.

④ 万勇．完善政府购买养老服务研究——以安徽省为例［J］．经济研究参考，2017（33）：68-73.

⑤ 张旭升，牟来娣．政府向民间组织购买居家养老服务的实践困境及破解之道——以 M 市 Y 区为例［J］．中共福建省委党校学报，2018（1）：1-8.

⑥ 朱志伟．基于服务对象需求的政府购买服务机制研究——以制度变迁理论为分析视角［J］．云南行政学院学报，2017，19（4）：155-160.

少关注，服务商承担着更多的道德风险（如服务券不当使用、优先服务健康老人等）。在当前局面下，老年人无法有效协助政府监管服务供应商按合同要求实现服务交付，并对服务供应商的义务进行有效约束。

（二）对服务质量的有效监管缺失

上海市目前主要是民非组织在承接养老服务供给，政府竞争性购买环境不成熟，服务供应商来源单一。这些民非组织一部分是由政府直接注册设立，专门承接其养老服务职能的转移；另一部分是“因社会声誉良好而被政府直接选中”。[①] 服务供应商提高服务质量和效率的动机不足。“服务质量下降主要表现在两个方面：一方面是服务供应商减少服务项目或者服务内容；另一方面是降低具体服务人员的薪酬、福利待遇，间接降低服务的专业性水平”。[②]

养老服务质量监管主体主要是政府，服务机构、第三方机构和老年人也是重要的监管主体。就政府监管主体而言，存在监管意识不足、监督能力欠缺和监管异化的问题。单纯依靠政府力量来对服务过程进行监督，存在监督力量不足和监管不充分的问题，而且可能导致政府和服务供应商的“合谋”，出现政府权力异化和代理商不道德行为，损害老年人利益。依靠巡查、抽检等手段难以实现常态化监管。第三方评估属于事后监管，即使发现服务质量问题，也是事后处罚，已经对老年人权益造成不可弥补的损害。就服务机构自身监管而言，由于竞争性不足和逐利性，其缺乏自己监督自己的内在动机。老年人作为服务受益方，具有强烈的监管动机；作为服务接受者，有充分的监督时间和接触机会，因而老年人参与监督是对政府监管的有效补充。相对，老年人服务参与不足，直接影响服务质量。

（三）新需求发现和现存问题反馈不足

一方面，服务供应商对老年人需求缺乏回应。老年人作为消费者，并不遵循市场经济中的消费者责任机制，服务供应商更倾向于根据购买合同来提供服务和获得报酬。老年人通常以低费用或无须支付费用来获得养老服务，这一事实容易导致服务供应商只对合同负责、对政府负责，反而对作为消费者的老年人关注甚少，对其需求缺乏回应。[③] 服务供应商把主要关注点放在合同的实施与绩效评估上，主动发现和挖掘老年人服务需求的积极性较低。

---

① 王成，赵东霞，李冰杰．财政支持视角下政府购买居家养老服务探析［J］．地方财政研究，2016（8）：90-95．

② 刘舒杨，王浦劬．政府购买公共服务中的风险与防范［J］．四川大学学报（哲学社会科学版），2016（5）：5-13．

③ 王雁红．公共服务合同外包中的政府责任机制：解构与重塑［J］．天津社会科学，2016（6）：87-92．

另一方面，相关部门履行需求发现和问题发现的职责不到位。政府对服务效果和合同执行的常规化监管不足，仅“把财务等状况作为监管工作的重中之重，对财务之外的非经济性事务的处理则显得有些怠慢”①，影响政府对项目存在问题和服务实际效果的及时把控。政府主导和控制地位过强，对服务过程和服务质量的控制过度，政府既收集反馈意见，又执行具体服务购买，还要监督和指导服务生产和递送，职能范围过大。老年人受限于自身能力、信息不对称、参与渠道不畅等因素，无法及时对服务供应商的服务情况进行评价和反馈。相关部门在“需求发现”和“问题发现”方面的职责履行不到位，影响购买目标的实现。

第四节　评估阶段老年人参与情况分析

本节根据问卷调查的发现，对老年人在评估阶段的参与情况进行分析，找出老年人当前评估参与的不足，并分析其对政府购买养老服务的影响。

一、老年人评估参与的现状

老年人对评估参与的评价波动较大：一部分老年人因为政治效能强，出于责任动因而积极参与服务的评估与反馈；一部分老年人由于组织因素而容易被选中参与服务的评估与反馈；还有一部分老年人，没有能力也没有参与的渠道而被排斥在评估参与之外。

（一）参与第三方评估情况

上海市政府购买养老服务项目的合同履行情况和绩效评估是委托第三方开展的，由政府主管部门委托第三方进行评估，如律师事务所、高校研究所等机构进行评估。上海市逐步探索由购买主体、服务对象及第三方组成的综合评审机制，对购买项目的数量、质量和绩效等进行综合评价，对政府购买养老服务的评估主要围绕体系建设、项目质量和满意度情况三个方面进行。

从上海市实践情况来看，老年人参与第三方评估工作仍处于起步阶段，就现有的评估形式和参与程度来看，都是基于使用者对服务过程的评估，而不是基于某种固定的评估框架进行。上海市政府一方面明确提出服务项目的过程指标，如服务数量、服务成果标准和服务质量标准等；另一方面积极探

---

① 徐阳．政府购买社会组织服务中的监管“错位”——以上海市P区社会服务机构的政府监管为例［J］．中国社会组织，2017（8）：21-22.

索建立第三方评估制度。其中，在项目服务质量方面主要包括服务时间准确率、服务项目完成率以及有效投诉结案率等评估指标；在服务满意度方面，不仅包括服务对象的满意度，还包括家属（监护人）满意度等指标。

（二）参与其他评估监督情况

除了委托第三方评估外，政府部门还聘请多位专家成立评价小组开展评价，评价过程中重点参考老年人对服务的感知情况和满意度，基于用户满意度和投诉建议进行评估。在实践中，老年人通过参与满意度调查、申述投诉、参加代表座谈会以及参与服务监督委员会等方式实现自身的监督权。当前，老年人评价和监督政府购买养老服务除了通过第三方评估这一主要渠道外，还有服务机构内部评估、政府部门抽检、巡访、设置投诉电话和信箱等途径。

此外，上海市各区居家养老服务指导中心和街道居家养老服务社都建立有服务跟踪和回访制度，老年人参与评价的机会和概率很大。此外，区（县）政府还通过政府购买服务方式，建立“老年照护管理信息平台”“老年照护服务运行监管平台”等，实现第三方代理政府的监管职能。具体监管服务供应方、参与服务人员、享受服务的老年人、提供的服务内容等整个运行系统。

二、老年人评估参与的不足

尚未形成由政府、服务供应商、老年人、第三方机构以及其他社会力量构成的多元评估和监督体系。企业内部评估，缺乏健全、有效的评价体系，且内部经营管理可能会导致评估结果缺乏真实性和客观性；外部评估侧重于政府的事前和事中抽查，或委托第三方事后评估，评估结果往往带有浓重的行政色彩；服务接受者在整个评估和监督体系中缺乏话语权。

（一）老年人评估参与的权利受到限制

由于被服务群体人数众多，往往是分散的个体，通常缺乏专业知识，导致其对服务机构问责形式化。此外，由于信息不对称和有限理性的存在，基于政府购买合同的不完备，刚性的管理手段难以执行。[①] 老年人参与绩效评估的权利受到多种因素的限制。

1. 老年人参与评估的专业能力不足

政府对购买合同绩效的评价，不仅涉及项目的投入和产出，还涉及服务产生的社会效果。老年人参与绩效评估主要是参与对服务结果的评估，通过

---

① 吴玉霞．公共服务链：一个政府购买服务的分析框架［J］．经济社会体制比较，2014（5）：141-147.

参与和表达，帮助政府判断服务商履行合同的情况。由于老年人缺乏制度化的参与渠道，对政府购买合同的信息了解不充分，缺乏专业知识，难以对服务项目进行有效评估，从而产生绩效产出的感知偏差。政府购买合同中虽明确了政府和老年人的监督权，但是就老年人如何行使监管权却没有具体表述。缺乏明确、具体的监管标准，老年人就失去了参照，尤其是在信息不对称的情况下，如何对服务提供商的财务状况、专业服务质量、技术标准等关键要素进行监督，仍是摆在政府面前的难题。

2. 老年人参与评估的渠道受限

老年人在评估监督阶段参与不足，主要是信息不对称、参与渠道限制；也有可能是老年人对服务过程的互动情况满意，没有参与动力。其中，参与渠道限制是导致老年人参与不足的主要原因。王浦劬等认为，“政府部门在进行监督和评估时，较为重视评估活动本身，而评估监督的实质性内容有待精准甄别和精细管理”。[①] 在政策层面上，主要通过《中华人民共和国政府采购法》规范和指导政府购买养老服务的运行，老年人购买初期的参与权、购买过程的监督权和购买结束后的表达权都缺乏明确的政策依据。在操作层面上，老年人依旧为被动的接受者，缺乏明确的参与规则和具体的执行办法。

3. 老年人参与评估受到外部环境阻碍

在社会监督方面，没有充分吸纳利益相关者参与政府购买养老服务的监督过程，公众监督渠道不畅、监督平台缺乏、监督文化氛围尚未形成，构建多主体参与的监督机制还未提上政府日程。“媒体报道的范围相对狭窄，必然使其对政府购买的监管力度和监管效果大打折扣”。[②] 在当前制度框架下，社会组织没有义务披露全部信息，政府购买的财政细节信息没有向社会公布。

（二）老年人评估参与存在“被代表”问题

公民参与的个人动因对其参与行为有积极或消极影响，尤其是在公共事务上。[③] 老年人自主表达并采取行动策略，或是积极参与或是消极应对。积极参与者能在资源分配中获得优先权，与基层政府形成良好的“互动关系”，在各种检查和抽样评估中，会被优先推荐，可获取满意的评估结果。

---

① 王浦劬，郝秋笛．政府向社会力量购买公共服务发展研究：基于中英经验的分析［M］．北京：北京大学出版社，2016：145.

② 王浦劬，郝秋笛．政府向社会力量购买公共服务发展研究：基于中英经验的分析［M］．北京：北京大学出版社，2016：153.

③ 李春梅．公众参与认知对公众参与行为的影响——基于成都市的实证分析［J］．天府新论，2013（4）：97-100.

第三方评估覆盖范围小，在评估过程中，制度性安排参与的群体数量远大于主动参与的群体数量。当前，政府购买养老服务评估主要由政府委托专业第三方机构进行事后评估。虽然在评估过程中老年人满意度被视为重要维度，但是老年人满意度是“老年人代表”给出的，未必能代表全部老年人的真实满意度，存在形式评估的风险。此外，第三方独立性是相对而言的，第三方评估机构资金来源于政府，在评价过程中，其可能会屈从政府意志，面临着“来自政府权威的压力以及服务提供机构的‘寻租’诱惑”。[①] 在没有老年人充分有效参与的情况下，第三方评估制度仅能在一定程度上对服务供应商起到监督作用，无法对政府起到监督作用。调查中发现，仅有个别老年人参与了巡查和抽检，其他评估方式同样存在覆盖面窄而影响参与效果的问题。

（三）老年人参与服务评价的效果不佳

在政府购买养老服务的评估阶段，虽然老年人有较强烈的监督意愿，但是由于对于第三方评估、政府抽检、巡访等评估监督形式认知度不高，老年人参与第三方评估的机会有限，形式参与远大于实质性参与。评估服务也是通过政府购买的方式实现，以往研究较少关注这种“二次购买”的管理问题。当前，第三方评估主要是以政府委托形式开展，资金来源于公共财政，接受政府监督。因此，第三方评估的独立性问题受到影响，涉及成本管理、效果控制和结果发布。老年人参与第三方评估的机会少，第三方评估抽样覆盖面窄，实际效果有限。

“2015 年的时候，我们事务所作为第三方，承接了潍坊街道某养老院的一个评估项目。我们组织人员先根据政府购买合同，确定四个一级评估指标，再设计二级和三级指标，指标体系基本涵盖了合同所有内容。指标体系完成后，交给区政府部门审核，审核通过后我们派人员去评估打分。但是，当我们去进行实际评估时，该机构人员和街道人员全程陪同来‘协调’，很多老年服务对象、服务人员都比较‘配合’，可能是怕评估分数低，得出试点效果不理想的结果，影响街道和机构的工作。要实现第三方独立评估或者完全客观评估，我觉得还是有一定的困难。”（上海文会会计师事务所；访谈对象：S401-XXS）

三、评估参与不足对项目优化的影响

老年人参与购买绩效评估，对提高养老服务供给水平、改善公共服务质

---

① 胡光景．政府购买社区居家养老服务质量评估体系研究［J］．山东工商学院学报，2012，26（5）：93-98.

量、调整养老服务着力方向具有重要的现实意义。老年人评估参与不足，造成评估价值偏移，影响政府购买项目的持续优化。政府委托第三方开展评估是当前主流评估方式，评估内容主要是对服务机构合同履行情况的评估。评估程序上，由第三方评估机构拟定评估指标体系，政府参与讨论确定。评估指标体系的设计有多种方式，且都在政府参与下完成，服务机构根据指标体系自评，再由第三方机构正式开展评估。

（一）老年人参与不足影响政府准确把握项目运行情况

政府购买养老服务的监督和管理主要是对服务供应商开展合同管理，政府或委托第三方按照合同进行设施建设、资金规范、服务规范等方面的监督和管理。但第三方机构存在独立性等问题，受到政府压力和服务供应商“寻租”诱惑，因而存在监督失灵的风险。第三方机构在开展绩效评估过程中，资金来源于购买者，会受到服务提供者的影响，其因屈从政府意志，虽在一定程度上对社会组织起到监督作用，但无法对政府起到监督作用。在监督主体方面，现行制度和法律法规不利于公众及第三方机构发挥监督作用，制度规范对第三方评估规定较少，相关规章和规范性文件少，不利于发挥第三方的监督作用，因此需要发挥老年人监督作用。在当前评估实践中，企业内部评估缺乏健全、有效的评价体系，内部经营管理可能使评估结果缺乏真实性和客观性；外部评估侧重于政府评估或政府委托第三方评估，评估结果往往带有浓重的行政色彩，服务接受者（老年人）在整个评估体系中缺乏话语权。

（二）定量评估方式不能全面反映项目实施结果

当前，评估和监督主要以定量分析为主，缺乏监督组织运营的定性指标。政府应该尝试选择一些定性的测评方式，即注重结果，而非注重产出。同时要考虑成本监督方式，着眼于公共财政投资的社会回报。产出指标并不能反映真实成果和服务对服务用户产生的效果，如老年使用者的生活变化（变得更好或更差），产出指标只能反映参与人数、组织投入结构和组织的活动类型数量等情况。由于政府评估强调“物有所值”，服务供应商有可能围绕合同条款、定价和性价比来提供服务，而忽视满足老年人需求的主要目标。

“社会福利领域的需求满足是一个复杂而长期的过程，其中的变化不能充分地由粗略的测量和产出的量化指标反映出来”。[①] 社会组织的公益精神和服务产出很多时候难以用经济效益衡量，一旦视野被定格在完成政府指定的服

---

① 王浦劬，郝秋笛．政府向社会力量购买公共服务发展研究：基于中英经验的分析［M］．北京：北京大学出版社，2016：363.

务任务上，将严重影响并改变志愿部门的性质，不仅对公共服务供给质量产生影响，还可能最终损害民主制度。① 定量评价会诱导服务机构按照评估“指标”而努力，而不是追求实际产出效果，背离了政府购买初衷。未来，政府有必要实施定性监督和评估标准，以更好地说明政府购买的养老服务项目对老年人生活质量的影响和改善。

（三）评估结果无效影响政府购买项目优化

老年人参与不足，导致评估结果不够客观、真实，不能反映政府购买养老服务中的真正问题，政府也无法根据评估结果进行调整。服务项目内容和购买规划都不是一成不变的，应该随着环境的转变而不断更新。政府对此应该高度敏锐，不断发现老年人需求变化，并在下一个合同周期中进行调整和重新部署。针对政府向社会力量购买公共服务的评估与监督应聚焦服务体系建设、服务项目质量和公众满意度三个层面，公共服务消费者应当参与监督和评估过程，让服务供应商、评估者和服务定制方更好地了解需要并调整服务。② 因此，在评估服务及后续跟进环节，应发展消费主体的参与式评估，根据消费主体对公共服务的真实感觉，来评价公共服务质量，并增大消费主体满意度在是否续约、延聘方面的作用③，是影响政府购买项目优化和结构调整的方向。

总之，老年人参与过程对政府购买养老服务制度运行有重要影响。老年人在政府购买三个阶段中的参与行为密切关联，共同制约着政府购买的效果。其中，决策参与发挥基础作用，决策参与不足严重影响政府购买服务项目的科学规划和服务的公共性。服务参与发挥保障作用，服务环节老年人参与的有效性，直接影响老年人享受服务的质量和效果。评估参与发挥监督和改进作用，评估阶段参与能够衡量政府购买养老服务的阶段性成效，能够影响服务结果的反馈与项目后续优化。然而从实际情况来看，当前政府购买养老服务的制度设计中忽视了老年人的主体地位，老年人参与状态与效果并未达到理想状态，存在老年人参与不足的问题。老年人并没有参与到购买服务规则、标准与流程的制定中，在购买什么、如何购买、购买结果的评估方面，缺乏参与渠道；“购买初期的参与权、购买过程中的监督权以及结项评估时参与反

---

① 乔·沃利斯，布赖恩·多勒瑞．政府失灵、社会资本以及新西兰公共部门改革模式对发展中国家的适用性［J］．孙晓莉，译．上海行政学院学报，2004，5（1）：82-91.

② 王浦劬，郝秋笛．政府向社会力量购买公共服务发展研究：基于中英经验的分析［M］．北京：北京大学出版社，2016：364.

③ 周义程．政府购买公共服务的风险识别与防范——基于运作流程维度的考量［J］．苏州市职业大学学报，2017（2）：2-9.

馈的权利尚缺乏明确的政策依据”。[①] 从一定程度上说，“政府购买决策阶段中定位失误、公共利益缺失和合同的不完备；实施阶段的服务质量问题、公共责任缺失、逆向选择以及评估阶段的评估主体缺失、政府回应性不足等问题都是老年人参与不足导致的结果”。综合以上分析，本书认为，当前政府和老年人之间有效的“对话关系”尚未形成，老年人参与不足造成政府购买养老服务目标偏离，影响政府购买养老服务制度运行效果和目标实现。

本章小结

当前，老年人参与较多的只是服务阶段和评估阶段的个别环节，尚未贯穿项目的整个过程，而且老年人参与仍未成为政府购买的刚性安排，主体性地位难以凸显。整体来看，政府购买养老服务过程中老年人参与的制度供给不足，有关老年人参与的制度、程序和机制建设滞后，老年人参与的深度和广度尚有局限，还处于一个较低的参与层次。老年人参与不足的影响，不应基于某个环节结果，而应基于各个中间环节相互影响的最终结果。老年人参与不足是影响政府购买养老服务制度良性运行的重要原因。

第一，老年人在购买决策阶段参与不足。在决策阶段，老年人只有了解政府购买养老服务的事实依据、基本目标、决策过程、招投标、成本效益、合同信息等情况，才能对政府购买养老服务提出自己的意见和建议，才能更有效地进行监督和评价。政府购买的决策阶段，政府占据绝对主导地位，购买项目是政府主导、自上而下执行的，老年人主体地位没有得到尊重。老年人“参与不足”具体表现为：服务需求无法表达，作为需求主体仅扮演抽象的“委托人”，没有有效的自我需求表达渠道，全部需求内容主要由政府“代理”决策；服务购买的话语权缺失，向谁购买、购买内容、购买时效都由政府部门决定，对购买合同内容制定和招投标过程的参与较少。

第二，老年人服务交付过程参与不足。老年人参与服务阶段与服务本身具有交互性和不可分离性密切相关，老年人可以对服务机构或服务人员直接表达意见，并能够得到及时响应。但是，老年人合作生产行为不足，而且参与服务管理的程度也不高，必然影响服务质量和服务体验。

第三，老年人对政府购买服务的评估参与不足。第三方评估覆盖面窄，仅部分老年人有机会参与。其他监督评估方式存在临时性、随机性特点，无

① 刘舒杨，王浦劬．中国政府向社会力量购买公共服务的深度研究［J］．新视野，2018（1）：84-89.

法保障老年人充分参与。由于评估参与不足，老年人没有途径表达对政府购买养老服务的项目、质量、效果等方面的意见。老年人对服务效果缺乏决定权，老年人通常处于“被服务”状态。虽然老年人满意度是重要的衡量指标，但服务效果和绩效考核的最终决定权不在老年人手中。

老年人参与行为要具体到需求调查、方案设计、合同规划、服务招投标、服务交付、服务监督、服务评估等各个环节才能够发挥作用。老年人参与过程存在上述不足，使得当前老年人参与的主观愿望和客观效果常常不一致，实然与应然间没有实现无缝对接。在政府主导的“自上而下”的政府购买养老服务过程中，老年人在各个环节参与不足，不仅影响了老年人合理的利益表达和实现，也影响了政府购买养老服务目标实现程度和项目执行效果，进而导致服务供需结构的错位与失衡。

第六章　老年人参与政府购买养老服务的结果分析

为老年群体提供更多数量和更好质量的基本养老公共服务是政府购买养老服务的主要目标。[①] 政府购买养老服务的社会效益和实际效果主要通过老年人感知服务质量和满意度来衡量。虽然养老服务供应商已经按指标提供服务，而且通过了老年人满意度评估，但是政府购买效果却未必最佳。因此，必须关注老年人参与的积极结果，并探索老年人参与动因和参与过程对参与结果的影响，寻找影响老年人参与结果的重要因素。本章主要对老年人参与结果进行研究，分析政府购买养老服务中老年人感知服务质量和满意度状况，探索现象背后的真实购买效果。

第一节　老年人参与结果的调查

本节根据老年人感知服务质量问卷和服务满意度问卷调查结果，结合实际观察，对老年人参与的结果进行描述和梳理。主要描述了参与结果问卷评价情况，分析了不同特征老年人满意度异同；通过结构方程模型分析了参与动因、参与过程和参与结果之间的相互影响；同时归纳了问卷调查的主要发现。

一、老年人参与结果问卷描述

（一）老年人感知服务质量状况

老年人感知服务质量问卷共有 4 个二级指标，对应 12 道问题。表 6-1 为样本老年人对 12 道问题的评价情况。从频数分布来看，反映设计质量的 C1～C3 题项、反映递送质量的 C4～C6 题项以及反映关系质量的 C7～C9 题项，老人的评价主要分布在“比较符合”和“非常符合”上；反映结果质量的 C10～C12 题题项，老人的评价主要为“一般符合”。整体来看，老年人感知

① 王阳亮．责任与合作：政府购买养老服务研究［M］．北京：中国社会科学出版社，2017：105.

服务质量四个方面感知程度不均衡，存在明显的薄弱环节。四个维度的评价情况显示，老年人对设计质量、递送质量和关系质量认可程度高，而对结果质量认可程度一般。这说明，上海市养老服务供应商承接基本照护服务的资质和服务水平能够较好地实现服务递送和服务交互，但老年人对实际需求满足情况、健康和福利改善状况并不完全认同，养老服务供给效果与实际社会需求仍有一定距离。

表 6-1　老年人感知服务质量问卷题项的描述统计（N=866）

二级指标	题项	频次				
		完全不符合	不太符合	一般符合	比较符合	非常符合
设计质量	C1	49	42	138	306	331
	C2	43	109	319	207	188
	C3	5	10	132	413	306
递送质量	C4	5	14	174	362	311
	C5	5	11	182	352	316
	C6	4	21	164	368	309
关系质量	C7	4	17	180	397	268
	C8	50	43	259	310	204
	C9	11	8	207	387	253
结果质量	C10	41	162	310	271	82
	C11	102	198	382	133	51
	C12	29	119	328	313	77

从对具体题项的评价情况来看，老年人对“C2. 服务项目种类满足我的需求”的评价趋于一般，说明对需求满足情况的感知一般。评价最高的是“C3. 服务机构的资质符合要求”和“C5. 服务过程中没有出现什么差错”。承接政府保基本养老服务的机构一般是公立机构或者政府注册的民非机构，这些机构能够得到政府大量的人力、物力支持，所以老年人对服务机构的资质和服务认可度高。评价最差的是“C11. 养老服务项目满足了我的实际需要”，说明服务结果并不能完全得到老年人的认同，影响了整个结果质量的感知。

（二）老年人满意度状况

老年人满意度问卷共有 2 个二级指标，对应 10 道问题。表 6-2 为样本老年人对 10 道问题的评价情况。从频数分布来看，反映过程满意度的 D1 ~ D5 题项，老人的评价主要分布在“比较符合”和“非常符合”上；反映结果满意度的 D6 ~ D10 题项，老人的评价主要分布在“比较符合”上。整体来看，老年人过程满意度更高，而结果满意度一般。

从对具体题项的评价情况来看，“D7. 我对生活质量改善状况满意”评价一般，说明随着年龄的增大，老年人健康状况客观上有越来越差的趋势，主观上又希望恢复到以前的健康状态，造成很多老年人对健康恢复结果评价低、不满意。“D9. 从申请到享受服务，我对政府响应情况满意”和“D10. 我对政府部门工作开展情况满意”评价较高。政府委托第三方对老年人需求进行评估，从正式申请到评估结束周期一般为 3 个工作日，所以很多老年人对政府响应情况还是比较满意。大部分老年人对部门的回应和处理表示满意（“非常符合”和“比较符合”），处理老年人养老服务投诉和反映的问题，政府响应快、处理到位。统一需求评估标准明确、程序规范，老年人及其家属对这项政策实施的满意度较高。

表 6-2　老年人满意度问卷题项的描述统计（N=866）

二级指标	题项	频次				
		完全不符合	不太符合	一般符合	比较符合	非常符合
过程满意度	D1	0	8	84	463	311
	D2	0	8	130	455	273
	D3	0	10	155	420	281
	D4	35	55	378	250	148
	D5	12	30	258	326	240
结果满意度	D6	33	77	292	267	197
	D7	40	70	279	259	218
	D8	5	43	249	314	255
	D9	10	63	298	273	222
	D10	17	61	257	293	238

（三）不同服务项目老年人感知服务质量和满意度差异

考虑到几个关键人口变量与享受服务项目高度关联，这里仅对不同服务项目进行差异性检验。本书对不同服务项目的老人参与结果做单因素方差分析，检验不同服务项目的老年人的感知异同。具体检验情况参见表 6-3。

表 6-3　不同服务项目的老年人参与动因差异性比较

享受服务项目	M/SD	设计质量	递送质量	关系质量	结果质量	过程满意度	结果满意度
社区居家养老	M	3.7742	3.9785	3.8326	3.3472	3.9465	3.6498
	SD	1.00549	0.73461	0.71299	0.89828	0.63749	0.82468

续表

享受服务项目	M/SD	设计质量	递送质量	关系质量	结果质量	过程满意度	结果满意度
机构养老	M	4.1034	3.9893	3.9519	3.5722	3.9797	3.7551
	SD	0.58353	0.84023	0.76165	0.71841	0.53018	0.70338
社区居家护理	M	4.2827	4.2649	3.9777	3.7128	4.0554	3.9920
	SD	0.66022	0.70607	0.74435	0.79130	0.62401	0.72454
机构护理	M	3.9103	3.8034	3.5256	3.0385	3.6205	3.1436
	SD	0.53093	0.70749	0.71778	1.04858	0.70882	0.92408
F		17.868	9.933	8.217	15.477	9.790	24.251
p		0.000	0.000	0.000	0.000	0.000	0.000

通过差异性检验发现，不同服务项目的老年人在参与结果方面存在差异：

（1）设计质量上，享受服务项目对感知设计质量的主效应显著，事后检验（Turkey HSD）发现，社区居家养老服务的老年人感知设计质量明显低于其他服务项目的老年人（三组对比 p 值均小于 0.001）；社区居家护理的感知设计质量最高（三组对比 p 值均小于 0.001）。

（2）递送质量上，享受服务项目对感知递送质量的主效应显著，事后检验（Turkey HSD）发现，享受机构护理服务的老年人感知递送质量低于其他三类（三组对比 p 值均小于 0.001）；享受社区居家护理服务的老年人感知递送质量最高（三组对比 p 值均小于 0.001）；机构养老和社区居家养老对比不显著（$p=0.074$）。

（3）关系质量上，享受服务项目对感知关系质量的主效应显著，事后检验（Turkey HSD）发现，享受机构护理的老年人感知关系质量显著低于其他三类老人（三组对比 p 值均小于 0.001）；其他三组老年人感知关系质量对比不显著。

（4）结果质量上，享受服务项目对感知结果质量的主效应显著，事后检验（Turkey HSD）发现，享受机构护理的老年人感知结果质量显著低于其他三类老人（三组对比 p 值均小于 0.001）；享受社区居家护理的老年人感知结果质量显著高于其他三类老人（三组对比 p 值均小于 0.001）；享受机构养老的老年人感知结果质量高于享受社区居家养老服务的老年人（$p<0.05$）。

（5）过程满意度上，享受服务项目对过程满意度的主效应显著，事后检验（Turkey HSD）发现，享受机构护理的老年人过程满意度显著低于其他三类老人（三组对比 p 值均小于 0.001）；其他三组老年人感知过程满意度对比不显著。

（6）结果满意度上，享受服务项目对结果满意度的主效应显著，事后检验（Turkey HSD）发现，享受机构护理的老年人结果满意度显著低于其他三类老人（三组对比 p 值均小于 0.001）；享受社区居家护理服务的老年人结果满意度最高（三组对比 p 值均小于 0.001）；享受机构养老服务的老年人和社区居家养老服务的老年人结果满意度对比不显著（p=0.077）。

综上，机构护理的老年人感知服务质量和服务满意度都较差，间接说明健康状况影响其服务质量感知。享受社区居家护理的老年人感知服务质量和服务满意度都较高，说明老年人享受专业医疗支持时，其满意度会升。享受机构养老服务的老年人结果质量最高，入住公办养老机构比较困难，存在“一床难求”的现象，感知结果质量最高说明老年人在养老院或福利院得到了较好的照顾。

二、参与动因和过程对参与结果的影响

本部分不仅分析老年人参与结果的情况，还分析参与动因、参与过程对参与结果的影响。考虑模型结构特点和变量特征，选择基于结构方程对老年人参与模型进行检验，分析老年人参与动因、参与过程对参与结果的影响，探索老年人参与动因、过程和结果之间的相互关系。

（一）结构方程模型及其适用性

结构方程模型（Structure Equation Model，SEM）是一种可以将测量和分析整合为 的分析技术，有助丁呈现多变量间直接和间接的因果联系，主要包含测量模型和结构模型两部分。

1. 测量模型

测量模型是通过观察变量反映潜在变量的模型，通常定义为外生观测变量与内生观测变量两种类型，可以分别写成形式：

$$x=\Lambda_x\xi+\delta$$

$$y=\Lambda_y\eta+\varepsilon$$

其中，x 表示外生观测变量构成的向量，y 表示内生观测变量构成的向量，Λ_x 表示外生观测变量与外生潜变量之间的关系，可以用外生观测变量在外生潜变量上的因子负荷矩阵来表示，ξ 表示 n 个外源潜变量因子组成的 n 维向量，Λ_y 表示内生观测变量与内生潜变量之间的关系，可以用内生观测变量在内生潜变量上的因子负荷矩阵来表示，δ 是外生观测变量 x 的误差项，ε 是内生观测变量 y 的误差项。

对于测量模型，要满足以下三个条件。

（1）测量模型误差项 ε，δ 的均值为零；

（2）误差项 ε 与 δ，ξ，η 之间不相关；

（3）误差项 δ 与 ε，ξ，η 之间均不相关。

2. 结构模型

结构模型主要用于建立不同潜变量之间的关系，可以写成形式：

$$\eta=B\eta+\Gamma\xi+\zeta$$

其中，η 表示内生潜变量，ξ 表示外生潜变量，B 表示内生潜变量之间的关系，Γ 表示外生潜变量对内生潜变量的影响，ζ 表示结构模型的残差项，反映了 η 在结构模型中未能被解释的部分。

对于结构模型，需要满足以下三个条件。

（1）残差项 ζ 的均值为零；

（2）误差项 ζ 与 ε 之间不相关；

（3）$\Gamma-B$ 为奇异矩阵。

利用结构方程模型对老年人参与模型进行检验，能够整合地呈现本书所包含的变量间的相互联系。一方面，结构方程模型已经广泛应用于公共服务满意度的研究中。例如，在研究“实际满意度结果表现为顾客根据自己的主观感受对服务的各个方面进行评价，然后按重要性进行加权平均的结果”①中，就采用了结构方程模型以更好地对满意度这一变量进行多问项测量的综合。② 由于顾客满意度涉及公众态度、期望等多个潜在变量的测量以及因果关系的验证，结构方程模型所包含的测量模型和结构模型组块能够很好地拟合此类研究的技术需求。③④ 另一方面，研究者主要使用结构方程模型来阐述顾客参与模型。贾薇、Claycomb、张文敏、耿先锋等的顾客参与模型都是利用结构方程模型的方法全面把握动因—过程—结果之间的相互关系。

（二）模型构建及研究假设

第三章已对正式数据进行信度检验、探索性因子分析和验证性因子分析，结果显示数据具有良好的信度和结构效度，适合进行结构方程建模。基于设

---

① 郑秋莹，姚唐，范秀成，等．基于 Meta 分析的“顾客满意—顾客忠诚”关系影响因素研究［J］．管理评论，2014，26（2）：111-120.

② 这里需要指出的是借助相关分析和回归分析等方法也能解释老年人参与模型主要变量间的关系，检验是否存在中介效应，但是不能直观有效地展示模型的整体关系。

③ 杨凤华．结构方程模型在公共部门公众满意度测评中的应用［J］．南通大学学报（社会科学版），2008，24（5）：127-131.

④ 吴瑞林，杨琳静．在公共管理研究中应用结构方程模型——思想、模型和实践［J］．中国行政管理，2014（3）：62-68.

计的老年人参与模型，构建结构方程模型如图 6-1 所示。

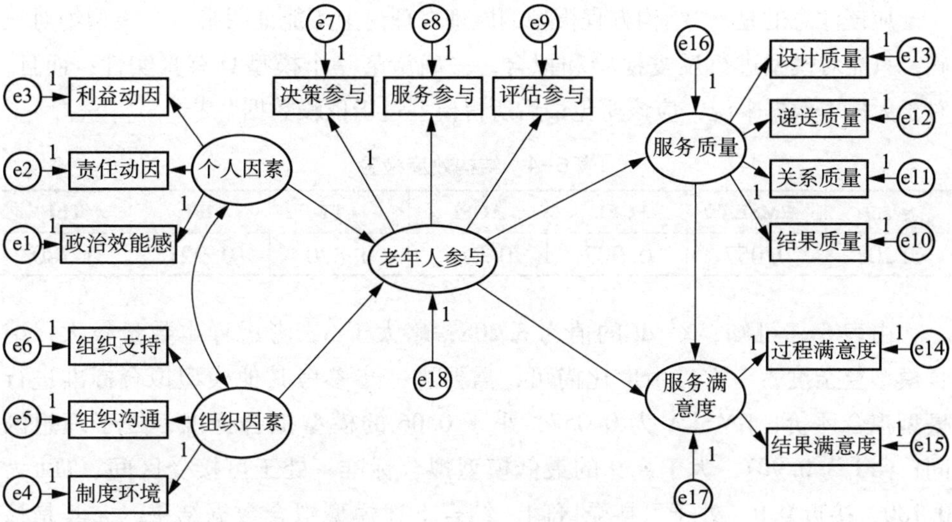

图 6-1　老年人参与结构模型

基于所构建的结构模型，对结构变量提出如下路径假设。

H1：个人因素对老年人参与具有正向预测作用。

H2：组织因素对老年人参与具有正向预测作用。

H3：老年人参与对服务质量具有正向预测作用。

H4：老年人参与对服务满意度具有正向预测作用。

H5：感知服务质量对服务满意度具有正向预测作用。

H6：个人因素通过老年人参与和服务质量对服务满意度有间接效应。

H7：组织因素通过老年人参与和服务质量对服务满意度有间接效应。

H8：老年人参与通过服务质量对服务满意度有间接效应。

其中，H1 和 H2 是检验前因变量对老年人参与过程的主效应；H3 和 H4 是检验老年人参与过程对参与结果的主效应；H5 是为了检验感知服务质量对服务满意度的主效应；H6 和 H7 分别检验个人因素和组织因素通过不同路径对服务满意度的间接效应；H8 检验老年人感知服务质量是否在参与过程与服务满意度之间起到中介效应。

（三）模型参数适配及修正

使用软件 AMOS22.0，对 866 个样本的数据进行结构方程模型检验。由于样本量较大，结构方程模型中所采用的变量较多，数据无法满足多变量正态性要求，因此需要采用稳健估计法（MLR）进行模型拟合，从而矫正由于多变量正态性缺失带来的偏差。根据修正指数 MI 进行逐步多次修正后得到最终模型，其拟合指标参见表 6-4。

应该注意的是，“结构方程模型的原理在理论上不能证明某一个模型绝对正确，只能对模型进行反复检验和拟合，去确认某一个模型具有真实性；而且，对于大样本数据来说，应该避免最后所得模型过于依赖数据”。①

表 6-4　结构效度检验

χ^2/df	RMSEA	GFI	AGFI	CFI	IFI	TLI
3. 208	0. 057	0. 907	0. 815	0. 820	0. 921	0. 780

由表 6-4 可知，χ^2/df 的值为 3. 208，略大于 3，考虑样本数量较大，结合模型复杂度，卡方自由度比尚可，需要进一步参考其他模型拟合标准进行模型拟合评价；RMSEA 为 0. 057，小于 0. 06 的模型拟合标准，处于理想区间；GFI 为 0. 907，大于 0. 9 的最低模型拟合标准，处于可接受区间；TLI 为 0. 780，接近 0. 9，处于可接受区间。结合上述模型拟合数据结果，尤其是核心拟合参数 RMSEA 和 CFI 较为理想，表明所采用的模型对数据的拟合较好。

模型的路径如图 6-2 所示。

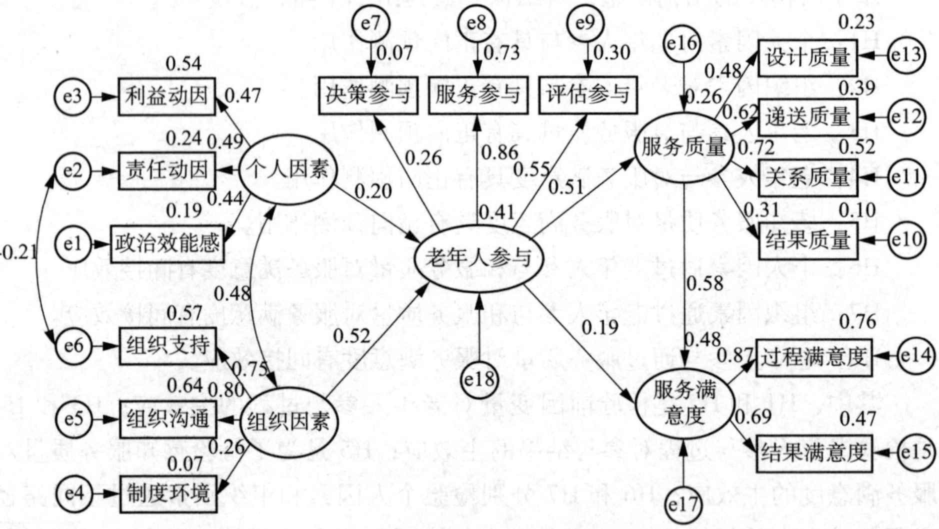

图 6-2　结构方程拟合模型

在对老年人参与的预测上（R^2 = 0. 41），个人因素的主效应显著（b = 0. 12，S. E. = 0. 04，P < 0. 01），组织因素的主效应同样显著（b = 0. 51，

① 侯杰泰，温忠麟，成子娟．结构方程模型及其应用［M］．北京：教育科学出版社，2004：100-119.

S. E. =0. 13，P<0. 001）。在对服务质量的预测上（R^2=0. 26），老年人参与的主效应显著（b=0. 67，S. E. =0. 15，P<0. 001）。在对服务满意度的预测上（R^2=0. 48），老年人参与的主效应显著（b=0. 64，S. E. =0. 21，P<0. 01），服务质量的主效应同样显著（b=1. 52，S. E. =0. 25，P<0. 001）。

个人因素通过老年人参与对服务满意度产生的间接效应边缘显著（b=0. 04，S. E. =0. 02，P=0. 057）；个人因素通过老年人参与和服务质量对服务满意度产生的间接效应显著（b=0. 06，S. E. =0. 02，P<0. 01）。组织因素通过老年人参与对服务满意度产生的间接效应边缘显著（b=0. 10，S. E. =0. 03，P<0. 01）；组织因素通过老年人参与和服务质量对服务满意度产生的间接效应显著（b=0. 15，S. E. =0. 02，P<0. 001）。老年人参与通过服务质量对服务满意度产生的间接效应显著（b=0. 30，S. E. =0. 04，P<0. 001）。详细的路径系数和显著性水平数据参见表 6-5。

模型检验结果很好地验证了对路径假设 H1～H8 的检验，还原了变量间的联系。

表 6-5 结构方程路径系数

路径			路径系数	标准路径系数	S. E.	C. R.	P
老年人参与	←	个人因素	0. 116	0. 197	0. 04	2. 87	0. 004
老年人参与	←	组织因素	0. 511	0. 522	0. 125	4. 1	0. 000
服务质量	←	老年人参与	0. 673	0. 508	0. 15	4. 494	0. 000
服务满意度	←	老年人参与	0. 643	0. 186	0. 209	3. 08	0. 002
服务满意度	←	服务质量	1. 522	0. 583	0. 25	6. 077	0. 000
政治效能感	←	个人因素	1	0. 44			
责任动因	←	个人因素	1. 309	0. 485	0. 174	7. 539	0. 000
利益动因	←	个人因素	1. 986	0. 736	0. 256	7. 763	0. 000
制度环境	←	组织因素	1	0. 261			
组织沟通	←	组织因素	3. 744	0. 801	0. 613	6. 111	0. 000
组织支持	←	组织因素	3. 356	0. 755	0. 55	6. 103	0. 000
决策参与	←	老年人参与	1	0. 265			
服务参与	←	老年人参与	3. 153	0. 856	0. 512	6. 162	0. 000
评估参与	←	老年人参与	2. 169	0. 551	0. 363	5. 981	0. 000
结果质量	←	服务质量	1	0. 314			

续表

路径			路径系数	标准路径系数	S. E.	C. R.	P
关系质量	←	服务质量	2. 185	0. 721	0. 314	6. 955	0. 000
递送质量	←	服务质量	2. 014	0. 621	0. 296	6. 812	0. 000
设计质量	←	服务质量	1. 332	0. 484	0. 209	6. 373	0. 000
过程满意度	←	服务满意度	1	0. 87			
结果满意度	←	服务满意度	0. 634	0. 688	0. 047	13. 448	0. 000

（四）路径系数分析

对标准化路径系数进行分析可以发现，个人因素对老年人参与的主效应（0. 20）显著小于组织因素对老年人参与的主效应（0. 52），即组织因素对老年人参与的影响要大于个人因素，这与第五章回归分析的结果相吻合。在潜变量老年人参与的测量模型中，服务参与的载荷最大（0. 86），评估参与的载荷次之（0. 55），决策参与的载荷最低（0. 27），即在潜变量老年人参与的构成中，三者中服务参与的贡献最大，评估参与次之，决策参与最低。在服务质量的各因素载荷中，结果质量的载荷最低（0. 31），反映了老年人对结果质量的感知相对较差。在服务满意度的各因素载荷中，过程满意度的载荷（0. 87）高于结果满意度的载荷（0. 69）。

三、参与结果问卷调查的主要发现

从问卷统计结果来看，老年人对感知服务质量和服务满意度的评价较高，且老年人感知服务质量对服务满意度有显著的预测作用。

（一）老年人感知服务质量方面的发现

一方面，老年人感知服务质量整体较好。感知服务质量问卷调查数据显示，样本老年人感知服务质量处于一个较高的水平。应该区分具体维度的感知服务质量和整体服务质量的差异，整体感知服务质量不是各个组成部分的简单相加。另一方面，结果质量感知不佳。从老年人打分频次看，对“结果质量”评价相对较低；从“结果质量”贡献来看，路径系数最低。

（二）老年人满意度方面的发现

1. 老年人满意度较高

满意度问卷调查数据显示，样本老年人满意度处于一个较高的水平。其他研究中也有相似的结论和判断，如白岩岩、王裕明等调研数据显示，有55.7%的老年人对目前上海市社区居家养老服务感到“满意”或“比较满意”。[①] 参与结果在一定程度上反映了服务供给水平，上海市基本养老公共服务供给居全国前列，处于较高的水平。但是，老年人参与满意度相对较低，且具体到效用满意度、结果满意度而言平均得分也不高。可见，政府购买养老服务供给老年人，可以显著提升满意度，但未必能够带来效用和结果上的满足。这里应该区分具体维度的满意度和整体满意度的差异，整体满意度不是各个组成部分的简单相加。“服务越具体，就越容易得到正面的回应”。[②]

2. 过程满意度评价好于结果满意度

结果满意度不佳，说明政府购买养老服务目标和实际效果还存在一定的差距。身体状况越好的老年人（评估等级低）感知服务质量和满意度情况越好，享受服务属于“锦上添花”；身体状况差的老年人，期望没有得到满足，实际健康状况和生存质量没有得到改善。类似研究支持了这一结论。蒲新微等研究发现“老年人年龄越大，养老服务需求越多，医疗照护服务需求越凸显，而对服务结果越不满意”。[③] 唐迪等研究发现，老年人对上海市政府购买社区养老服务的“模式满意度最高，其次是人员满意度，项目满意度最低”，而“需求因素”对三个方面的满意度存在显著影响[④]，“项目满意”最低主要是因为服务项目并不能完全满足实际需求。政府以合同形式把养老服务的“订单”交给社会组织，社会组织按照“订单”进行自主生产经营，[⑤] 服务承接效果的好坏，关键在于订单的完成程度。委托代理关系造成服务供应商对政府负责而不是对老年人需求和效用负责。

3. 感知服务质量对满意度有中介效应

对老年人而言，积极参与并不意味着高满意度。较充分的体验和较高的参与意愿仅表现了老年人接触的行动和态度，是导致老年人满意的一个必要而非充分条件。服务供应商提供的服务能否使老年人满意，还受到实际服务

① 白岩岩，王裕明，蔡玫珠．上海市老年人居家养老服务满意度及影响因素［J］．人口与社会，2013，29（4）：16-21.

② 鄢圣文．非基本公共服务市场化供给研究［M］．北京：中国经济出版社，2015：201.

③ 蒲新微，孙娇娆，党宇菲．年龄结构、养老服务需求与服务满意度——基于万份数据的实证调查［J］．吉林师范大学学报（人文社会科学版），2017，45（4）：63-69.

④ 唐迪，余运江，孙旭，等．政府购买社区养老服务的满意度研究——基于上海调查数据的实证分析［J］．西北人口，2017（3）：93-99.

⑤ 郑莹，高源．政府购买社区养老服务的法学审视［J］．辽宁大学学报（哲学社会科学版），2017，45（3）：113-120.

过程、服务交互情况、感知服务质量、老人受尊重情况等因素的综合影响。Gallan 在医疗保健领域的相关实证调查证明了顾客的积极性参与对服务结果感知有促进作用，而顾客参与和服务质量又可以作为积极因素对客户满意度产生影响。① Vredenburg 认为，“在高度交互的服务环境中，员工优质服务可有效提高顾客满意度，其中一部分是通过对服务质量感知的介导而实现的”。②

（三）老年人参与结果的整体评价和判断

参与动因、参与行为和参与结果之间密切关联。从结构方程模型的结果可知，老年人参与过程对结果有积极影响，参与动因通过参与过程间接影响满意度，感知服务质量存在中介效应。参与动因对参与行为有显著的预测作用，验证了第五章主成分回归分析结论。参与行为对参与结果有显著的预测作用；服务参与对满意度影响最大；决策参与对满意度影响最小；评估参与对满意度影响一般。这与实际观察的情况相一致，老年人参与能够对服务满意度产生影响，与以往研究者的结论得以相互印证。参与动因对参与行为存在间接效应，说明参与动因也能影响感知服务质量和满意度。

综上，从对老年人参与结果的统计来看，老年人普遍对感知服务质量和满意度做出了较高的评价，以往研究也有类似结论；分析结构方程模型发现，老年人参与动因、参与过程和参与结果之间有紧密联系，但显示在服务结果层面存在着设计质量和结果质量不佳的问题。参与过程中的“服务参与”对老年人感知服务质量和满意度预测作用明显，而“决策参与”和“评估参与”预测作用弱；“结果质量”对服务质量的整体贡献较小。虽然感知服务质量与老年人满意度呈现高度正相关关系，但在“结果满意度”上明显预测不足。以上问卷调查呈现的是老年人参与结果的客观状态，对现象背后的原因和规律还需要进一步思考和挖掘。老年人对服务质量和满意度做出较高评价的原因（影响因素）是什么？政府购买养老服务目标是否达成？是否达到了较好的实施效果？尤其是在老年人参与不足的情况下，为何老年人仍有较高的服务质量感知和较高的满意度？这些问题都是值得继续深入思考。

---

① Gallan A S, Jarvis C B, Brown S W, et al. Customer positivity and participation in services: An empirical test in a health care context [J]. Journal of the Academy of Marketing Science, 2013, 41 (3): 338-356.

② Vredenburg J, Bell S J. Variability in health care services: The role of service employee flexibility [J]. Australasian Marketing Journal, 2014, 22 (3): 168-178.

第二节 老年人感知服务质量的影响因素分析

上海市享受政府购买养老服务的老年人对服务质量的评价整体处于较高水平。其中，老年人对关系质量的评价最高，其次是递送质量和设计质量，对结果质量的评价最低。问卷调查反映了老年人整体评价情况，通过访谈发现，虽然老年人对服务质量评价较高，但是仍存在不少问题。

一、制度运作对设计质量感知的影响

设计质量又称为项目设计质量，主要指整体养老服务项目规划和服务设计情况，而政府购买养老服务制度的运作过程直接影响老年人对设计质量的感知。

（一）统一需求评估制度对设计质量感知的影响

目前，上海市对老年人的统一需求评估还处在新制度初创时期，还存在政策摩擦。以前民政系统执行的评估标准划分为 3 个等级，即轻度、中度和重度，并对应有相应的服务标准和设施配置规范。新的统一照护需求评估设置了 6 个等级，服务机构在对实际处理评估 5 级和 6 级服务时遇到很多问题，评估等级和评估项目之间不匹配，对机构实际养老照护资源配置造成困扰。一方面，等级评估不科学、复评周期长，引起老年人及其家属不满；另一方面，评估侧重于医疗标准，对服务机构管理造成困扰。上海市卫计委（现为卫健委，下同）、人力资源和社会保障局、财政局共同推进老年照护统一需求评估工作，在实施过程中，评估的第三方主要由卫计委负责购买服务和管理，也有的街道由民政局负责，和民政局以往的失能等级评估口径不一致，难免出现问题。

“评估员评估不准确，评估下来大部分是 6 级，实际相当于以前民政部门评定的中度，而且养老机构最高是 5 级，养老机构只能按照 5 级收费。我们的标准和评估标准差距太大，这样我们机构要承担额外的风险，我们只能在老人入住前再签一份补充协议，把情况都事前讲明。”（华漕镇敬老院，访谈对象：S203-CYZ）

第三方评估效果不佳，挫伤了老年人参与积极性。一方面是资格评估过程中还存在不少问题。“照护服务统一需求评估体系”从试点到全市推广不到两年时间，加上长期护理保险制度的试点也是基于统一需求评估，很多第三

方评估机构对“标准”把握不准确。尤其是对于那些患有慢性疾病的老人来说，真正需要护理服务的老人享受不到需要的等级服务或者评估的等级较低。

“统一需求评估是好事，但是这个问卷太侧重医疗方面的评估，忽视了全面性，而且只是评估了身体，没有评估需求，造成需求与供给脱节。服务内容如何与评估对接，是摆在政府面前的大问题。”（闵行区老龄事业发展中心；访谈对象：G105-SY）

“申请上门服务的（即居家护理和居家养老）政府响应性强，主要由第三方负责提供服务，效率较高；申请机构护理和机构养老的政府响应性较差，这一块主要是保基本的服务机构（公办养老院、医院办护理床位）负责兜底，且实施等级轮候制度，即护理床位对应轮候人群，5 级床位等待评定为 5 级的老人入住，其他级别无法优先安排。相应时间延迟，是影响老人和家属满意度的最大症结。评级 5 级以上的老人，多数身体条件差，很多家庭只能选择居家护理勉强维持或者入住民办护理机构，等到轮候到的时候，已经没有再折腾的必要或者老人已经去世。”（莘庄镇社区服务中心；访谈对象：G201-SAH）

（二）准入资格限制对设计质量感知的影响

资格准入方面最大的限制是老人是否享受医疗保险。没有医疗保险的老年人，没有资格享受社区居家护理服务和机构护理服务；而享受医疗保险的老年人，不仅有资格享受社区居家护理，还有资格享受社区居家照料。所以，不同类型的老年人准入资格不同，对项目的整体感知不同。具体而言，享受免费服务的人群，对服务项目感知质量很高；享受社区居家护理的人群，个人负担小，对项目感知质量也较高；责任分担较多的老年人，如负担 50% 费用的社区居家照料服务老人，对项目设置有意见、认同感差，对项目设计质量感知低。资格准入制度造成老年人对“无偿享受、低偿享受和有偿享受”政策认识不足，“自费不愿意、免费有门槛”。

（三）购买内容对设计质量感知的影响

政府购买养老服务主要定位是提供基本养老公共服务，但是各区（县）对具体购买内容的理解不同，在实践中表现出多样性。当前，仍然存在服务内容不匹配实际需求的状况，影响老年人对项目质量的感知。

1. 社区居家养老服务内容与需求的匹配

上海市探索社区居家养老服务实践时间较长，功能与定位经过摸索多次调整，虽然数量有所增长，但功能方面区别不明显，形成专业化不足、服务功能不清晰的尴尬局面。享受社区居家养老服务的老年人，既可以在家中接受上门服务，也可以选择享受日间托管服务，即将居家养老补贴直接带入日间照护机构。但无论是上门服务还是日托服务，供给与需求未能完全匹配。其中，上门服务仍然以家政服务为主；而日托服务虽然已逐步定位为半失能老人服务，但由于缺乏专技人员、服务设施不完善等原因，服务内容与老年人活动室、社区助餐点的服务区别不大。对于护理需求较大的老年人，考虑缺乏专业团队、风险难以控制等，而推荐老人去专业医疗机构。日托服务作为社区居家养老服务的支持手段，存在服务需求不凸显的窘况，如很多老人饭后或者活动后即提前离托。

2. 长期照护服务内容与需求的匹配

上海市实施长期护理保险后，很多社区居家养老服务项目并入长期护理保险，《上海市长期护理保险试点办法》规定，上海市长期护理保险包括 42 项服务内容，其中 27 项为基本生活照料服务，15 项为基本医疗护理服务。通过对参保者调查发现，老人对长期护理的需求大于政策规定的 42 项。同时，鼻饲、造口等部分专业性服务需求较少，主要偏重于医疗。社区居家养老服务项目侧重于生活照料，老年人无法享受专业的基础护理服务，如帮助测量血糖、血压等；享受社区居家护理服务的老年人需求大的生活照料服务缺失，如代买物品、洗衣等。有些街道规定申请社区居家护理的老人无法享受社区居家服务等，项目的割裂管理，使老年人很难同时享受包含基本生活照料与基础医疗护理的全面服务。由于医养的制度隔离，卫计委和民政局存在协调问题，购买部门和主管部门的不同步，使得服务项目设置受限，导致服务供给与需求不匹配。

（四）项目实施和管理对设计质量感知的影响

政府购买养老服务存在制度探索和磨合问题，影响老年人对项目的整体感知。上海市从 2000 年起，开始探索社区居家养老，购买制度相对比较成熟；而长期护理保险刚开始试点，多种养老保障制度仍处于磨合时期。

1. 基层政府监督管理能力的影响

街道办事处承担着“发现老年人需求”“提供服务信息”“监督和协调服务过程”等责任。但是购买养老服务在实际运行过程中，街道办事处职能调整不到位，大量的行政任务削弱了街道服务的自主性，削弱了其对社区居委会工作的指导力度。尽管各个街道都在不断引入新的办事方式及技术手段，但仍存在“信息化程度不够”“双向沟通机制不健全”等问题。一方面，老年人及其家庭难以通过信息化渠道及时了解购买政策、申请办法等信息，无法得到透明、高效、便捷的服务；另一方面，在政府购买服务内容、服务对象资格的确定、服务质量的监管等方面，缺乏与群众的沟通机制，服务内容和形式程式化，难以满足老年人不同层次的需求。

2. 基层工作人员服务方式和观念的影响

基层工作人员积极性不高，影响老年人对政府购买服务项目的感知。基层工作人员在制度整合时期，完全按照上级部门指示办事，认不清自己在整个制度运作体系中的作用和责任，存在工作消极、态度冷漠、工作积极性差等问题，造成老年人对政府购买服务项目的不信任。开展长期护理保险试点后，基层工作人员工作量增加了，但是没有得到资金支持和人力支持；一些年纪大的工作人员，因为不擅长操作长期护理保险系统，学习和操作上的困难诱发工作人员的消极情绪，导致服务质量不高，进而影响老人对政府购买项目质量的感知。

“我妈妈户籍在沧源居委会，为了方便照顾，我把妈妈从沧源社区接到东一社区（注：东风一厂社区）。虽然户籍不在这里，东一小区居委会和志愿者还是主动关心，分片区的同志一周至少上门三趟，逢年过节还送酸奶、米等礼品。同样是居委会，以前在沧源的时候，居委会表现差多了。”（江川路沧源社区；访谈对象：L203-LGH）

3. 服务补贴情况的影响

相关补贴不能及时到位会影响老年人对服务项目质量的感知。当前，服务补贴主要由养老服务补贴和专项护理补贴组成，以非现金的“服务券”形式兑换养老服务。养老服务补贴标准为人均300元/月；专项护理补贴标准为“中度”每人100元/月、“重度”每人200元/月。接受机构养老服务时，服务补贴可以带入区县民政部门指定的养老机构。无论是享受机构养老服务的补贴还是享受长期护理服务的补贴都存在不到位的现象，影响政府购买养老服务项目在老年人心中的印象。

二、服务力量对递送质量和交互质量感知的影响

“服务参与”对感知服务质量预测效应最显著。服务阶段老年人参与情况对其感知产生直接影响，服务供应商承接服务的能力、服务供应商的组织管理、服务人员实际业务能力以及吸纳老年人参与程度都会影响老年人对服务质量的感知。因此，服务质量是影响服务递送和关系交互的主要因素。

（一）机构性质影响老年人对递送和交互质量的感知

上海市保基本养老服务承接主体方面，社区居家照料和护理服务由民非组织承担；机构照料和护理主要由公立养老院、护理院和医院护理床位承担，较少有民营机构具备资质。这些服务机构有的是事业单位、有的是政府直接注册的民非机构，其资金充足、人员技术水平较高、设施设备配备齐全，老年人对公办机构的信任程度普遍较高。

“原则上，民营机构没有纳入保基本机构范围，都是公办养老机构在承接这个职能，或者公办机构转为民非机构承接。”（上海市民政局福利处；访谈对象：G102-ZF）

由于老年人对政府购买养老服务的不理解，对外包企业（民非组织）的服务质量和服务人员不信任，老年人更愿意接受政府或街道直接提供的服务。

“这个照料中心以前是街道办的，经常有文艺活动，区长还来视察过。现在交给企业办了，服务项目减少了很多，就剩下餐饮这一主要功能了。我们都希望去公办的服务机构，斜土路街道的那个日间照料我去看过，条件比这里好很多。”（甘泉街道甘泉苑居委会；访谈对象：L111-SDL。注：该机构实际上是“公建民营”，老年人以为是民办机构）

“我们收住了239名老人，都是本镇人，160多名老人享受购买服务补贴。这些老人有的是从居家养老转过来的，有的是入住后再去申请统一需求评估或补贴的。我们养老院是上海市唯一一家民办3级养老院、市级文明单位，同时是为数不多的能够承担保基本任务的民办机构，我们确实为华漕镇政府解决了很大一部分难题。但是，本镇的老年人还是倾向于首先去申请华漕镇养老院，公办的进不去，再申请我们家。我们只有做得更好，才能获取老年人及其家属的信任。”（继王镇敬老院；访谈对象：S204-ZYZ）

（二）服务人员影响老年人对递送和交互质量的感知

由于服务的交互本质，服务质量起源于服务直接提供者。服务人员的表现自然影响绩效，影响老年人对服务质量和服务满意度的感知。此外，直接提供服务的人员是其所属机构的“名片”，在为老年人服务和交流过程中，传递着本组织及相关政策信息。

1. 服务人员专业水平的影响

目前，上海市层面没有对社区日间照料机构的护理员配比要求，仅浦东新区要求护理员与护理对象比例最低为1∶7，并建议配备相应的专技人员。

但是大部分社区居家养老服务机构专职护理人员配置偏低，医养结合不足。另外，由于医养结合的不完善，养老机构等老年人集中性医疗和护理服务需求还不能有效满足。在护理员构成方面，郊县地区相对较容易聘用本地人员，普遍为“4050”就业协助人员，年龄在45岁以上；中心地区多聘用外地人员，在语言、文化上存在一定障碍，而且流失率高。在护理员性别方面，以女性为主，不利于承担对体力要求较高的重度、中度老人的护理工作。护理人员文化水平普遍较低，不利于管理和教育培训。社区居家养老护理员上岗门槛低，只需要经过简单培训，掌握照料老人的基本生活技能即可持初级证书上岗，服务专业性不强限制了服务效果，影响老年人的质量感知。对享受专业护理和入住医院的老人而言，对专业护士和医生的信任度高，加上上海市有较完善的职业准入制度，这部分医疗服务较为规范，老年人感知服务质量高。

“每年有很多企业来找我们谈，想进入闵行社区居家养老服务市场。但是我们能看得上的很少，这些企业不缺资金，但是没有从业经验，缺乏专业管理和运营团队。为老服务企业，不但要有好的高层和中层管理人员，更要有好的基层管理人员。从业人员水平和专业化程度要够，为老人力资源储备也要够；否则服务质量上不去，老年人及家属也不满意。”（闵行区老龄事业发展中心；访谈对象：G105-SY）

2. 服务人员数量和工作强度的影响

护理人员和专业护士招聘普遍困难，造成服务机构专业服务能力不足。大多数护理员都是一对多开展服务，工作量大、压力大。由于服务人员数量有限，每个服务人员的工作计划都被排满，且都固定不变，缺少自由支配时间和灵活性，老人调整服务时间需要提前沟通协调，影响老年人对递送和交互质量的感知。

“护理站的护理员和护士招聘困难，服务力量有限，每个服务人员的时间都安排的满满的，有个别业务水平高的，很多老年人点名要求其服务，一天要服务七八个老人。某个老年人临时有事情或者调整服务时间，我们都很难满足他们的要求。”（普陀区康普护理站；访谈对象：S201-LGT）

3. 服务个性化情况的影响

“无论是一般的照料服务还是专门医疗护理服务，服务机构都必须面对老年人需求的多变性和个性，而此领域的理论和实践都侧重于通过顾客教育和严格控制、执行服务协议等方式来管理或降低这种多变性”。[①] 服务机构倾向于想方设法减少多变性，而不是以更科学的管理策略来面对这种多变性。按规定服务人员每天上门提供1~2小时的服务，对于健康的老年人，享受护理服务项目能够在规定时间内很快完成，剩余的时间服务人员会帮老人做一些制度规定范围之外的服务，如家政服务、谈心、心理慰藉等，这些弹性的服务，让老年人对服务递送和关系交互有更积极的评价。相反，有的服务人员完成工作，还要匆匆赶往下一个老年人家中开展服务，平均一个护理员要照顾十几个老人，没有足够的闲暇时间与老年人聊天、谈心。当服务缺乏弹性和个性化时，老年人对服务递送和交互关系就会有消极评价。

“我妈妈去年通过评估后，叠加享受社区居家养老服务和高龄老年护理服务，居家养老服务人员每周一到周五上门服务1小时、护理站工作人员周一至周五上门服务1小时。居家养老人员需要服务人员上门打扫一下卫生、洗洗衣服、拖地、帮忙买点菜什么的，你需要做什么她都会做；护理人员护理服务主要包括向老人提供翻身拍背、量血压、测血糖、健康咨询、康复训练等护理服务以及剪指甲、聊天等生活服务。问题是每次服务时间太短，而且时间不灵活，每次都是8点来，我妈妈还没有睡醒。给她反映过几次了，但是她下面还要安排别的老人，没办法留给我们更弹性化的时间。护理人员经常变动，每次我妈住院几天回来，护理站就要重新调配。我多次向护理站提意见，也向江川路街道社区中心反映过一次。后来护理人员上门延后了半个小时，每周六周日也上门服务1小时。但是，这些服务根本解决不了什么问题，入住机构还在轮候中，不知道要等到什么时候。”（江川路机电（一）社区；访谈对象：L202-CME。注：江川路街道尚没有长者照护之家，社区短期护理床位缺乏，该案例中老人是少数享受叠加服务的老人）

（三）机构管理水平影响老年人对递送和交互质量的感知

服务机构自身运营管理和服务管理影响老年人对递送和交互质量的感知。服务内容、服务标准、服务流程等都在协议中有详细规定，服务过程中的一致性、纪律性和日常性也非常重要。服务供应商在承接专业的养老服务时，合同项目必须与服务计划相一致，必须建立适当的管理结构和程序，进行适当的项目治理，包括管理纪律和专门知识，以获得一致性。[②] 服务机构的组织

---

① Vredenburg J, Bell S J. Variability in health care services: The role of service employee flexibility [J]. Australasian Marketing Journal, 2014, 22 (3): 168-178.

② Nisar T M. Implementation constraints in social enterprise and community Public Private Partnerships [J]. International Journal of Project Management, 2013, 31 (4): 638-651.

管理和良性运行，对老年人服务体验和主观感知的影响很大。服务质量的管理不应该止于组织边界，应该开展与老年人积极互动的关系管理。

三、需求满足状况对结果质量感知的影响

老年人结果质量感知不佳，说明服务的实际效用并没有满足老年人的实际需求。Sarah Dodds 等认为，老年保健服务消费者主要关注护理质量（主要是增权益能的合作关系）和治疗效果（如治疗的结果和治疗方案的易用性、个性化），而获得专业知识教育和物质环境也占了小部分，在这些体验基础上，消费者才开始注重其他因素，如精神价值、社会价值和道德等。[①] 利益动因是老年人参与的主要动因，而参与动因对参与结果存在间接效应，所以健康改善状况、家庭照护资源节约状况、福利改善状况都直接影响老年人对结果质量的感知。

（一）供需不匹配的影响

老年人的核心需求中，医疗及康复护理需求最为急迫，其次为生活照料。[②] 当前，社区居家养老服务体系比较成熟，主要为老年人开展“六助”服务，满足了老年人部分需求较大的生活照料服务，但仍无法切实满足老年人的护理需求。提供社区居家养老服务的工作人员主要是护理员，少量机构配有社工或康复师，专业服务团队不完善。社区居家养老服务机构护理人员不足，托管服务受到接送限制，专业化服务水平不高。日间照料机构床位利用率普遍较高，部分中心城区甚至出现轮候现象。床位利用情况影响服务机构的服务和设施可达性。

（二）健康恢复效果的影响

减少家庭经济消耗、取得健康恢复效果，是老年人及其家属最真实的期望。如在对问题“D7. 对健康恢复的结果满意”进行判断时，老年人的评价普遍较低，说明随着年龄的增长，老年人健康状况客观上有越来越差的趋势，主观上又希望恢复到以前的健康状态，导致很多老年人对健康恢复结果评价低、不满意。

“我们在调查绩效考核的过程中，一位拒访的家属说，老人家都卧床不起了，你们来问她对服务满意不满意、对政府满意不满意，有什么用？还不如

---

① Dodds S, Bulmer S, Murphy A. Consumer value in Complementary and Alternative Medicine (CAM) health care services [J]. Australasian Marketing Journal, 2014, 22 (3): 218-229.

② 杜鹏，孙鹃娟，张文娟，等．中国老年人的养老需求及家庭和社会养老资源现状——基于2014年中国老年社会追踪调查的分析［J］．人口研究，2016，40（6）：49-61.

想办法让政府给我们多报销一些费用、多派些好医生。所以，政府需要把握老年人及其家庭最需要什么。”（创文律师事务所；访谈对象：S402-KGH）

（三）参与和互动情况的影响

老年人个人特征因素存在差异，对服务的需求也存在差异。因此，在享受服务过程中，老年人具有发现问题的能力，但是缺乏提出措施、解决问题的能力，只是单纯地“抱怨一下”或“向服务人员提意见”，期待政府或者服务机构去解决问题。政府和服务机构的响应性直接影响老年人对服务质量的感知。

第三节 老年人高满意度形成的原因分析

如果不同服务体验的顾客对服务的基本态度都是满意的，研究者则需要从外部的顾客满意来挖掘深层次的原因，因为“不同的服务需求、服务理念、服务设计、服务流程与资源匹配情况、顾客参与过程中的情绪和情感等都能够影响顾客满意度，单从顾客的基本态度是无法给出答案的”。[①]“公众满意度高的参与机制并不必然是成功的机制，也并不必然输出高质量的公共政策”。[②]“仅靠政府自上而下地扩大公共服务的财政投入不能必然带来公民满意度水平的显著提升”。[③]因此，有必要探究老年人高满意度背后的形成机制，并以此判断政府购买服务是否真正满足了老年人需求。

一、服务期望对满意度的影响

满意度本质上是比较实际感知效果与期望后形成的一种主观感受状态。期望对满意度的影响是举足轻重的，在服务标准不变的情况下，期望越高，满意度越低；相反，期望越低，满意度越高。Ojasalo 根据期望的清晰化程度，将专业服务中顾客期望分为模糊期望、显性期望和隐性期望三种类型。[④]其中，模糊期望是顾客期望服务提供者为其解决问题，但自己不清楚解决问题

① 王潇，杜建刚，白长虹．从“产品主导逻辑”到“顾客参与的价值共创”——看西方服务范式四十年来的理论演进［J］．商业经济与管理，2014（11）：41-49.

② 张晓杰，娄成武，耿国阶．评估公众参与公共决策：理论困境与破解路径［J］．上海行政学院学报，2016，17（5）：43-50.

③ 官永彬．民主与民生：民主参与影响公共服务满意度的实证研究［J］．中国经济问题，2015（2）：26-37.

④ Ojasalo J. Managing customer expectations in professional services［J］. Managing Service Quality, 2001, 11（11）：200-212.

的方式和途径；显性期望是顾客在服务前已经清晰存在的服务标准和服务结果；隐性期望是顾客心中的非常明确的、认为理所当然的服务结果。这三类期望之间关系呈动态性变化发展，服务供应商应关注、解释并合理调整顾客期望，提高服务长期质量。① 对老年人而言，主要以模糊期望为主，希望政府能够为其解决养老问题，但又无法明确表达自己要求的服务标准和结果。

（一）老年人对服务的期望比较模糊

老年人高感知服务质量和高服务满意度，说明实际服务超过预期。首先，很多老年人政治效能感不强，认为政府给予享受资格是一种“恩惠”，因此对服务几乎没有什么“预期”，不存在“感知差距”，感知服务质量和满意度自然会很高。其次，符合条件自动入选，几乎没有服务预期。对于 90 岁以上的高龄人群、“三无”老人、低收入老人、计生特殊家庭老人等弱势群体而言，符合条件的自动被社区和街道纳入制度体系，享受对应的服务项目，且费用减免。这部分老年人在正式纳入政府购买制度以前，对自身的需求没有明确的预期，没办法确定服务项目是否符合自身期望。此外，大部分老年人对社区居家护理服务的定位是日常健康检查，如果有病就直接去医院就诊，对社区居家护理服务的期望比较低。

（二）老年人服务期望模糊形成的高满意度

老年人参与的有效性会影响服务的质量和老年人满意度。然而，满意度带有很强的主观色彩，其根源在于期望与感知效果的比较结果。然而这种“感知效果不仅指服务本身的质量，也包括服务交付和消费过程，甚至还受外界环境和传播等因素的影响”。② 服务预期和感知效果受多种因素的影响而不断调整，从而引起满意度的不断变化。老年人因为实际参与服务生产和递送过程，在多次和反复参与过程中，更了解服务人员提供的服务内容和服务标准。低的服务质量期望和高的感知之间形成正向差距，强化了老年人对服务质量的认同，有助于提升其满意度。

值得注意的是，老年人的服务期望与内在动机过程化关联。那些高度参与、积极投入的老年人对服务结果的预期较高，一旦服务结果不理想或出现服务失误，则倾向于将责任归因于服务提供者，加剧对政府的不满意。老年人参与服务生产和递送的程度不同，会导致满意度的变化。

---

① 黄琳．顾客期望管理方法研究［J］．企业经济，2007（12）：52-54.

② 张辉，汪涛，刘洪深．顾客参与了为何仍不满意——顾客参与过程中控制错觉与顾客满意的关系研究［J］．南开管理评论，2011，14（5）：153-160.

“长期护理保险实施后，由于服务内容的改变、服务商的变化，服务专业化程度提升。但是减少了与老人日常接触的服务（扫地、助急等），会造成老人满意度下降，制度也有一个适应期”。（普陀区民政局；访谈对象：G104-FY）

二、服务获取成本对满意度的影响

从价格来看，“服务的价格越高，顾客抱有的期望就越大；反之，期望越小”①，价格因素对满意度有直接影响。

（一）基本照护服务的无偿性和低偿性

政府购买养老服务是以普惠（无偿、低偿）为基础，对于社区居家养老服务而言，老年人费用减免。对于享受城镇居民医疗保险和城镇职工医疗保险的老年人而言，符合条件的享受相应的社区居家护理服务项目，费用由医保个人账户划拨。其中，评估 2~3 级的，一天支付 20 元左右；评估 4 级的，一天支付 25 元左右；评估 5~6 级的，一天支付 30 元左右。每次服务个人负担 15%，由个人医保账户缴纳，这对老年人个人医保账户中的积累资金而言，“付费”几乎没有太大影响。对有退休收入的老年人而言，不会造成任何负担，因此很少有老年人对这种福利性质的服务给予不满意的评价；相反，纠纷和投诉，甚至打官司的多涉及高收费项目或自选项目。

“政府购买的免费项目极少被投诉，只有老年人对服务人员能力、态度极其不满意时，才会要求换人。高收费的高端项目，老年人及其家属对服务效果要求高，投诉率也较高”。（徐汇区爱照护护理站；访谈对象：S202-YBY）

（二）责任分担对满意度的影响

近年来随着居家养老服务成本的上升，上海市部分区县开始对社区居家养老服务实施责任分担。一方面，明确政府、市场、服务供应商、家庭和个人在基本养老服务中的角色和责任，确保政府购买养老服务的持续发展；另一方面，将有限的养老服务资源倾斜到长期照护领域。例如，闵行区规定评估 1~2 级、享受政府购买社区居家养老服务且不是社会救助照顾对象的老年人要承担 25%~50%的费用。其中，那些承担 50%费用的老年人的满意度明显不高，且对政府购买服务项目表现出质疑。

---

① 张懿玮．顾客期望对服务质量的影响机制分析［J］．河北经贸大学学报（综合版），2012，12（2）：86-90.

“2015 年 9 月以后需要评估才能享受服务，而且评估中度及以下的需要自付 50%费用；评估为重度的需要自付 20%费用。高龄、征地农民、退休干部等群体具体配套政策不同；我们中度的 560 元一个月，重度的 780 元一个月，很多老人因为收费放弃了享受资格。还有些家属不理解，反复拨打“12345”热线电话投诉我们，认为是我们这个机构的问题。后来街道办和老人儿子单位的领导进行沟通，才不再投诉了。我们也很冤枉啊，闵行区有文件的。收费以后，很多老人不愿意参加了，老年人会算的，付二百多块钱，还不如找个钟点工。”（闵行区恒研助老服务社；访谈对象：S102-CLS）

相比之下，社区居家护理和机构护理服务通过医保结算，个人账户余额支付，老年人很少直接付费，所以很少有抵触情绪。通过各区（县）的实际情况可以看出，同样是责任分担，社区居家护理和社区居家照料服务的价格对老年人满意度调节作用非常明显。

三、感知服务质量对满意度的影响

政府购买养老服务促进老年人及其家庭、服务供应商、政府相关部门的互动合作，有效回应了服务对象的基本养老服务需求，购买制度的直接成效初见。[①] 尽管还有资金、数量、范围和质量方面的限制，但在一定程度上回应了老年群体的养老服务需求，让无力享受市场化养老服务的弱势老年群体能够享受基本养老公共服务[②]，为老年人提供了多元化的基本养老公共服务，保障了老年人的基本权利。政府购买养老服务带来的积极结果提升了老年人满意度。

（一）需求满足情况对满意度的影响

老年人的满意度受到其需求状况的影响。如果老年人需求低，政府资源利用率就低，意味着购买项目取得的实际社会效益差；当老年人需求符合政府购买服务要求时，政府购买项目的社会效益就会增加，并产生积极影响；当老年人的需求超过政府资源或者需求与项目不匹配时，政府购买项目的社会效益和外部效率就会降低，对老年人感知服务质量产生负面影响，进而影响老年人满意度。因此，老年人的需求是影响满意度的一个重要因素。对老年人而言，获取政府购买养老服务主要是为了满足个人养老服务需求、减少家庭照护资源的消耗，最大程度上改善自己的福利状况。政府购买养老服务

---

① 杨琪，黄健元．政府购买居家养老服务政策的类型及效果［J］．城市问题，2018（1）：4-10.

② 王阳亮．责任与合作：政府购买养老服务研究［M］．北京：中国社会科学出版社，2017：108.

的主要目标也是满足老年人的养老服务需求。养老需求的满足，对老年人满意度提升有极大的促进作用。

“我老伴去世了，子女不在身边，为了照应才申请白天来日间照料中心，晚上回家住。来这里有三年了，还是很满意，可以和很多老人聊聊天。我一个月退休金3500元，这里一个月收费400多元能够负担得起。”（报晖新村第一居委会；访谈对象：L108-SJH）

就目前情况而言，上海市老年人对基本照护服务的需求具有一定的层次性和阶段性，老年人的满意度较高，除了受到服务的无偿性和低偿性影响外，也受到服务效果的影响。服务机构给老年人提供专业化的养老服务是老年人满意的基础。即使有些需求仅能部分满足，但对老年人满意度的影响还是比较大。

“我63岁了，家里还有孙子，只能白天过来照顾我妈妈。去年开始申请医疗护理服务，护理站人员每周上门服务1个小时，一次刷医保卡12.5元，也负担得起。除了没有夜间陪护，其他服务都挺好的。”（爱博四村居委会；访谈对象：L208-ZLZ）

（二）感知服务质量对满意度的影响

养老需求的满足情况对结果质量的感知产生影响，而感知服务质量对满意度有直接的预测作用。老年人感知服务质量越好，其满意度越高；反之，老年人感知服务质量越差，其满意度越低。从数据分析结果来看，除对结果质量感知不佳外，老年人感知服务质量整体处于一个较高水平，对老年人高满意度有很大的贡献效应。

四、各方对批评意见的顾虑

（一）老年人对批评意见的顾虑

在西方，对政府购买公共服务的监督评估中，也存在“由于用户担心提出批评意见导致其无法获得服务，有时难以得到准确的用户反馈意见”。① 很多老年人缺乏权利意识，对服务人员的评价多数是随便填写或者只给予积极评价。究其原因如下。

一方面，很多老年人不愿意与服务机构起正面冲突，担心影响其享受后

① 王浦劬，郝秋笛．政府向社会力量购买公共服务发展研究：基于中英经验的分析［M］．北京：北京大学出版社，2016：339.

续服务的资格与质量。老年人对服务项目或服务人员不满意时，会向服务机构反映问题，要求更换服务人员或调整服务时间或方式。很少有老年人及其家属越级投诉或者采取直接冲突的方式来维权。张旭升等指出，老年人不仅抱有“感激之情”，还顾虑服务提供方“秋后算账”而隐瞒不满意或者故意提升满意度。①

“有一次，我们对某养老院进行评估，即将离开时，一个老太太偷偷来到我身边，抱怨其院长‘贪污’他们的钱，并且克扣伙食等。考虑个别老年人比较偏执，陈述的也不一定是‘事实’，且我个人也没有任何执法权，我就建议她联系家中的监护人或者拨打“12345”热线反映问题。但是老太太一听说要她公开“告状”，马上放弃了，可能害怕对其不利吧！”（上海文会会计师事务所；访谈对象：S401-XXS）

另一方面，老年人接受服务多是依照户籍所在地就近安排，仍处于一个熟人社会之中。老年人与服务人员（本地“4050”再就业人员）、主管人员存在地缘关系。由于人情成分存在，老年人倾向于对服务机构给予正面评价，影响其满意度评价的客观性。

（二）政府政绩思维和部门利益

政府在做出购买决策时主要考虑“社会公众的效用”“政府自身的效用”和“政府官员的效用”，是否满足政府自身的效用是一项重要的隐性因素，这种效用又可以分为维护稳定的效用与创造政绩的效用两项内容。② 政府和服务供应商更在乎的是确保用户安全的前提下享受到服务，而未必是公民个人生活质量的不断改善。③

“不满意比例过高，不仅政府主管部门要问责，服务供应商后续签订合同也要受影响。政府委托我们来评估，事前双方都要沟通好。”（上海文会会计师事务所；访谈对象：S401-XXS）

调研中我们发现，街道工作人员和服务机构倾向于推荐那些“文化程度高、性格好”的老年人作为抽样代表，对于那些意见较大的老人及其家属，往往以联系不上等为借口，避免调研人员与其接触，阻止其表达反对意见。

---

① 张旭升，牟来娣．政府向民间组织购买居家养老服务的实践困境及破解之道——以 M 市 Y 区为例［J］．中共福建省委党校学报，2018（1）：1-8.

② 邓金霞．公共服务外包之隐性进入壁垒研究——以上海市为例［D］．上海：复旦大学，2013：65.

③ 王浦劬，郝秋笛．政府向社会力量购买公共服务发展研究：基于中英经验的分析［M］．北京：北京大学出版社，2016：304.

即使独立的第三方进行抽样，也需要服务机构和街道部门配合联系老人，如退休党员干部，其居家护理服务享受全免政策，被抽中作为民意代表的概率更大。所以，老年人与基层政府的关系会影响其不同声音的表达。

（三）服务机构的针对性运作

在上海市政府购买养老服务合同中，明确设定老年人及其监护人满意度这一硬性评估指标，规定验收时必须邀请一定比例的服务对象参加，并征集服务对象对服务内容、服务质量的评价。服务供应商会针对这些评估条款进行针对性运作，服务人员和服务机构的运作对老年人评价起到重要影响。每次评估前，服务机构会提前打电话交代或当面拜托，这样老年人及其家属碍于面子会给予满意的评价。评估阶段的老年人多是象征性参与，缺乏实质性的发言权。当前的评估机制主要是政府委托第三方的专业机构进行事后评估，虽然在评估过程中老年人满意度被视为重要维度，但是老年人满意度是“老年人代表”给出的，参与考核的老年人通常是“好说话的老人”或“老干部们”，未必能代表全部老年人的真实满意度。

第四节　“结果假象”下的购买成效反思

随着服务对象需求的多样化，在平衡政府购买服务的政治诉求、经济效应的同时，如何最大化地满足服务对象需求，提升服务的有效性已经成为新的实践起点。① 政府购买养老服务的社会效益和实际效果主要通过老年人感知服务质量和满意度来衡量。然而，老年人满意度受到非服务性特征因素的影响，老年人高满意度并不完全是需求满足的结果，有很多因素影响服务质量提升，并制约着政府购买养老服务的实际效果和社会效益。这种服务供需之间的“脱节”，与老年人的需求和利益诉求不能及时且准确地体现在服务规划和服务输送名录中不无关系。② 老年人较高的服务质量感知和较高的满意度更像是一种“表征”和“结果假象”，参与制度的不完善和老年人参与不足让政府购买养老服务的实际效果大打折扣，绩效结果与实际需求仍存在一定差距。

---

① 朱志伟．基于服务对象需求的政府购买服务机制研究——以制度变迁理论为分析视角［J］．云南行政学院学报，2017，19（4）：155-160.

② 张旭升，牟来娣．政府向民间组织购买居家养老服务的实践困境及破解之道——以M市Y区为例［J］．中共福建省委党校学报，2018（1）：1-8.

一、老年人的需求和偏好未能完全满足

斯蒂芬·德沃鲁和沙琳认为“需求的确定和政策的设计常常是自上而下、政府主导的，目的是用有限的资源更加有效地生产和递送服务；这些政策实施时主要关注筹资和递送机制的效率，很少关心‘目标’人口，也不评价实际结果，结果导致公共服务的‘供需’脱节”①。资源配置的选择主要是政府决策的结果，而且资源配置及其使用不可避免地反映政府决策部门以及财政、公共服务提供者的利益和关注点，导致自上而下的干预设计，很少基于了解政策目标的人群而做出决策，结果造成提供服务的能力和内容与目标人群的实际需求产生差距。公众需求和实际政策的差距表现为不同形式，或许是得不到或者用不上产品和服务；或许是产品和服务不恰当或者质量低，或者与人们的谋生体系和策略发生冲突。斯蒂芬·德沃鲁和沙琳针对这些不相配提出了四项标准，为评价公共服务供给能否有效满足社会需求提供一个有用的判断标准，参见表6-6。

表6-6 评价公共服务供需适配性的标准②

标准	内容
可及性	旨在帮助弱势群体的社会产品和服务是否具有物理的（地点和覆盖面）和经济的（成本）可及性；获得服务的条件和权利资格是什么
相关性	提供给弱势群体的产品和服务是否考虑了他们的实际和迫切需求；是否针对问题提出了解决方案
质量	提供给弱势群体的社会服务是达到了一定标准，还是弱势群体只能得到劣质服务
相适性	递送社会产品和服务的干预和机制是否考虑了弱势人群的活动和（如在时间上）约束

老年人高满意度的重要原因在于其对服务期望模糊、服务的无偿或低偿性，也与服务机构的安排和运作相关联。老年人目前的高满意度不完全是效用满足的结果，政府购买养老服务项目和老年人真实需求之间存在供需脱节问题。按照斯蒂芬·德沃鲁和沙琳提出的四项标准，逐一对当前政府购买养老服务供需情况进行对照，分析上海市政府购买养老服务是否存在供需脱节的问题。

① 沙琳，等．需要和权利资格：转型期中国社会政策研究的新视角［M］．北京：中国劳动社会保障出版社，2007：26.

② 沙琳，等．需要和权利资格：转型期中国社会政策研究的新视角［M］．北京：中国劳动社会保障出版社，2007：29.

（一）服务获取的资格和服务享受条件受到限制

不仅在于是否享受社会保险，限制了老年人享受服务项目；还在于户籍制度，限制了外来老人、支援外地建设回沪定居老人、海外回沪老人等群体的享受资格。另外，评估为1级和2级的老人，享受社区居家照料要负担50%左右费用，很多老人感觉负担大。从服务获取的条件和资格受到限制这一点来看，可以判断沙琳等提出的“可及性”标准，并未完全达到。

（二）老年人多样化、动态化和个性化需求并未满足

老年群体收入、体质和生活理念差别很大，需要政府分层次有针对性地提供资源支持。在一定意义上，现行制度已经对老年人按特征进行归类。然而，很多老年人同时需要生活照料和医疗护理，两种制度的融合性明显不足。忽略老年人多层次、多样性、差异化的服务需求，是目前养老服务质量不高的根源。[①] 服务交付不是最终目标，不能忽视老年人自身情况的变化和服务需求的不断变化。不同生命阶段的老年人有不同的服务需求，面向老年人的养老服务供给应当动态化调整。当前，项目供给程式化，所有老年人都享受全部的服务项目，缺乏对个性需求的回应，限制了老年人的选择权。社区居家养老和社区居家护理服务需求程度明显高于实际服务使用程度，尤其是日间照护、喘息服务、心理慰藉服务，老年人实际需求大而使用率却低。[②] 有些机构宣称让老人“按单点菜”，也是建立在政府购买全部项目的基础上，项目供给与实际需求之间存在一定程度的错位。据此，可以判断沙琳等提出的“相关性”标准，也并未完全达到。

（三）影响服务质量因素仍然很多

从服务供应商角度看，关键资源掌握在政府手里，社会组织在政府购买养老服务中没有决策能力和谈判能力，唯一的选择是采取合作的姿态。一些社会组织将维护与政府的公共关系作为一种基本的战略资源，导致社会组织的服务绩效无法与老年人需求及其责任相挂钩，而仅仅与政府购买合同挂钩。从具体服务来看，评估等级为2级或3级的，每周上门服务3次；评估等级为4级的，每周上门服务5次；评估等级为5级或6级的，每周上门服务7次；每次上门服务时间为1小时。老年人及其家属普遍反映享受的服务时间和服务数量远不能满足老年人需求，且服务人员开展服务的灵活性差，服务交互

---

① 张思锋，张泽滈．将养老服务推向高质量发展阶段［N］．中国科学报，2018-03-06（8）．

② 陈岩燕，陈虹霖．需求与使用的悬殊：对社区居家养老服务递送的反思［J］．浙江学刊，2017（2）：30-37．

受到影响。此外，对服务质量的监督往往严格参照评估结果，而绝大多数结果都是可量化的，服务供应商倾向于按照评估指标来递送服务。据此可以判断沙琳等提出的“质量”标准，也并未完全达到。

（四）服务供应商的合同导向

在“利益共享，风险独担”的情况下，政府购买决策和服务供应商的选择都是基于自身风险最小化和自身部门利益，效率和公平的考量往往是第二位的。服务供应商在承接养老服务之前并没有真正对服务对象的需求进行考察，只是简单地承接政府的购买合同。同时，服务供应商的产生和运行都与政府密切相关，是政府职能部门的延伸，无法自主地提供养老服务。所以，可以判断沙琳等提出的“相适性”标准，也并未完全达到。

综上，老年人实际服务需求和政府服务供给可能存在脱节，如基本养老服务的可及性受准入资格和户籍制度的限制；服务质量参差不齐，时间不足，不能满足老年人实际需求；服务与老年人表达出来的或未能表达出来的需求缺乏联系；服务设计常常不符合老年人的生活体系等。

二、购买成效的科学评价机制尚未形成

绩效评估是考察政府购买养老服务效果的重要手段。政府购买养老服务效果的评价应坚持“3E”（economy、efficiency、effectiveness）原则，既要考虑投入—产出，也要考虑实际服务效果。但是“政府服务成本始终是一个黑箱存在”[①]，评估也仅限于不同承接方之间的横向比较，服务对象的满意度因此成为主要评价依据。老年人养老需求的满足和福利状况的改善是政府购买制度的最终落脚点，也是评估该项制度运行效果的最终指标。[②] 服务供应商承接政府购买养老服务项目的成效如何，需要通过专业、科学的评估来检验，确认服务项目是否真正满足老年人的需求，达到服务项目预期的效果。

（一）从评价主体来看，第三方评估机制不完善

当前，第三方独立性不足，尚未形成一套可以保证服务质量和对政府所购买服务进行有效监督和科学评估的办法，如何评估政府购买养老服务的成效仍是现实难题。当前，第三方评估的专业性、科学性和公信力仍受到质疑。由于参与程度不足，老年人没有途径表达对政府购买养老服务的项目、质量、效果等方面的意见。第三方绩效评估处于整个购买服务过程的末端，由于老

① 李健．政府购买服务绩效评价：逻辑层次、现实困境与发展路径［J］．大社会，2017（1）：20-23.

② 张旭升．政府购买居家养老服务参与主体的行动逻辑研究［D］．南京：南京大学，2011.

年人参与不足、绩效评价本身的技术手段欠缺等因素，绩效评估没有成为政府购买服务所倚重的调控工具，因而也就无从判断和检验项目服务的成效。

“政府购买服务的评估应该包括对需方评估、对供方评估、对付费方（政府）评估。当前，对老人需求的评估，上海市有统一的需求评估体系，但还在不断完善中。对服务机构的评估主要是政府委托第三方评估，存在的主要问题是评估体系不科学，大多是后置评估。对政府的评估主要是项目结束后对政府行为的评估，一般很少开展。”（上海市老龄科学研究中心；访谈对象：G101-YZG）

（二）从评价标准来看，当前的满意度评价存在缺陷

满意度评价不能衡量福利改善情况。当前，在政府购买公共服务的评估中，主要采取对受益对象进行满意度问卷调查来判断政府购买服务的实施效果。虽然政府也重视老年人的满意度调查，但不管是评估标准的制定还是老年人代表的选择，都受到一定的影响。从实际调查情况来看，老年人群体中普遍存在高满意度的“表征”和“假象”，这些满意度不完全是需求满足、福利状况改善而引起的，满意度的考核结果缺乏真实性，不能呈现项目实施对老年人需求的真实影响。

老年人满意度的偏差也与政府质量控制工具和衡量标准主要基于量化指标有关，单凭主观满意度调查方式对“政府购买效果”进行衡量，存在失灵风险。从我国政府购买养老服务的绩效评价来看，普遍存在“养老服务购买综合效率不高，并在不同服务项目上存在错配现象，资金存在不同程度的浪费，多数购买服务效率的规模报酬递减”。[①] 质量监督往往严格参照评估结果，而绝大多数结果都是可量化的，服务供应商倾向于按照评估指标来递送服务。以服务对象为核心的满意度评价也存在诸多局限，老年人对没有体验过的服务评价具有随意性，对复杂的服务难以做出有效判断，难以保证客观公正。

（三）从评价结果看，评估对老年人的回应性不强

当前，政府绩效评估偏重于成本、指标完成量等方面的考核，服务对象满意度评价存在诸多问题，一些具体数据不能真实反映政府购买服务项目满足需求的效果。政府集决策、监督、评估于一身，老年人则主要以政府主导的满意度调查或测评的方式来参与购买效果的评估，这就意味着老年人仅仅是在评估环节充当“消息供给者”角色。评估结果对老年人的回应性不强，

---

① 吉鹏，李放．政府购买城市社区养老服务效率评价——基于江苏省三市数据的分析［J］．城市问题，2016（10）：84-88.

政府无法通过评估认识到老年人多元化和差异化的服务需求，不能及时处理供需脱节的问题，并按照老年人实际需求和动态变化来进行再设计和安排，因此无法真正提高服务质量和满足老年人需求。

（四）公众监督评价渠道不畅

利益相关者的监督评价对于服务的改进和提高具有重要意义，能及时纠正实际中的各种偏差，使之更符合老年人的利益。由于购买过程开放性和透明性较差，社会和利益相关者无法充分了解和熟悉政府购买养老服务的运作过程，很难进行实质有效的监督和评价。

三、对服务需求和购买效益的认识不足

政府购买养老服务的决策是由政府主导和控制的，服务项目的确定往往不是以老年人的实际需求为根本。政府购买养老服务项目和老年人真实需求之间存在"脱节"，购买项目在满足老年人实际效用方面仍存在一定差距。老年人的不满和诉求不能通过有效路径得以传递，供需难以有效对接，导致目标与现实的偏离，制度效应难以有效实现。[①]"没有根据公民实际需求而制定的公共服务项目，不仅造成公共服务供给目标偏离，长期下去还会降低公众满意度"。[②]

（一）老年人真实需求的认识依然不足

服务质量的定义是基于需求期望和满足程度的差距，强调满足顾客的需求是"判断服务品质"的标准，必须先了解顾客真正需要的内容，才能够相应地提供服务。[③] 上海地区经济比较发达，人均预期寿命较高，老年人的经济能力和需求层次呈现明显的差异性和多样性。随着年龄的增长和外部环境的变化，老年人具体需求在不断变化，具有从量变到质变的可能性。政府部门一方面要认识到老年人需求的动态变化，另一方面要切实做好需求调查，以把握这种动态变化。

1. 需求的多样性和动态性认识不足

现行《上海市照护服务统一需求评估标准》虽然相对客观，但服务使用

---

① 姜竹，陈佳．基于"三方共赢"的政府购买服务激励相容效应研究［J］．地方财政研究，2017（4）：50-57.

② 高海虹．政府向社会力量购买公共服务的过程管理机制研究［J］．济南大学学报（社会科学版），2016，26（4）：93-98.

③ HungChang Chiu，NengPai Lin. A service quality measurement derived from the theory of needs［J］. Service Industries Journal，2004，24（1）：187-204.

者存在个体差异且会有不同的主观意愿。目前，老年人只有通过评估才能获得养老服务资格，“老人在整个服务决策过程中并未因其是服务使用者而能够自己做出决策，也就是说老人未能直接地为自己选择服务，更不可能选择服务的内容，如服务机构和服务水平等”。[①] 对低收入的老人而言，服务需求多表现为潜在需求而难以形成有效需求，造成的结果和影响是老人只能靠“政府购买服务”勉强维持，谈不上参与，更谈不上获得感。[②] 老年人才是政府购买服务的主体，他们的需求变化决定着政府购买的政策、内容和方式，政府应该重视对老年人需求的多元化、层次化、动态性把握。在政府购买养老服务的过程中，调查并了解老年人及其家庭需求和意向十分重要，而需求调查结果和政策措施之间的关系同样应该受到重视。

2. 需求调查的有效性不足

老年人对政府供给养老服务的真实“预期”是什么？或者说老年人真实“需求”是什么？是政府在开展需求调查时应该重视并着重解决的问题。这就需要作为服务对象的老年人不断地参与，而老年人参与不足，必然导致“政府供给需求与服务对象需求不一致”。政府应对老年人进行需求细分，把需求相近的归为一类，确定谁才是最应该关注的目标对象，确定当前阶段应该聚焦谁或者聚焦谁更多。政府只有以有一致性需求的老人为目标“顾客”，避免老年人同质化的影响，才能在“顾客导向”下实施资源分配和购买项目规划。

3. 需求信息的收集和应用不足

政府往往根据自身的现有资源、公共财政预算等情况形成理性的购买规划和购买项目，这种规划预设了老年人需求的同质性。但就老年人个体而言，不同的身体健康状况、不同的经济收入以及家庭环境等都会影响其需求，这种个体实际需求具有差异性。老年人需求调查结果应充分应用到购买决策和服务设计中，政府应该按照老年人群体特征、普遍需求、家庭特征等属性归纳整理调查结果，进行更为详细的分类解析，使调查结果更容易运用到购买政策中。要根据不同老年人的实际需要采取不同的服务方式，老年人有的需要政策优惠支持、有的需要场所设施、有的需要资金扶持、有的需要专业医疗服务、有的需要日常照料喘息服务等，只有区分老年人最主要的养老服务需求，才能更精准地设计不同的服务方式和服务项目。

---

① 王裔艳．上海居家养老服务的供给、购买与决策：以“福利轮”为分析视角［J］．华东理工大学学报（社会科学版），2015，30（4）：20-27.

② 唐钧．构建机构、社区、居家养老全服务体系［J］．中国房地产，2017（8）：56-57.

“需求评估应该从老年人的角度出发，不应该从青年人、中年人的视角出发。第三方需求评估人员多少都是中年人，他们评估的需求和老年人实际的需求差别很大，这个就是‘评估员认为的需求’和‘老年人自己认为的需求’之间不匹配。假如让老年人群体自己评估自己，估计供需匹配会好很多。”（浦东新区第三方评估中心；访谈对象：S301-BR）

政府部门应在规范、科学的需求调查基础上，对老年人进行需求细分，把需求相近的归为一类，确定谁才是最应该关注的目标对象，针对老年群体急需的服务制定购买目录。同时建立目录的筛选机制，允许老年人及其他社会公众参与购买目录的管理和筛选，提高公共财政资金的利用效率和老年群体的满意度。

（二）影响服务质量提升的因素仍然存在

1. 政府没有把握服务质量内涵变化

随着全面建成小康社会进入决胜阶段，老年人口对美好生活的需要日益增长；养老服务由“从无到有”“从少到多”的数量需求阶段，转化为“从有到优”“从量到质”的质量需求阶段。忽略老年人多层次、多样性、差异化的服务需求，是目前养老服务质量问题的根源。① 老年人需求包括生理需求（医疗、康复、照料等）、精神需求（心理慰藉、交往）、住房、经济、紧急援助等。随着社会经济的进步，老年人对养老服务有更高精神层次和服务体验上的要求；而且随着老年人年龄的变化，对服务项目具体要求也在不断变化，老年人对养老服务的要求呈现多样化和个性化特征。这要求政府购买服务要在合同周期内不断地调整变化，提供养老服务的形式越来越多样化，在追求高效的同时更加追求公平。因此，政府在购买养老服务时，应持续关注老年人需求，动态收集老年人需求信息，根据老年人的多样需求制定标准和形式。但是，当前购买项目同质化严重，无法满足老年人不断变化的需求。

2. 政府对提升服务质量的忽视

在服务质量控制和提升方面，影响服务质量的不利因素依然存在。某些部门出于创新和政绩，重点关注“指标和数字”，忽视项目资金效率和服务质量持续提升。例如，就社区居家养老服务而言，2008 年与 2017 年相比，政策覆盖人群数量极大增长，但是服务项目和服务内容却差别不大，而且项目之间区分度不明显。针对非制度化参与问题，某些部门依然不能做到理性反思，

---

① 张思锋，张泽滈．将养老服务推向高质量发展阶段［N］．中国科学报，2018-03-06（8）．

多数为了“维稳”，以“堵截、疏导”等方式，产生很多消极的社会影响和后果。

“很多公办服务机构，如日间照料也好、长者照护之家也好，眼前的蓬勃繁荣都是财政堆出来的，不收租金、每年还要补贴三四十万元，您觉得这样的政府购买算成功吗？不是竞争的、不是可持续的，服务质量和创新性都是会打折扣的！比如，金山区和普陀区投入最大，很多机构都是满员，老年人参与积极性很高，如没有财政资金支持，恐怕就难以取得现在的效果了。很多项目决策都是政府部门说了算，老人说了不算，项目决策应综合考虑公平性、均衡性和时间效益。”（闵行区老龄事业发展中心；访谈对象：G105-SY）

3. 制度推广过快

上海市政府购买养老服务的很多配套制度，只经过短暂试点，随即在全市范围内推广，带有明显的政府动员特征。虽然行动迅速、效果明显，但是与政府购买公共服务精细化合同治理的要求相违背，进而产生“重项目审批，轻过程管理的绩效管理问题”。①

总之，政府购买养老服务的首要目标是提供高质量的养老服务，满足老年人基本照护服务需求。然而，透过老年人高感知服务质量和满意度的“结果假象”，可发现在实践中上海市政府购买养老服务的实施效果有限，并没有完全实现政府购买养老服务的初衷。老年人和政府对购买服务的认知不同，对政策目标和效果的理解也不同。政府关注的重点在于服务数量、覆盖范围、制度创新；而老年人只关注个人健康结果。如果没有老年人个人健康、福利状况改善的主观感受，就不能说政府购买的政策效果完全实现。那种利用外来的、自上而下的、政府主导的方法确定服务需求、制定政府购买政策，导致政府部门化的垂直传递，资金和服务的监管被部门条块割裂的问题。因此，需要重新认识老年人在政府购买养老服务中的作用和角色，让老年人充分参与计划与需求的一致性评估、服务递送质量监督、对政府购买养老服务政策效果评估等环节，来供给与需求的脱节。上海市有充足的财政资金用于养老服务事业，无偿或低偿的普惠性服务供给也有雄厚的财政基础。对于其他省市而言，依靠财政投入达到服务的“无偿”较为困难，而且也背离了政府购买服务的初衷。政府购买养老服务既要提高公共财政的利用效率，也要把资源向更需要的群体倾斜。因此，要提升老年人满意度，必须考虑服务供给是否有效地满足消费者的需求和偏好。除了确保服务质量外，更需要提高老年

① 王阳亮．责任与合作：政府购买养老服务研究［M］．北京：中国社会科学出版社，2017：90.

人参与的有效性，建立反映老年人需求的“自下而上”的购买项目决策方式和充分参与模式。

本章小结

就参与结果的调查情况来看，老年人普遍表现出较高的感知服务质量和满意度，说明上海市政府购买养老服务取得了一定的成效。然而，通过结构方程模型分析发现，参与过程中的“服务参与”对老年人感知服务质量和满意度预测作用明显，而“决策参与”和“评估参与”预测作用弱。“结果质量”对整体服务质量的贡献较小，虽然感知服务质量与老年人满意呈现高度正相关关系，但在“结果满意度”上明显预测不足。因此，可以判断主要是服务交互带来了质量感知和满意度。

进一步分析影响感知服务质量的因素发现，虽然老年人对服务质量有较高的感知和评价，但影响服务质量的因素依然存在。制度运作过程中，统一需求评估与旧评估体系的磨合、项目沟通和宣传、资格条件的限制、基层工作人员的管理和态度等都影响项目质量的感知。服务供应商的管理、服务人员专业水平差异、服务项目流程等都对递送质量和交互质量感知产生影响。老年人需求满足情况、家庭资源节约情况、健康恢复情况等因素对结果质量感知产生影响。

进一步分析老年人高满意度的形成原因发现，老年人高满意度不仅来自高服务质量感知和需求的满足，同时受到具体期望模糊、服务无偿或低偿、对批评意见的顾虑以及政府和服务机构针对性运作等因素的影响。老年人高满意度并不完全是需求满足的结果，高满意度并不能说明政府购买养老服务目标的完全达成，仍有很多因素影响和制约政府购买养老服务的实际效果。

满足老年人的多元化照护服务需求是政府购买养老服务的根本目标，这个目标主要通过满意度来衡量。老年人满意度受到非服务性特征因素的影响，老年人对满意度的回答不能真实反映服务绩效。当前，老年人较高的满意度更像是一种表征和假象，参与制度的不完善和老年人参与的不充分让政府购买养老服务的实施效果大打折扣，政府购买养老服务在增进老年人福利和改善老年人健康方面，仍存在一定差距。究其原因，是“老年人的真实需求”和“购买效果的科学评价”没有引起足够重视。因此，政府部门与其在“满意度”上做文章，还不如在吸纳老年人参与项目决策和实施管理上下功夫。

第七章　老年人有效参与政府购买养老服务的路径

“如果不仔细设计和实施相关政策，公众参与反而可能会延误决策，增加冲突，使参与者失望，并导致更多的不信任，从而影响政府购买公共服务的有效性”。[①] 当前，政府购买公共服务方式方兴未艾，伴随着政府职能转变、社会治理创新、事业单位职能改革等过程，必须在政府主导下循序渐进地进行顶层设计和制度规范，这也是政府未来公共服务治理范式转变的题中应有之义。本书第四章通过对老年人参与动因的分析，发现老年人参与的内在驱动力不足，存在外部制约因素；本书第五章通过对老年人参与过程的分析，发现老年人在政府购买过程三个阶段参与不足，严重影响政府购买制度良性运行；本书第六章通过对结果的分析，发现仍然存在影响服务质量提升的因素，老年人需求并未完全满足，高感知服务质量和高满意度的“结果假象”掩盖了购买效果不佳的事实。所以，在进行老年人参与路径的设计时，早已不再是“要不要参与”的问题，而是什么样的参与路径能够促进老年人充分有效地参与。本章根据前文分析发现的问题和不足，从动因、过程和结果三个层面探索增强老年人参与有效性的路径，促进政府购买养老服务供需匹配、优质高效。

第一节　基于动因障碍的老年人参与对策

当前老年人参与责任动因不强，受政治效能感影响较大，且缺乏组织化参与的外部基础。应充分认识老年人参与动因的基础性作用，积极引导和激发老年人参与的内在积极性，同时发挥政府的主导作用，营造积极的外部支持环境，融合老年人参与的内在诉求和外在条件，形成老年人参与的拉力和推力，构建老年人参与的动力机制。

---

① 方国阳，邵建树，靳晓．公众参与如何影响政府购买公共服务的有效性？——基于政府购买服务项目的案例分析［J］．中国行政管理，2022（4）：36-46.

一、增强老年人参与的内在动力

（一）提升老年人的政治效能感

1. 重视培育老年人参与意识

不断提升老年人的参与意识和责任意识，使其有足够的意愿承担公民的社会责任，而不仅仅是被动的服务接受者。老年人参与政府购买养老服务决策和实施过程，能够避免公共养老资源的滥用、促进社会的和谐发展。政府应当提升老年人及其家属的知识素质、培育其社会责任意识，促使其在法律的框架下表达自己的权利诉求；同时使其明白权利和义务的均衡对等性，明晰哪些是正当需求，哪些是非正当需求。政府对老年人“参与授权”需要体现在政策制定过程中，听取老年人代表的意见，提高老年群体参与的积极性。此外，在法规中要多一些授权性规定，即在公共政策过程中，尊重老年人作为权利主体资格，赋予老年人群体的选择权和话语权。这样，就确定了政府购买养老服务机制运行的社会基础，只有老年人理解、接受政府和社会组织提供的养老服务，这种购买才有意义和价值。

2. 提升老年人对政府购买养老服务的认识

政府购买养老服务这一新型服务供给方式仍在不断探索和完善中，社会各界对政府购买方式的认识还在逐步深化。实地调查中发现，大部分老年人表示对政府购买养老服务的政策和概念不了解，服务供应商在为老年人提供养老服务时，部分老年人对此产生不信任感，特别是对于有偿或低偿的养老服务，老年人一般采取不予理睬的消费态度。

3. 促进老年人参与的实践历练

促进公民参与的实践历练，是提升公民参与能力的重要举措。因此，需要促进社区和街道层面的参与实践，通过实践来培育老年人参与意识，塑造参与文化。通过实际参与让老年人不断学习和获得参与技巧及参与知识，学会对现有制度的认知和表达，如教会老年人拨打投诉热线、明确告知老年人有哪些参与权利等都是促进老年人参与的实践方式。

（二）重视对“服务的潜在使用者”的培育

服务对象不仅指直接的“顾客”，还包括潜在的“顾客”，即那些健康、低龄的老年人。Schipper 等的研究表明，正在享受长期照护服务的老人和健康老人两组之间对自身需求的认知存在显著差异，那些健康的“潜在顾客”

（Future Clients）不能清晰地把握自身护理需求达到什么样的程度，无法了解长期照护服务申请中的困难。[①] 积极宣传引导低龄老年人（甚至中年人群）提早做好高龄时期接受照护服务的准备，避免在经济支付和方式选择上出现困难。为了更全面地了解老年人需求，需要对老年人进行进一步分类，并考虑低龄老年人的需求意愿，把握老年人需求的动态变化和权利诉求的变化。

"很多低龄老年人都不怎么关注养老服务的享受资格、享受待遇、购买情况等。一般是年龄超过90岁，社区会主动通知享受哪些项目，年龄这条杠好把握；或者老人出现失智失能症状了，才开始关注政府的养老服务政策，这一部分老人和家庭，对服务的需求往往比较急切。但是服务提供又有个过程，很容易出现抱怨和投诉"。（长风新村街道社区服务中心；访谈对象：G204-CX）

未来"医养结合"背景下的养老服务不仅强调失智失能的医疗保健服务，而且"应是一个整合的、个性化健康照护整体规划，在政府引导下，健康成为老年人的一种自觉及生活的一部分"。[②] 当前，各级政府尚没有采取措施去帮助低龄老年人进行养老规划，而那些健康的、低龄的老人自身对未来长期照护服务问题也没有足够重视。因此，政府需要帮助低龄的、健康的老年人了解政府购买养老服务政策，帮助他们规划未来的养老方式和照护安排，充分调动这部分老年人参与的积极性。

（三）强调家庭支持

有研究者认为应强调老年人"自主决策"，老年人自身更清楚需求和参与价值，并根据自身的实际需要选择照护服务。也有研究者对那些"有认知障碍的老年人是否能对他们的健康和社会照顾做出有效的参与"[③] 存有异议。老年人由于认知、身体和感官上的局限，难以做出"好的参与行为"，需要家庭成员和主要照顾者提供帮助和支持。事实上，现实中老年人不完全是理性的消费者，在期望他们科学参与时，需要保障老年人有参与的能力、有充分的信息、认识参与的重要性等，但更重要的是如何才能更好地支持他们。未来，社会化养老是必然趋势，但家庭仍要担负应有的责任，发挥基础作用。因此，要强调家庭责任，改变"重社会、轻家庭"的现状，明确子女的义务，构建

---

① Schipper L，Luijkx K G，Meijboom B R，et al. Access to long-term care：Perceptions and experiences of older Dutch people［J］. Quality in Ageing & Older Adults，2014，16（2）：83-93.

② Lu B，Liu X，Yang M. A budget proposal for China's public long-term care policy［J］. Journal of Aging & Social Policy，2017，29（1）：84-103.

③ Meinow B，Parker M G，Thorslund M. Consumers of eldercare in sweden：The semblance of choice［J］. Social Science & Medicine，2011，73（9）：1285.

以家庭为基础的养老服务参与机制。

（四）引导老年人参与动机的积极转变

老年人内在参与动因有一个过程化现象，既能向积极的方向转变，也能向消极的方向转变。从顾客细分的视角来看，不同的老年人对参与的态度不同，造成其参与的预期和导向也不同。公民利益诉求表达不畅和政府回应性低都会影响公民个人的政治效能感，效能感又影响责任动因。为此，应考虑建立老年人参与的回报机制，让更多老年人获益或有足够的动机去主动参与政府购买养老服务。“这些回报包括对服务传递过程的控制力提高、节约时间、节省金钱以及获得心理或身体上的利益等”[①]，让老年人能够体会到自己在政府购买养老服务过程中发挥的作用，以调动其参与的积极性。未来要深入引导和挖掘老年人的公共责任和权利意识，塑造老年人的公民形象，这对于推动老年人参与更为直接和现实。“被边缘化的弱势群体很容易忘记本身负有的公民责任，且他们的利益和愿望很少被认真、公平地对待”。[②] 要引导和激励老年人的责任动因，以实现老年人参与的持续性和长效性。

二、消除老年人参与的外部阻碍

外在制度环境对老年人参与的促进作用不明显，影响老年人参与的组织因素主要是组织支持和组织沟通。当前情境下，亟须从组织支持和组织沟通两个层面入手，促进老年人有效参与；同时要不断优化制度环境，创造更好的老年人参与条件。

（一）老年人参与的制度建设

从实地调查结果来看，虽然制度环境对老年人参与的影响不显著，但是良好的制度环境是一切参与行为的基础，无论是对政府购买养老服务制度的完善还是对促进老年人参与都有积极意义。

1. 加强政府购买的立法

目前，我国唯一一部与政府购买公共服务相关的法律是《中华人民共和国政府采购法》，随着政府购买公共服务实践的发展，该法律适用性有所降低。因此，有必要制定一部专门法律，从顶层设计层面对政府购买公共服务进行规范。在国家出台专门法律基础上，上海市出台能够反映本地实践的地

① Ahn J, Rho T. Influence of customer-firm relationships on customer participation in the service industry [J]. Service Business, 2016, 10 (1): 113-133.

② 郭庆松．政府绩效评估与公民参与的动力机制［J］．中共中央党校学报，2009（3）：93-95.

方政策法规，以对政府购买公共服务的决策、实施和评估等各个阶段进行全面规范及引导。

2. 推进服务标准化建设

所谓服务标准化，主要指政府购买养老服务的具体内容与执行标准，包括公共服务目录与服务执行标准，这是购买合同协商、服务交付过程监管、服务效果评估和服务责任追究的主要依据。推进养老服务标准化建设，主要包括两个层面：一是建立动态的老年人需求发现和回应机制；二是制定可操作的服务标准。既要保障服务项目自上而下的体制性运作，又要增强基层政府和服务供应商的自主权。

3. 服务购买平台化建设

政府购买养老服务平台建设要求程序透明、过程开放、参与广泛，通过建立独立的服务信息综合平台，公布相应的政府购买服务目录、服务标准、项目招投标、服务流程、监督评估等相关信息，保证政府购买养老服务的全部信息都能够通过平台及时传达，既便于老年人申请和利用服务，又便于老年人监督和反馈。构建老年人有效获取信息和表达诉求的制度平台，通过信息的有效传递，让老年人充分知情，了解政府养老服务购买政策。及时获取政策信息与公共知识是老年人参与的必需条件，只有了解政策信息判断与自身需求（利益）的关联度，才能结合自身知识选择适宜的参与方式和参与程度。老年人通过合法渠道表达利益和需求，汇总老年人多元化的需求偏好，有利于政府提高养老公共服务的回应性。通过谋求个性化（个人利益）与公共性（公共利益）之间的统一，既克服了政府购买的委托—代理问题，又消除了老年人参与的偏激与盲目现象。

4. 发展社会媒体与公共舆论

媒体既传播信息又提供公众政治参与的平台，影响着人们的想法、态度和行动。① 媒体已经成为人们获取信息的重要途径，且通过各种方式对公众进行主动、积极、有效的影响。尤其是互联网时代，网络已经取代传统媒介成为老年人表达和监督的重要媒介。大力发展社会媒体与公共舆论便于老年人通过广播、电视、报纸、网络等大众媒介向政府表达需求、参与监督。

（二）完善组织沟通的渠道和方法

沟通机制是老年人参与和政府回应的基础。政府购买养老服务项目决策

① 刘建伟．当代西欧公众政治参与研究［D］．长春：吉林大学，2011.

和执行中如何有效吸纳老年人的意见、实现政府与老年人的良性互动，是考验各级政府决策能力与决策智慧的大问题。

1. 建立健全信息公开制度

信息公开不仅是对政府而言，也是对服务供应商而言。首先，政府要实现政府购买养老服务的透明和创新，公开数据是必不可少的要素。建立信息公开制度，对政府和服务供应商都适用。对政府而言，建立包括购买程序、运作流程、资金使用、信用等级在内的信息透明制度，将政府购买的运行置于老年人以及社会公众的监督与制约之下，为养老服务多元参与主体营造透明、开放的信息环境。尤其是购买合同和招投标信息的公开，不仅有利于服务监督，还有利于服务问责。其次，对服务供应商而言，在整个服务交付过程中即时公布业绩数据，降低服务过程中牺牲公平、降低服务质量等风险。"政府应给予服务供应商数据、工具和制度准入来衡量效益，加强服务供应商报告其效益的能力"①，最大限度地保障老年人的实际需求得到满足。

2. 完善的信息沟通渠道

要增强养老服务对老年人需求和意愿的回应，政府必须建设畅通的沟通渠道，保障沟通效果。值得重视的是，政府需要对所有的渠道进行认真的整合和协调，确保所有渠道传递的信息是一致的、清晰的、有序的，从而发挥沟通的最大效用。政府通过形式多样的宣传活动、教育培训，让老年人及其家属了解和重视自身权利，并清楚如何行使权利；同时，让老年人及其家属了解政府购买养老服务政策、享受资格条件、服务招投标、统一需求评估流程、收费和补贴标准、监督和投诉机制等信息，提升养老服务的可获得性。

3. 消除信息沟通障碍

老年人与政府之间的沟通障碍，主要包含文化程度的障碍、地位障碍和组织结构障碍等。文化程度的障碍体现在双方受教育程度、文化素质相差过大，老年人没有相关知识和经验，对政策无法理解和接受。地位障碍体现在政府决策者远离群众，造成信息通道的阻塞。组织结构障碍体现在复杂的组织结构往往会使信息失真，越传越少，失去本来面目。由于老年人文化程度普遍较低、个人效能感不强，政府应该积极主动去消除信息沟通障碍。例如，政府部门决策者应深入群众，以普通劳动者的身份和老年人接触，就能消除地位障碍；政府精简机构，减少信息传递层次，就能消除组织结构障碍。发

① 王浦劬，郝秋笛．政府向社会力量购买公共服务发展研究：基于中英经验的分析［M］．北京：北京大学出版社，2016：254.

展电子政务和消弭“信息鸿沟”，一方面以老年人需求为导向，改进在线公共服务的供给和聚合，调整老年人的预期；另一方面坚持老年人需求导向，决定政府购买服务流程再造、顶层设计和信息资源规划、购买结构优化等趋势。

（三）增强老年人参与的组织支持

组织支持和组织沟通对老年人的参与影响最大。政府和社会组织在发现和识别老年人的需求、资格获取、投诉监督等方面发挥了重要作用，应努力使老年人参与组织化。

1. 强化基层政府对老年人参与的支持

在上海市“两级政府，三级管理”以及适度扩大街道办事处权限的城市管理体制下，街道一级的政府部门应和社区居委会组织一道协调处理需求发现和服务供给。① 对老年人而言，退休后，之前的单位资源逐渐失去，除生活的社区之外，没有其他的社会组织来整合其利益诉求、实现其利益表达。因此，需要增强基层政府对老年人的支持，重视“组织支持”和“组织沟通”对老年人参与的重要影响，提升老年人组织化参与程度。

2. 构建以社区为基础的需求发现和回应

由于老年人了解购买合同的渠道有限，主要依靠社区居委会来发现服务需求，居委会判断的标准通常是高龄、独居、收入等。社区老年组织和集体活动是传达信息的重要渠道。面对老年人需求的识别与发现问题，应该以社区为基础，实现自下而上的需求信息反馈与控制，通过社区来“整合零散的个人需求信息”②，明确哪些老人是保障性养老需求，哪些是特殊性养老需求。老年人面临着住房、关怀、支持、护理、发展等方面的需求，需要不同层次的信息和咨询，社区应安排专门人员从事这项工作。帮助老年人了解政策法规，帮助他们做出服务种类选择、护工的服务安排沟通等，解决老年人如何得到社区支持、能够得到什么样的帮助、如何实现护理和康复、如何打发孤独和寂寞等问题。社区作为养老服务资源和信息整合平台，在传递老年人需求信息上有着重要作用。在社区层面为老年人、服务机构、志愿力量搭建一个参与平台，让老年人在社区层面有序地参与购买政策制定、服务质量改进的过程。还需要对基层干部和工作人员进行培训，树立老年人导向的服务意识，以老年人的满意作为工作标准。

---

① 李杰．顾客导向理念嵌入基层社区组织公共服务供给模式研究——以上海市S社区为例［J］．哈尔滨商业大学学报（社会科学版），2017（3）：5-11.

② 赵勇，李景丽，郑佳慧．政府购买养老服务的难点及建议［J］．中国财政，2016（1）：47-49.

“退休后，我整天看电视、读报纸，也用微信，但是获取养老服务政策信息基本是靠居委会和‘老年谈心会’两个渠道。一般独居了，居委会就会重点关心，主动提出帮扶，获得社区养老服务资格还是靠居委会通知。此外，我们每周一在居委会开‘谈心大会’，很多老人参加，大家聊聊自己的生活，最近政府有什么政策，怎么申请？每隔一个周二，会有医生来居委会提供免费体检，这时大家聚得比较齐，各种信息传递得快。”（甘泉街道甘泉苑居委会；访谈对象：L111-SDL）

3. 支持社会组织发现和挖掘养老服务需求

当前，需求确定和服务设计一般经过自上而下的流程，政府有时也让社会组织就服务需求提出建议，了解当前的服务缺口，以及何处需要改进。社会组织具有输入和输出两种功能，不仅能够表达、协调和综合老年人的需求和意愿，同时通过政策执行，发现问题并反馈给决策者，形成需求表达—政策执行—修订的良性循环。社会组织（广义上指服务供应商）开展入户调查、访问和个案研究，通过到老年人家中拜访，并结合实际服务信息，可更好地评估他们的服务对老年人生活质量、独立性和满意度的影响，探索更合适的服务方法。服务供应商收集的数据对服务设计非常重要，政府可以弄清养老行业新的发展趋势，并确定社会需求。民政部门应重视吸纳服务供应商的合理建议，并适时将它转化为政策，以完善政府购买养老服务的机制。

“一些养老基本公共服务项目是全市统一的，一些是街道或区县自行发现社会需求，形成具体项目，再申报、审批、招投标。公益创投就是一个典型的项目化运作方式，如社会组织发现某类社会需求，形成具体项目，向政府申报，如果政府觉得合理就会批准。”（上海市民政局福利处；访谈对象：G102-ZF）

第二节　基于过程参与不足的老年人参与对策

本书第五章分析表明，老年人在政府购买养老服务三个阶段的参与不均衡，老年人参与不足直接影响政府购买养老服务制度的良性运行。老年人参与政府购买养老服务是一个连续过程，不能割裂开来分析。[①] 必须让老年人参与到整个合同流程，包括“购买需求确定、购买决策、购买方式、预算管理、

---

① 侯志伟．政府购买公共服务的制度目标模式与实现路径——以上海市某服务社为例［J］．河北经贸大学学报，2017，38（3）：50-55.

合同管理、绩效评价和公众满意度调查等环节”。[①] 坚持“由政府部门、服务机构和用户共同定义服务；把服务用户放在服务设计和规划中心；帮助服务提供商建立客户服务标准；营造‘评价文化’来监测和评估服务的结果”。[②] 政府购买公共服务需要公民的全过程参与，尤其是将公民参与延伸到规划阶段，在主要节点和关键环节吸纳老年人参与。倡导建立老年人全过程参与政府购买养老服务事务，将老年人参与纳入到全部政策过程中，探索最佳实践和操作技术，构建老年人参与政府购买养老服务的整体机制。

一、决策阶段老年人参与的组织实施

公共服务外包需要公开数据和信息，促进社会对公共服务外包的了解，不断发展问责制，优化政府风险管理和决策为此公共机构需要对合同关系进行详细的描述，以便为未来的决策提供信息，让供应商有效地承担责任，并确保在发生问题时，财务和服务能够得到可持续的发展。[③] 在政府购买养老服务决策阶段，需求的定位是否准确、购买项目最终方案和结果、服务供应商的选择是否符合程序、政府购买合同是否按程序招投标等，老年人理应拥有对全部信息的掌握和监督权。将老年人置于主体地位，通过适当的方式支持和动员老年人参与，就服务项目设计和合同招投标做出联合决策，改善服务购买流程，最终更适合而有效地利用资源，以满足老年人的需求。

（一）吸纳老年人参与需求调查

养老服务的提供必须考虑“通过制度安排让目标群体充分显示其需求偏好，如何将有限的财政资源在多样化、差异化甚至相互冲突的偏好之间进行排序”[④]，这是政府购买的一个基本问题。老年人对于需要政府提供什么服务，至少需要解决哪些难题和不便，往往具有切身的体会，这是养老服务的需求来源，忽视老年人的需求，即使政府做了大量的工作也未必能得到老年人的认可。老年人作为服务的直接受益人，对服务供给方式、供给质量、供给过

---

① 谷金．规范流程视角下政府购买公共服务财政监督机制创新［J］．中国政府采购，2016（6）：30-33.

② Wanarat K，Nuanwan T. Using 3D visualisation to improve public participation in sustainable planning process：Experiences through the Creation of Koh Mudsum Plan，Thailand［J］．Procedia－Social and Behavioral Sciences，2013（91）：679-690.

③ Eckersley P，Ferry L. Public service outsourcing：The implications of “known unknowns” and “unknown unknowns” for accountability and policy-making［J］．Public Money & Management，2020，40（1）：72-80.

④ 陈振明．加强对公共服务提供机制与方式的研究［J］．东南学术，2007（2）：69-76.

程中的缺陷有着直观而切身的感受，因而是服务项目和供给方式的“最佳决定者”；[①] 让老年人参与需求定制，可以较好地解决供需匹配的问题。当前，亟须建立养老服务需求调查机制，以老年人的选择作为购买活动的起点，在一个服务项目进入购买程序之前，首先要确定所需服务和类型。

1. 建立政府购买养老服务的公共咨询机制

政府不经过充分的公众议程，直接确立服务购买项目和服务供应商，一定程度上具有较高的效率，但政府的决策偏好与公众的公共服务需求偏好之间，以及政府对民意的主观判断与公众的真实意愿之间，难以避免存在着相当大的偏差。所以，要实现政府偏好与公众偏好的无缝对接，必须探索和建立起一整套能够保证决策者与公众进行充分的民主协商，进而将公众参与直接引入决策过程的规范化程序。[②] 因此，要知道老年人需要什么，应建立以“老年人（家庭）—社区—街道办—区（县）政府”为轴心的养老需求调查机制。首先，确定所需服务要基于对老龄人口一般生活状况的了解，同时需要了解辖区内老年人的具体生活状况，明确老年人需要什么，这些需求家庭和社区能否满足和解决，社会组织能提供哪些帮助和支持，政府需要做什么；其次，政府在明确需要做什么的前提下，制定相关政策，从人、财、物以及组织上进行政策保障；最后，在考虑老年人养老共性需求及政策供给基础上，可以适当满足老年人的特殊需求。

2. 实现与目标老年人的有效沟通

政府在与目标老年人进行沟通前，需要明确“想要目标对象了解什么，相信什么，以及采取怎样的行动”。通过目标老年人对这些问题的回答，可以帮助政府部门更好地设计购买合同和购买方案，确保实现购买服务的最初意图。首先，让目标老年人了解政府提供服务或规划的详细信息，让老年人注意这些服务或规划对他们产生怎样的影响，以及这些服务和计划产生的来龙去脉。其次，收集老年人对这些服务或计划信息的看法，包括老年人对服务供应商的期待、感知与评价。最后，动员老年人积极行动，通过社区组织、网站、电话等渠道表达自己的意见。通过目标老年人的支持行动，提高参与率、使用率和顺从度，保障购买决策的民主性和科学性。对老年人参与动机

---

① 王浦劬，［英］郝秋笛．政府向社会力量购买公共服务发展研究：基于中英经验的分析［M］．北京：北京大学出版社，2016：102-103.

② Boelsma F, Baur V E, Woelders S, et al. “Small” things matter: Residents' involvement in practice improvements in long-term care facilities［J］. J Aging Stud, 2014（31）: 45-53.

和需求了解越深，越能使养老服务在满足老年人需求上具有创造性。作为购买者的政府应充分认识到老年人购买服务知识的普及、教育的重要性，可以在老年人接受服务初期通过召开意见征集会的形式对他们所要获得服务的方式、内容和具体细节展开讨论，尊重和采纳老年人的意见与观点，逐渐培养他们的参与意识和参与能力，保障老年人接触信息和表达信息的权利。

3. 基于普遍共识的项目规划

老年人选择某个养老服务项目往往是为了满足其特定需求，这种具体项目设计和个体需求匹配性越高，老年人参与到具体服务项目规划和管理过程中的积极性就越高。但是，老年人在参与养老服务购买规划之前，对具体服务的要求和态度并不是非常清晰。因此，在参与服务设计阶段，即购买项目规划阶段的主要活动就是挖掘老年人的实际需求，将这些特定的利益诉求涵盖在具体的服务设计中，并通过购买合同表现出具体内容。

（二）吸纳老年人参与合同设计

“从公平的角度来看，政府购买合同是否以公正和公开的方式缔结，是否存在充分的公共参与，是否遵守了公平公正的程序等问题至关重要”。[①] 在达成购买合同环节，政府、服务供应商和老年人（老年代表）应就合同细节进行充分协商，淡化购买过程中较强自上而下的政府意志。

1. 从政府主导到老年人主导合同设计

老年人对政府购买结果质量满足感不强，项目满意度低，根本原因在于购买合同设计是在政府主导下完成的，政府部门负责需求调研、寻找和收集老年人需求信息作为参考依据，是单方面的服务设计行为。在服务购买合同的设计过程中，老年人代表不具备代表性，主要以政府部门的内部决策为主，社会意见仅仅作为参考，很多时候政府花费大量人力、财力设计出来的服务，却不能满足老年人的实际需求。老年人参与服务合同的设计，可以克服决策时的内生性制度缺陷，利用政府提供的平台表达个人需求、提出个性化服务建议，与政府共同完成购买合同的设计。老年人是服务的直接使用者和消费者，对自身需求有清晰和直接的认识，因而具备一定的参与设计能力。这样，老年人知晓程度、参与积极性、对服务商的了解程度、需求表达和满足程度都会得到极大提高。

---

① 杨欣．公共服务合同外包中的政府责任研究［M］．北京：光明日报出版社，2012：154.

2. 老年人参与购买合同内容的决策

政府购买养老服务合同中，最重要的是对“标的物的描述”①，而养老服务具有难以描述、评判标准模糊、主观性过强、人为因素过多等特点。老年人参与能够带来更全面的需求信息，能够帮助政府制定出更科学的购买合同。针对不同类型的老年人确定不同的照护服务需求，通过购买合同中描述出老年人应该达到的某种生活状态。针对生活照料型服务，可以确定老年人的餐饮标准、服务时间、人员要求、设施设备等；针对长期护理型服务，可以确定满足专业需求的标准和价格，以及提供专业服务的规范和资质等要求。

“政府应该具备负面清单思维：①列出老年需求类别；②排列次序；③筛选（城市公共服务能做到的项目不再提供、已经供给的养老服务项目不再提供、老人需要而缺少供给的项目由政府提供）。满足老年人切实需求，激发潜在需求。”（浦东新区老龄事业发展中心；访谈对象：G103-LGF）

3. 老年人参与细化合同条款

老年人作为消费者，应该对合同一些重要细节给予特别关注，如服务项目、服务费用、双方权责、服务监测、服务成本与效果等，保障合同的设计更符合其利益和需求。明确合同细节和评价标准，确保供应商按合同约定提供服务。对于那些目标难以具体衡量的服务项目，如老年人健康、生活快乐幸福等具有一定的弹性，以老年人主观感受为主，需要在合同中明确绩效评价和考核体系；对于那些任务导向的服务项目，应在合同中对服务做出明确、细致的规定，详细列出服务的具体任务、内容、质量要求与行为规范等。这里，值得注意的几个细节：①让老年人参与合同价格的计算和绩效标准的制定。只有让老年人清楚服务的真实成本，才能实现对服务成本、效率和质量的公平判断和评估。②老年人参与服务内容和质量条款设计，包括具体的奖惩办法，设立绩效保证金，如何利用定期随机抽查、固定比率监测、追踪消费者评价等，确保服务供应商如实履行合同。③让老年人参与合同风险控制条款的制定，防止发生外包风险使政府公信力和老年人利益受损。

（三）吸纳老年人参与服务招投标

政府倾向于使用行政权力安排社会组织作为公共服务提供商进入招投标程序，在这种情况下，必须解决在服务议程形成和优先次序方面存在着的垄

① 赵勇，李景丽，郑佳慧．政府购买养老服务的难点及建议［J］．中国财政，2016（1）：47-49.

断性问题，以及社会组织和公民参与的能力的问题。①

1. 吸纳老年人参与招投标文件的制定与调整

政府可以吸纳相关领域的专家和老年人共同起草招标说明文件，并提升老年人的发言权和参与程度。招标说明性文件明确列出购买项目的招投标标准、详细服务内容、服务质量要求、惩罚和激励措施、评估监督措施等内容，同时明确服务供应商的资质要求等。此外，在正式招投标之前，先公布一个“概念合同”（Concept Contact），将合同信息和目标传递给公众，方便利益相关者参与讨论。然后，通过政府网站、公告、社会组织、社区公示栏、纸质媒体、手机短信、微信、微博等渠道公开。还可以通过街道办事处的老年人看护网名单，实现信息的精准传递和信息反馈，目的有两个：既让潜在服务供应商知晓合同招标信息，也让老年人及其他利益相关者知晓相关信息。将信息公告和征求意见的时间期限适当延长，保障老年人有足够的时间获取信息并思考，进而提出更为成熟的建议。

2. 老年人参与招投标过程

养老服务的招投标主要分为“招标投标”和“评标授予”两大步骤。招投标过程中，在评标和授予阶段，成立一个独立的评判委员会，要扩大评标组成员选择范围，提高专家、老年人以及利益相关者的比例。围绕服务供应商提交的标书，对服务供应商提出的不同方案进行答辩、咨询和评价，结合服务供应商以往的信用和表现，共同投票决定。有条件的街道甚至可以将全过程放到网络，进行全体居民公开评价。老年人参与招投标过程中应该重点关注：①确保足够数量的老年人参与到合同招标过程中。政府需要保证参与过程中有足够数量的老年人代表，这样才能够更全面地表达老年人的意见和态度，并实现监督。②确保吸纳老年人参与招投标机制建设全过程。政府要吸纳老年人参与招标的评分标准设计、招投标程序设计、答辩等环节，这样才能保证招投标结果符合老年人的利益，才能保障老年人的参与权和表达权的实现。

“在招投标过程中，评价指标设计不够科学，而且专家没有实践经验，判断不一定完全正确。根据指标来打分，那些材料好、讲得好的机构占优势，很多区县正在合作的机构被挤出去。这些机构不一定做得差，但是专家给分低，这给区县也造成一定的困扰。当前，上海市迫切需要建立一个统一的合

---

① C. Stănuş. Government engagement in co-operative service delivery in Romania: Knowledge and acknowledgement [J]. Romanian Journal of Political Science, 2015, 15 (2): 80-106.

格供应商制度，同时需要建立一个利益相关者参与机制。”（上海市民政局福利处；访谈对象：G102-ZF）

二、服务阶段老年人参与的组织实施

在服务交付阶段，老年人对服务供应商的工作状况、专业水平、服务质量有切身感受，老年人服务参与能够弥补政府监管的不足，监督服务供应商提供等值服务，因而是服务递送和服务质量的“最佳监管者”。

（一）老年人参与合格服务供应商管理

“养老服务竞争性购买的前提是承接主体有足够的数量和能力，不断增加服务供应商的数量，有利于形成竞争性购买的局面”。[①] 目前，上海市提出建立健全养老基本公共服务供应商管理机制，吸纳工商资质的企业进入，提高政府购买的质量和效率。老年人参与合格服务供应商管理主要体现在以下两个方面。

1. 参与服务供应商选择

服务供应商选择实质上是一个优化决策的问题。影响服务供应商选择的因素主要有三个方面：产品或者服务提供企业的自身情况；采购方的成本情况；顾客（消费者）的评价情况（见表 7-1）。当前在政府购买养老服务过程中，政府对服务供应商的资质、价格等准入管理比较重视，但是在老年人意见反馈渠道、利益相关者参与方面制度化建设不足，不能形成有效的政社互动关系。政府应充分让老年人参与到服务供应商的选择过程中，保障服务供应商选择的科学性，增强管理的有效性。

表 7-1　影响养老服务供应商选择因素

服务供应商情况	整体情况	供应商地理位置；供应商性质（国有、民企或者外企等）；企业品牌（组织信誉）；行业地位；以往合作关系；市场占有率
	内部运营情况	供应商服务能力；项目完成时间；服务创新能力；服务资源整合能力；服务人员素质；服务响应速度；不可预见事件的响应速度（突发问题解决能力）；机构管理层承诺；组织文化；组织的财务状况；服务或产品质量；可提供产品或者服务种类；信息化程度
政府购买方情况	前期成本	评估成本；决策成本；购买成本；合同招投标成本；管理费用等各项费用
	后期成本	监管成本；评估成本；其他成本
老年人评价情况	老年人满意度；服务投诉率；顾客问题处理速度	

资料来源：笔者整理。

① 马海涛，王东伟．完善政府购买公共服务制度的思考［J］．中国政府采购，2016（9）：73-79.

2. 老年人参与合格服务供应商管理

合格服务供应商制度能够保障政府购买养老服务的质量和服务供给效率，在合格服务供应商准入、招募、申请、选择、公布、实施和评价的全过程中，应该让老年人参与和发挥社会监督作用，保障合格供应商制度的效果。例如，服务供应商应尊重老人的知情权，把政府有关养老的政策公布在告示栏上让老人及其家属随时翻阅，维护老人的合法权益。政府每年派人到服务机构进行考察，如果老年人抱怨某个机构，政府视察员对这个机构的考察和监督就会更加频繁。政府把老年人的评价和态度与“政府购买服务直接挂钩”，保障合格服务供应商制度良性运行。

“合格服务供应商这个概念是由政府采购转变过来的。合格供应商制度没有身份、属性的预先认定，不看出身，只看从事的领域和标准。把老年人监督的积极性释放出来，关注这些供应商‘该提供什么’‘提供水平怎样’‘政策规定怎样’。”（上海市老龄科学研究中心；访谈对象：G101-YZG）

（二）老年人参与服务交付管理

养老服务的供应商不能将老年人定位为“受助者”，或缺乏参与护理决策能力的人；应赋予老年人“顾客”的角色和权利，鼓励在顾客参与中探索顾客需求的“复杂性、多样性和独特性”。①

1. 鼓励老年人合作生产

现实中，越来越多的服务机构鼓励老年人参与到服务的供给过程中，激励他们分享创新思想和创新方法，改善服务质量、实现服务创新。服务供应商应该注重通过优化老年人服务流程、设计老年人体验环境、增进老年人与服务机构的互动，从而实现老年人和服务机构共同创造服务价值的目标。服务供应商还应该重视服务内容和质量优化，响应老年人需求的个性化和多样化，提供舒适性、便捷性、响应性、创新性、发展性的养老服务。同时，吸纳老年人参与到服务机构标准化服务的实施过程中，只有让老年人充分了解相关标准制定、内容和实施情况，才能对实施情况进行监督和检查，对不符合标准的行为应进行及时纠正，以便持续开展服务改进。

2. 支持老年人参与服务管理

在服务交付环节，增强对老年人的组织支持。首先，加强老年人自组织

---

① Petriwskyj A, Gibson A, Webby G. Participation and power in care: Exploring the “client” in client engagement [J]. J Aging Stud, 2014, 31 (31): 119-131.

建设，根本目的在于提高受益群体的集体话语权、参与权与监督权，让老年人（甚至家属）与政府、服务供应商形成一种开放和均衡的社会关联，避免原子化、个体化带来的“受益者沉默”。其次，服务供应商应该赋予老年人一定的权限，监督服务人员的实际服务。

3. 重视服务灵活性和个性化

当前，服务的灵活性与管理规范刚性之间存在紧张关系，影响政府购买公共服务的递送效果。① 养老服务递送过程中，在严格遵守政府制定的标准和要求的同时，还应该给予服务机构一定的灵活性，以协调顾客偏好。服务机构有自身的服务特色、组织文化等；而且每个老年人对服务都有自己的具体需求和服务偏好，需要服务人员灵活开展服务。服务供应商在养老服务标准化的过程中，要重视服务的个性化，重视具体老年人的需求差异。服务机构应鼓励老年人参与到服务递送中，让老年人在服务交互中承担多样化的角色，促进他们通过参与发挥更大作用。

（三）老年人参与组织运营管理

养老服务供应商制定一系列规章、制度和流程，其基本目的是确保老年人的安全性、服务的专业性、老年人良好的生活品质以及机构运营处于良性状态。这些规章、制度和流程不仅要求服务机构的管理者和服务人员严格遵守执行，同时要求老年人认可和遵守。这就涉及老年人参与服务机构管理，即参与养老服务规范的制定、质量监督以及监督政策法规执行。

服务供应商在承接专业的养老服务时，合同项目必须与服务计划相一致，必须建立适当的管理结构和程序，实施适当的项目治理，包括管理纪律和专门知识，以获得这种一致性。② 老年人应参与服务机构的组织管理，在此基础上服务机构才能进一步提出具体的项目实施计划，提高对合同规定服务内容的认识和管理水平，从而保障服务机构良性运行。具体而言，老年人参与机构的服务规范制定，重要的服务环节或与老年人需求有直接相关的环节要吸纳老年人及其家属参与服务规范制定，如接待和受理服务的具体范围、服务提供方法和程序、服务各个环节操作、服务沟通与服务确认等规范。此外，还可以吸纳老年人参与日常工作管理，建立服务运营的最佳秩序。

---

① 吴玉霞．公共服务链：一个政府购买服务的分析框架［J］．经济社会体制比较，2014（5）：141-147.

② Nisar T M. Implementation constraints in social enterprise and community Public Private Partnerships［J］. International Journal of Project Management，2013，31（4）：638-651.

三、评估阶段老年人参与的组织实施

在评估环节应重视老年人的反馈，政府部门应真正弄清楚老年人的需求，围绕老年人的需求及变化情况制定购买计划、评估购买效果、调整服务供给方向。老年人根据自身的主观和直观感受对服务供应商进行评价，既履行了自己的监督责任，又弥补了政府部门由于信息不对称造成的监督不力等问题。

（一）完善老年人参与合同执行效果评估

公共服务合同外包需要通过对供给的过程和结果进行监督和控制，建立相应的事后监督和评估机制来确保外包合同履行的质量。[①] 在合同周期内，政府通过信息化手段、巡访制度、满意度调查、定期随机抽查、固定比率监测、追踪公众舆论评价等方式进行连续性、动态化评估。在政府购买养老服务的一个合同周期结束后，政府会组织开展对服务供应商合同执行效果的评估，包括对服务商的服务质量、回应度、服务效率等的考核，形成服务商的服务报告以及政府报告等，进而说明公共服务合同外包的绩效。开展绩效评估主要有两个目的：一方面，对合同实施过程的评估，评估服务商是否按照合同内容提供服务，评估结果决定了政府是否支付尾款和续订购买合约；另一方面，对政府购买合同内容合理性的评估，养老服务内容、标准、财政绩效是否合理，评估结果应用于项目购买的决策优化。绩效报告反映的问题和结论，应当及时反馈到服务决策的主体和公众，并让服务商了解服务的状况，保持原来较好的水平或改进服务。政府可以根据绩效，对服务商进行一定程度的奖励或惩罚。绩效考核指标应集中在服务对象满意度、家属（监护人）满意度、服务时间准确率、服务项目完成率、有效投诉结案率等方面。除了问卷调查外，还可增加对顾客与工作人员进行访谈，以提高评估质量。

（二）促进评估结果的应用

绩效评价结果反映了政府和服务机构合同目标的实现程度，政府应当重视评估结果运用。绩效评估结束后，一方面，要向政府部门反馈评估结果，评估结果作为重要信息准确地反映至财政预算、政策制定、合同规划中，以作为购买合同内容调整、续签的依据；尤其是要强调“将服务对象的不满意情况作为解除购买合同、追究公共服务承接主体违约责任的法定情形，使服务对象的评价具有法律效力”。[②] 另一方面，还要向老年人及服务机构反馈，

① 李丹萍．政府公共服务外包合同：特征及其治理路径［J］．云南大学学报（法学版），2016（4）：12-21.

② 杨成，刘潇潇．论政府购买公共服务中的公众参与［J］．行政与法，2016（10）：17-23.

使他们了解当前服务中存在的问题和不足，便于在下一个合同周期内提升服务质量。通过政府网站、报纸等渠道公示评估信息，充分利用公示栏或其他公示渠道，方便公众查看政府购买养老服务项目的购买规划、合同执行、实施情况、评价结果、反映情况、评估报告等信息。通过对评估结果的运用，不断提升政府购买养老服务的合同管理能力，同时避免出现信息反馈失真、老年人代表不能真实反映情况的现象。

第三节　基于结果假象的老年人参与对策

由本书第六章分析可知，当前老年人表现的高满意度是一种表征，掩盖了政府购买养老服务供需脱节、实施效果不佳的事实。因此，应坚持“顾客导向”，不断优化服务以满足老年人的需要，以“结果”为出发点，重视政府购买产生的社会效益，增强服务对象的满意度。老年人的服务满意度是一个随着社会发展而不断变化的变量，与社会经济发展及服务对象的期望密切相关。政府应及时发现老年人需求的新变化，找出当前养老服务供给的不足与差距，把握和回应老年人对服务的新期待，进而调整政府购买项目、范围和质量标准，提升政府购买养老服务的科学性与准确性，提高老年人对服务的满意度。具体而言，基于结果的实现路径就是明确老年人服务期望、回应老年人服务需求、促进老年人健康发展三个方面。

一、基于顾客期望管理的参与实现

老年人对服务的期望还处于一个较低的水平，期望模糊且不具体。在服务感受不变的情况下，期望越低则满意度越高。然而，服务型政府建设过程中，不能将老年人的服务期望控制在一个相对较低的水平，来取得老年人广泛满意的效果；而应该以切实满足老年人需求为目标，不断提高老年人期望，增强其参与的动力，最终实现购买服务项目的不断优化。政府应主动采取措施和行动，去明确、满足，并超越老年人期望，从而赢得老年人满意。

（一）明确期望管理的作用

顾客期望是动态的，既对顾客参与动因的过程化产生影响，也对顾客满意度产生影响。“顾客期望是动态的、可以改变的，影响顾客期望形成的因素包括明确的、暗示的承诺等来自企业所能够控制的因素，因此是可以管理的”。[①] 政府部门必须注意老年人期望模糊、期望不足的问题，政府在购买养老服务过程中，必须做好老年人的期望管理，充分了解和明确老年人的服务期望，并通过创新性服务超越老年人期望，这是实现老年人满意的关键一步。

1. 老年人期望与参与动机相联系

老年人期望越高、期望越明确，其参与动力越强。如果老年人将政府购买服务视为一种福利，认为“免费享受比不享受强”，那么老年人参与表达和监督的动力就不足；如果老年人将政府购买服务视为自己应得利益，像去医院看病、去理发店理发一样，内心有明确的期望和判断尺度，那么老年人参与表达和监督的动力将会大大提高。

2. 老年人期望与项目设计及服务标准相联系

明确老年人期望是购买项目具体化的过程，也是不断提高政府服务标准的过程。如果老年人期望提高，服务标准不变，满意度必然下降。这就倒逼政府部门和服务供应商不断提高服务标准，优化服务递送流程、重视服务质量，最终保障老年人利益。

（二）明确影响老年人服务期望的因素

期望对于服务质量感知和满意度都具有重要作用。期望虽然是主观意识，但是也受外界因素的影响，随着需求、政治效能感、组织沟通、制度环境等因素的变化，老年人对政府购买服务的期望动态变化。

1. 对政府责任的期待

随着制度环境的不断优化，老年人对政府责任产生越来越高的期待，老年人希望政府提供更多低价、优质、高效的照护服务，来满足自己生存和发展需求。政府通过宣传沟通向老年人做出承诺，直接促进老年人心目中服务期望的形成。

2. 政府的服务承诺

政府的承诺具体表现为购买合同，购买合同详细规定了政府为老年人购买的服务内容。老年人对合同信息越了解，期望就越清晰和具体。当前，合同信息不对称抑制了老人对服务的预期。政府对购买信息的有形展示、大范围公开，有利于老年人理解政府购买服务项目，使其服务期望清晰化。

---

① Ojasalo J. Managing customer expectations in professional services [J]. Managing Service Quality, 2001, 11 (11): 200-212.

3. 老年人以往的服务体验

老年人以往对政府供给服务的体验会影响期望的形成，狭义上服务体验包括对养老服务公共服务的具体体验，广义上服务体验包括与政府沟通的人生经历。老年人在体验养老服务的过程中，通过与同辈群体的交流和沟通，将服务体验信息传递出去，有利于形成和明确老年人期望。这种体验不仅仅是养老服务，还包括其他公共服务体验、政治参与体验、组织沟通体验等，老年人与政府接触而积累的经历越多，对服务期望的影响越大。

（三）期望管理的实施途径

政府和服务供应商应在前期与老年人进行良好沟通，制定服务标准，提供最佳服务。好的服务标准应该是有益于顾客的，且要有顾客需求的输入，能随顾客期望的变化而变化。[①] 老年人服务期望管理的途径主要有以下几种。

1. 服务承诺管理

在服务设计阶段明确合同信息，可以明确政府责任和服务承诺，这对老年人服务期望有直接影响。政府不承诺实现不了的服务，而致力于基于当前的服务期望不断改进服务，超越老年人期望，获得老年人满意。当然，老年人期望如果过高，为了使老年人满意，政府需要提供相应高质量的服务，服务生产的成本过高，对公共财政造成巨大压力。“承诺好的，提供更好的”，努力提供高标准服务，才能既确定顾客期望又超越顾客期望，提高顾客满意度。

2. 显性化老年人期望

老年人期望经常是模糊的、隐性的，政府应该将这些期望显性化。很多老年人尤其是第一次申请统一需求评估的老年人，往往无法清楚地表达其具体期望，政府和社会组织人员应该耐心指导，反复地交流沟通，了解老年人真正的想法。首先必须清楚地了解老年人的需求和参与目的，在此基础上给予一定的推荐。推荐和介绍工作对于显性化老年人期望很重要，因为老年人虽然不能表达想要什么，但是一般都很清楚不需要什么。为了便于老年人对后续服务的参与和评价，服务人员要明确告知服务的基本内容，以及不能提供的服务，通过观察老年人的反映了解其隐性期望，并将隐性期望显性化。

3. 优化服务递送流程

服务递送过程对老年人感知服务质量和满意度有重要的影响。服务供应

---

① 鄢圣文．非基本公共服务市场化供给研究［M］．北京：中国经济出版社，2015：196.

商在服务过程中，应不断探索服务流程优化、追求服务创新。随着项目享受时间的延长，老年人对服务项目逐渐熟悉并深入体验，其对服务人员、服务设施、服务交互关系的感知和认可度则慢慢下降，满意度也会慢慢下降。这要求服务供应商必须不断提高服务标准，进行服务创新，改善服务水平，设计出能让老年人满意的新服务，从而保持老年人持续的高感知和满意度。

4. 促进老年人潜在期望明确化

老年人虽对具体服务项目没有预期或期望较低，但是普遍对健康改善（生存质量改善）有潜在期待。老年人这种对健康改善的期待也是一种利益动因，若这种潜在的利益动因不能有效发挥作用，则无法转化为责任动因。政府和服务供应商应认识到“顾客模糊期望”，努力使顾客模糊期望显性化并予以满足，从而使顾客感到更满意。

“我们在服务中发现，老年人生活中虽会健忘很多事情，但是按时吃药是绝不会忘的，每次几个药丸、什么时候吃记得比较清楚；你如果不小心少倒一粒，他们会马上发现。老年人对健康比较关切，都希望自己能健健康康地多活几年。”（徐汇区爱照护护理站；访谈对象：S202-YBY）

政府应当对老年人的服务期望进行主动管理，降低老年人模糊期望的模糊程度，并及时发现老年人的隐性期望，尽量使其显性化。政府对老年人期望进行管理，必须与老年人进行广泛的交流沟通，了解和掌握他们的需求，优化政府、老年人和服务供应商之间的关系。这不仅可以使政府更有效地协助老年人界定其期望的服务项目，提高其服务感知及合理地评价服务质量，还可以使老年人感受到政府对他们的关注，提升老年人政治效能感。

二、基于购买效果导向的参与实现

老年人满意度是衡量政府购买养老服务效果的综合指标，满意度高低不仅源自政府购买目标的有效实现，还在一定程度上取决于政府、养老服务供应商与老年人的互动过程。政府应以“满意原则”作为行为尺度，评价政府购买养老服务的绩效优劣，不仅要看政府投入多少资源，做了多少工作，而且主要考察政府所做的工作在多大程度上满足社会需要。[①] 对公共服务项目的目标达成度进行评价时，应从影响、成效、可持续性等方面做出“与顾客有关的结果评价”，以判断服务对象需求的满足程度和实际服务效果。[②] 政府购

---

① 刘红芹．政府购买居家养老服务的绩效研究［D］．兰州：兰州大学，2012.

② 董丽．基本公共服务质量评价问题研究［D］．长春：吉林大学，2015.

买养老服务制度建设应注重社会产出效益，让老人“用脚投票”，营造自主购买、良性竞争的环境，促进机构间良性、竞争和服务质量的提升。

(一) 增强对老年人需求的回应

老年人的真实需求是什么？老年人真实需求如何传递到决策部门？老年人真实需求如何满足？这些问题存在内在逻辑关联的。政府发现老年人真实需求并给予回应，是保障购买效果的基础。

1. 增强区（县）政府对基层政府的回应性

当前，政府购买服务项目基本以自上而下的路径安排设置，基层政府通常处于被动执行地位，上级对基层政府的需求明显大于回应。① 街道（乡镇）政府直接面向老年人和社会组织，清楚老年人及其家庭需要什么、清楚社会组织工作中的困境、清楚财政资金的服务方向。

2. 增强基层政府对老年人的回应性

老年人在政府购买养老服务过程中是“沉默的受益者”，完全按照政府的服务安排被动接受服务，老年人需求的多样性和个性化没有得到重视，通常是被政府职能部门“理解性的发现和理性的发掘”。②基层政府应围绕政府购买养老服务提供咨询和意见反馈，方便老年人更加便捷地获取服务信息，成为购买服务的重要评价者。

3. 构建政府与老年人的对话平台与渠道

老年人是养老服务的消费者，服务效用是其在消费某种养老服务项目时产生的一种主观感受和评价，通常可以通过“满意度”来测量服务的质量和效果。但是，对效用的追求不能过度，必须统筹兼顾不同的服务项目和需求偏好。效用标准体现，有赖于公共对话系统的构建，要为老年人表达不同意愿提供一个畅通的、可以交流的对话平台。

4. 多主体互动的需求响应机制

实现政府购买养老服务满足老年人需求的目标，需要“建立一种可以反映各主体和服务对象需求的互动机制，使政府购买服务得到来自服务对象的有效参与，并最终让他们成为实质上的受益者”。③要努力让老年人、政府部

---

①② 王浦劬，郝秋笛．政府向社会力量购买公共服务发展研究：基于中英经验的分析［M］．北京：北京大学出版社，2016：169.

③ 朱志伟．基于服务对象需求的政府购买服务机制研究——以制度变迁理论为分析视角［J］．云南行政学院学报，2017，19（4）：155-160.

门、服务供应商、第三方以及其他利益相关者建立良性互动的关系，形成供需信息对称、有效监管和表达的局面。

（二）建立购买成效（效果）评价机制

1. 以服务质量来判断购买成效

政府购买养老服务，无论是居家养老服务还是机构养老服务都是面向老年人的服务，确保服务质量是一个重要课题。然而，由于老年人的身心状况差异大，对享受服务的质量认知、告知能力不同，因此无法完全依靠被服务老年人的满意度来判断护理服务质量。这就要求政府在购买服务之前，一方面，明确公众对服务的需求，实现服务的精准供给，满足不同人群的特殊服务偏好；另一方面，根据公众反馈及时调整未来服务的要求，以提升公众对服务的满意度。从日本政府购买长期护理服务的经验来看，政府除加强对服务供应商的准入和日常管理外，一方面要完善护理服务合同，使服务具体化，便于对供给过程进行监管；另一方面要强化老年人监护机制，由老年人的配偶、直系亲属等作为监护人，对老年人生活和享受服务加以关照。①

2. 重视对服务承接情况的评价

服务供应商承接政府购买养老服务项目的成效如何，需要通过专业、科学的评估来检验，要将政府购买养老服务的预期目标与实际服务结果进行对比，确认服务项目是否真正满足老年人的需求；要及时发现和纠正政府购买服务项目实施过程中出现的各种问题，保证政府购买服务活动的顺利进行。此外，政府购买公共服务的绩效指标不仅要考虑成本与结果，还要考察政府与社会组织的关系构建是否合理，是否达到服务项目预期的效果。

3. 完善服务的监督与问责

服务供给主体多元化带来如何对服务质量进行监督的问题。因此，要实现购买服务效果评估的制度化和规范化，评估服务项目在满足老年人需求上的实际成效，要基于项目成效的问责。保障政府购买服务的公共性和社会效益，需要建立“内外结合、专业评估和多元参与的评估监督机制”。② 政府需要开拓新的监督技术手段，建立独立的评估机构来帮助政府对服务机构提供的信息进行分析与评价。同时，为增强服务机构提供的每一项服务的透明度和问责性，可以将项目决策过程、投入资源、使用资源、项目表现、财政记

---

① 宋健敏．日本社会保障制度［M］．上海：上海人民出版社，2012：255-258.

② 吴玉霞．公共服务链：一个政府购买服务的分析框架［J］．经济社会体制比较，2014（5）：141-147.

录和成果等相关文件资料公开，供公众查阅，接受公众监督和投诉，提高问责的效率。建议市、区两级建立服务质量投诉系统，印制投诉卡片，发送服务对象。服务有问题，老年人可随时反映，投诉系统由各区民政部门负责。

（三）重新构建老年人满意度评估体系

转变政府购买养老服务的评估方式和评估理念，实现绩效评估的政府主导向老年人主导转变。从老年人的服务体验、服务满意、服务期待等角度出发，制定老年人参与的服务质量标准和评估标准。通过老年人主导的评估方式，政府、服务供应商、第三方等将共享专业性成长。同时，政府按照边际收益原则，将契约合作与法律救济机制相结合，构建以老年人满意为核心的评估和监督体系，以满足老年人需求。

1. 重视对合作关系的评价

政府购买养老服务的绩效指标不仅要考虑成本与结果，还要考察政府与社会组织的关系构建是否合理，应围绕“包括哪些测量指标或构成变量”“哪些因素影响政府与社会组织合作绩效”“如何有效提升政府与社会组织的合作绩效”等问题展开评价。[①] 此外，在对合作关系的绩效评价中，老年人参与绩效评估很重要，老年人参与的缺失会诱使伙伴关系建设过程中忽视消费者的利益，从而导致政府购买养老服务项目失败。[②] 然而，不同价值取向会带来不同的绩效评价标准和评价结果，且很难量化和实施。莱本斯坦指出，“在相对容易界定绩效的服务中，其评价标准容易界定；而绩效目标包含更多其他如公平、责任等价值时，其效率与公共性就很难平衡，相应的评估就存在很大的困难”。[③]

2. 改变评价结构

社会组织往往只重视服务中、后期的评估，而忽视购买前期的评估，即在参与招投标时，大多数是依据上一年度的信用等级以及与政府的合作关系，没有考虑当年度老年人需求的变化。面向老年人发放的满意度调查问卷，应该由老年人、老年人家属（监护人）、服务人员和第三方机构共同制定，重视

---

① 王眼昀，刘亚娜，李春．政府向社会组织购买养老服务中的责任链条及框架体系构建［J］．改革与战略，2015（2）：168-172.

② 郁建兴，瞿志远．公私合作伙伴中的主体间关系——基于两个居家养老服务案例的研究［J］．经济社会体制比较，2011（4）：109-117.

③ Bovaird T. Public-private partnerships：From contested concepts to prevalent practice［J］. International Review of Administrative Sciences：An International Journal of Comparative Public Administration，2004，70（2）：199-215.

服务项目的社会效益。

三、基于老年人福祉改善的参与理念

政府购买养老服务是以社会福祉为目标的多方主体互动行为，[①] 促进老年人的个人发展是其基本价值。政府部门及其每名工作人员都应把满足老年人的实际需求作为工作目标，以改善老年人福祉为最终标准。

（一）实现老年人的公民价值

政府购买养老服务不仅要保障老年人基本的生存权利，还应该促进老年人的福利状况改善。老年人参与的目标：既要使老年人自身"公民"价值得到体现，又要通过参与活动使老年人作为合作生产者的"顾客价值"得到发挥。

老年人参与的前提是"承认老年人的价值"，保障老年人在整个服务过程中得到"尊重和尊严"至关重要。参与路径的选择、参与方法、参与机制设计等都是外在的、次生的，而参与精神、参与意识才是根本和先决条件。[②] 老年人更期望做个"完整公民"（Full Citizens），他们想要高质量、可及的和受尊重的养老服务，社会应该承认他们的贡献，支持他们独立生活；而且老年人想要公平、透明的融资安排和照顾，满足自身多样性需求，政府应该以老年人为消费者的视角规划老年护理和长期照护政策，以老年人为公民的视角来提供服务，保障老年人的家属、朋友和支持者能够方便地访问评估系统和政府网站，并得到积极回应，同时包括服务评价的可用性和及时性[③]。老年人尊严概念包括自尊、自主和相互尊重等主题，参与观念的形成和行为发生需要建立在地位平等基础上。政府设计适合老年人的参与机会，促进他们以积极参与的方式实现其个人价值，并提供互利机会，激励老年人更广泛的参与潜力，增强决策的公平性和包容性。通过外在制度的诱导，训练参与能力、培育公民意识，实现从"要我参与"到"我要参与"的转变，最终构建可持续的参与机制。

老年人参与到养老服务的提供过程中，其技能和知识能够对服务的合作生产做出重要贡献[④]，老年人与其他利益相关者发生交互作用，相互影响，共同促

---

① 王阳亮．责任与合作：政府购买养老服务研究［M］．北京：中国社会科学出版社，2017：80.

② Karim A M，Fermina R P，Gloria F M，et al. Associative participation of older adults and subjective quality of life：Exploring self-selection bias［J］. Ageing & Society，2015，35（7）：1343-1363.

③ Dow B，Sparrow P，Moore K，et al. What do older Australians want？［J］. Australasian Journal on Ageing，2013，32（4）：236-240.

④ Islam S. Involving the third sector in local service delivery in Bangladesh：Why and how？［J］. Commonwealth Journal of Local Governance，2015，2（16/17）：108-122.

进和达成积极的结果。[①] 这种合作生产不仅涉及政府和社会组织的持续合作关系，还涉及专业服务人员和老年人（包括潜在使用者）之间平等和互惠的关系。这种关系可以有效地扩展到养老公共服务价值链中，涵盖服务的规划、设计、管理、递送、监测和评估等活动，鼓励老年人参与服务的整个价值过程。

（二）提高老年人生活质量

这里强调的是生活质量而不是生存质量。老年人生活质量高低是反映国家社会养老水平、社会文明程度的重要标志，也是老年学研究中国际公认的重要指标。目前，国内生活质量研究并未对“生存质量”形成明确的定义，更倾向于是在一定基础上对自身所处的各种环境的感受和评价。[②] 以往研究表明，生活质量与疾病、健康相关，包含物理、心理和情感及社会功能的一些因素，同时与满意度相关，主要指一个人生活的积极方面。与照护服务质量指标相比，生活质量指标不是直接表明质量好与坏的“硬性”指标，它是通过客户的体验和感觉的程度来反映质量水平。生活质量是最容易被养老服务供应商“忽略”以及打折扣的内容，政府购买养老服务应以改善老年人提高生活质量为目标。除了改变满意度评价体系以外，还应该积极保障老年人生活质量的权利。首先，政府和养老服务供应商要向老年人提供一个保持以及提升生活品质的生活环境，在这个环境中，老年人是有尊严的，可选择能够自我掌控的服务方式。其次，政府和服务供应商必须围绕向老年人提供的生活服务、护理服务以及各类活动，实施专业的计划和组织管理，确保能够向客户提供身体、心理和精神的服务支持。

本章小结

本章针对老年人参与动因阻碍问题、老年人参与不足影响政府购买制度良性运行问题、老年人参与的“结果假象”问题，从动因、过程和结果三个层面探索增强老年人参与有效性的路径。

在参与动因方面，针对老年人参与的内在驱动力不足和外部制约因素仍然存在情形，本书提出增强老年人参与的内在动力，同时消除老年人参与的外部阻碍。老年人需求的充分表达是政府购买养老服务的基础，应在政府主导下对老人增能赋权，完善其利益和需求的表达机制和表达渠道；同时政府

① Thomsen M K. Citizen coproduction: The influence of self-efficacy perception and knowledge of how to coproduce [J]. American Review of Public Administration, 2017, 47 (3): 340-353.

② 风笑天. 生活质量研究：近三十年回顾及相关问题探讨 [J]. 社会科学研究，2007 (6): 1-8.

应拓展多种渠道，主动发现和挖掘老年人养老服务需求。

在参与过程方面，针对老年人在政府购买养老服务三个阶段参与不足，影响政府购买制度良性运行的问题，提出努力实现老年人全过程参与。购买决策阶段，老年人应充分参与到服务购买合同设计和组织安排过程中，使政府购买合同内容更符合自身需求，了解政府购买养老服务的详细信息，从而有利于对政府和服务供应商的监督和评估。购买实施阶段，老年人应充分参与到合同执行过程中，通过参与服务供应商的运营管理来实现合作生产，促进服务供应商重视服务质量，切实履行购买合同。在合同评估阶段，发挥老年人的主体作用，促进老年人积极参与到第三方机构的绩效评估中，对政府购买行为和服务供应商合同执行情况实施监督；同时加强政府引导，构建多主体参与的监督与评估体系。

在参与结果方面，针对影响服务质量提升的因素仍然存在、老年人需求并未完全满足、高满意度表征掩盖了购买效果不佳等问题。本书提出应正确认识老年人当前高满意度的实质，树立结果导向的参与理念。开展顾客期望管理，将老年人服务期望明确化；重视政府购买效果，通过不断满足老年人需求来提高老年人满意度；以老年人为本，树立不断提高老年人福祉的理念，探索参与制度建设。

总之，在政府购买养老服务过程中，消除老年人参与的阻碍因素、促进老年人全过程参与以及以满足老年人需求、增进老年人福祉为目标导向，能够有效地解决老年人参与滞后、执行与决策不符等问题，有利于老年人需求在政府购买各个阶段的真正落实。在“老年人主体地位”和“全过程参与”理念指导下，最终实现老年人的有效参与。

第八章　结论与展望

第一节　主要结论

政府购买养老服务制度的运行和完善与老年人参与密不可分，如何让老年人充分有效地参与政府购买养老服务并解决参与不足所带来的问题，成为政府购买养老服务相关研究的重中之重。本书借鉴服务营销领域的顾客参与理论模型，在公共服务“顾客导向”相关理论指导下，从动因—过程—结果层面构建了老年人参与模型。通过对老年人参与动因分析，发现老年人在需求沟通、资格获取和权利行使等方面还存在制约因素，存在参与动因受到制约的问题；通过对老年人参与过程分析，发现老年人参与不足影响政府购买养老服务制度良性运行；通过对老年人参与结果分析，发现虽然老年人有较高的服务质量感知和高满意度，但是不是需求满足的结果，仍存在养老服务供需脱节的问题。老年人参与关系到养老服务的有效供给，政府应积极转变管理理念，构建完善的老年人参与机制，通过促进老年人的有效参与来实现政府购买养老服务的目标。通过研究，本书得出以下主要结论。

第一，在分析老年人参与问题时，不能仅仅关注老年人参与的过程，还应该分析其参与的动因和结果，应把参与动因、过程和结果综合起来进行研究。本书构建了老年人参与模型，从“个人因素”和“组织因素”两个层面探讨老年人的参与动因；从“决策参与、服务参与和评估参与”三个维度界定老年人的参与过程；从“感知服务质量”和“服务满意度”两个方面评价老年人的参与结果。利用老年人参与模型和测量指标体系对上海市政府购买养老服务中的老年人参与情况进行分析，整个三级指标体系具有良好的信度和效度。老年人参与模型中参与动因、参与过程和参与结果的相互影响关系，对应到实践中“参与动因阻碍”“购买目标偏离”和“高满意度不能代表购买效果”等问题，理论模型与实践问题契合对应。因此模型具有较好的解释意义，构建的老年人参与模型为有效解释研究问题奠定了基础。未来，上海市相关政府部门在供给养老服务过程中，应当强化“顾客导向”，可以将老年人参与模型及其指标体系融入政府购买制度管理中，并根据外在环境的变化和老年人需求的变化对模型进行适当调整。

第二，老年人部分人口特征值得重视。一般人口学变量通过对具体参与维度的作用，影响整体参与效果。享受政府购买养老服务的老年人具有一些重要的人口特征，其中影响较大的有年龄、收入、是否享受医保、身体状况，这4个特征直接决定了老年人享受的服务项目，同时直接影响老年人参与动机、参与行为和对政府购买制度的感受。在一定程度上，现行资格制度已对老年人实现了分类，形成了制度隔离。老年人退休前的工作背景、教育背景、社会支持、是否纳入正式社会保险体系等因素，都在购买项目分配和资源分配中体现出来，形成一种“马太效应”。我国将进入深度老龄化阶段，政府一方面应改变购买结构，向失智失能老年人倾斜照护服务资源；另一方面应关注贫困老年群体，促进弱势老年人的社会融合和参与，进一步改善和维持弱势老年人的参与行为和参与质量。

第三，老年人参与主要受利益动因支配，责任动因不足，且参与行为受政治效能感影响大。老年人参与行为在一定程度上受个体动机支配，应增强老年人参与的内在动力，调动老年人参与的积极性。老年人普遍文化程度低、政治效能感不强，对政策了解不充分，主动参与的动力不足。政府应逐步培育老年人参与意识和责任意识，不断培育老年人的权利意识、法律意识、责任意识、平等意识以及自主意识等；同时引导家庭对老年人参与的支持，提升老年人参与能力。通过宣传教育、技能方法培训、分步实践推进等形式，逐步拓展老年人参与的范围。要让老年人在实际参与实践中不断了解参与的价值和意义，提升自身能力和素质，担当起政府购买养老服务的主体责任。

第四，老年人参与主要受组织沟通和组织支持的影响，也受宏观社会和体制因素的影响。其中组织沟通和组织支持因素对老年人信息获取、资格准入、权利行使、沟通和表达、服务利用等有重要影响。在组织支持方面，参与的组织化程度影响参与的效果。老年人个人力量是有限的，其个人与养老服务供应商合作供给的能力，还需要借助社会组织或老年团体才能进一步提升。组织化参与能够使老年人提出的诉求和反映的问题得到政府足够的重视。服务供应商、各类公益社会组织、社区居委会、老年人自组织等都是老年人需求表达的重要组织渠道，也是实现其参与的重要平台。政府应将管理和推行养老服务的权力进一步下放到街道和社区，建设与社会组织的伙伴关系，增强对服务的响应性。在组织沟通方面，有效沟通是促进老年人参与的基础。政府和老年人的沟通是一个双向过程，既包括政府获取老年人需求信息的“方法”，又包括老年人获取政府养老服务供给信息的“渠道”。促进老年人参与必须以老年人了解和掌握政府购买养老服务信息为前提，没有知情权就没有参与权。对政府而言，一方面，要多渠道收集老年人的养老服务需求信息，主动发现和挖掘老年人需求，并建立畅通的老年人“需求表达机制”；另一方面，重视信息公开和信息有效传递，提高政府购买养老服务信息公开的准确性和及时性，并通过社会媒体渠道、组织渠道等广泛而精准地传递信息。

第五，老年人在服务阶段参与较多，在决策和评估阶段参与少，而且老年人大多数是基于自身利益诉求的被动参与，参与层次和参与程度较低。政府购买养老服务是一个完整的流程，从需求调查形成购买决策，到购买实施过程中的服务监管，再到购买评估，各个流程和环节紧密联系，必须将整个流程放在一起加以考虑，不能割裂整个过程，单独探讨某一个环节。老年人参与，应该体现在政策的整个过程中，老年人应重点从政府购买养老服务的决策阶段、服务阶段和评估阶段三个环节进行参与。在购买决策阶段，必须让老年人参与到具体政府购买项目和购买合同的设计中，只有对服务设计和操作环节进行讨论与优化，才能保障信息对称，才能发挥后续参与的效果。在服务阶段，老年人主要是参与购买合同的组织实施，增强服务供给的目标预期性和流程可控性，监督服务供应商是否切实履行合同，老年人应与服务供应商充分合作，保障养老服务质量。在评估反馈阶段，老年人作为服务接受者，应参与到政府和服务商的全部评估活动中，通过老年人参与，反映需求满足情况，以促进养老服务政策的调整优化。政府应建立常态化的老年人参与机制，推动老年人参与到政府购买养老服务的全过程，保障老年人能够参与到需求调查、目录筛选、招标投标、实施监管、绩效评估等政府购买养老服务的各个环节，充分保障老年人的知情权、参与权、监督权、决策权，从而减少社会成本，提高服务绩效。

第六，老年人参与对服务质量和服务满意度提升有积极影响。虽然目前老年人表现出较好的服务质量感知和较高的满意度，但是高服务质量感知和高满意度仅是“结果假象”，政府购买养老服务项目和老年人真实需求之间仍存在脱节问题。本书和以往研究都注意到“感知服务质量与老年人满意呈现高度正相关关系”。本书进一步发现“感知服务质量对过程满意度预测作用强，而对结果满意度预测作用差”。老年人对服务期望模糊、需求的部分满足、各方对批评意见的顾虑以及政府和服务供应商的运作等因素，都对老年人高满意度的形成产生影响。一方面，老年人对服务的预期普遍不高、期望模糊，造成低期望与高感知的反差；另一方面，实际服务的低偿或无偿性、服务供应商的针对性运作等原因，使得老年人满意度得以提高。然而，这种高满意度未必是养老服务供需匹配带来的结果，政府购买养老服务项目和老年人真实需求之间存在“脱节”，购买项目在满足老年人实际需求方面仍存在一定差距。政府部门在需求调查时，应充分把握老年人更广泛的需求结构，通过不断改善服务设计和服务交付来满足这些需求。

第七，应该发挥政府的主导作用，针对老年人参与动因阻碍、参与过程不足和参与“结果假象”等问题，从三个层面设计老年人参与路径，促进老年人有效参与。老年人参与对提升服务质量和服务满意度有积极作用。老年人通过参与活动，表达养老服务需求并了解政府购买信息，不仅能够规范政府购买行为，还能监督服务供应商切实履行合同。老年人参与有助于服务供给的标准化、个性化和人性化，保障老年人得到专业、有效的养老服务，满足其养老服务需求，提升老年人感知服务质量和服务满意度。政府需要制定科学、全面的评估指标体系，引入利益相关者监督机制，对服务供应商的合同执行情况和服务质量情况进行管理，及时评估和反馈服务供给过程中的问题，提高老年人的服务满意度。从参与意识到参与行为，再到有效参与，是一个逐渐发展和完善的过程。促进老年人参与不仅要增强其参与意识、提高参与能力、培育参与精神，还需要更多的技术支持，重视老年人参与的有序性、阶段性和层次性，探索一整套可操作的参与路径。

第二节　不足与展望

一、研究不足

本书针对政府购买养老服务中的老年人参与问题研究，丰富了政府购买公共服务的相关研究，对新的工具和新的视角进行了有益探索，为政府创新社会治理提供了见解和建议。当前，我国开展政府购买公共服务的顶层设计时间尚短，指导性文件较多，整体上还处于探索阶段，社会力量参与的范围和深度还远远不够。各地政府虽积极探索，但尚未有统一的运作机制和标准，没有规范统一的流程，老年人参与机制的探索，必然受到既定制度和实践情况的约束。所以，本书还存在一定的局限和不足。

（一）实证测量的局限

本书属于探索性研究，在老年人参与相关问题的研究中，尚没有任何成熟的量表或问卷可以借鉴。在设计参与模型的维度和具体问题时，借鉴了工商管理领域的一些思路和方法。即使在工商管理领域，顾客参与测量也存在不同的视角和工具，尚未出现统一的测量范式。针对这个问题，本书一方面通过专家咨询、文献回顾、大量访谈来全面、科学地设置模型结构和测量问题；另一方面通过对问卷信度和效度进行全面检验，来保障测量工具的可靠性。此外，实证研究本身存在模型误设、度量误差以及内生性等无法绕过去的问题。[①] 本书研究目的不是去证明某个模型的绝对正确，而是努力利用模型去全面分析研究问题。

（二）老年样本获取的限制

样本获取的有限性，一方面是由于抽样目标群体的绝对数量有限；另一方面是存在次优参与率问题。2015 年底上海市开始试行“统一照护需求评估”，2017 年试点长期护理保险，这些制度虽然代表了未来发展的方向和趋势，但是由于实践时间不长，很多区县尚处在探索中，给样本抽样带来一定困难。对老年人调查，尤其是 80 岁以上的高龄老人，存在一个“次优参与率”（A Suboptimal Participation Rate）的共性问题。由于研究对象为照护需求评估 1~6 级的老年人，受高龄、身体疾病、语言障碍、提防心理等因素的影响，有些老年人拒绝参与或无法有效参与，无法得到最优的调查结果。因此，本书利用大量的访谈、文献分析和案例分析来弥补问卷调查的次优参与率问题。此外，新的制度实践是一个不断评估、反馈和调整的过程，受时间、经费和研究力量等因素的限制，无法对一些老年人进行持续跟踪调查。

二、研究展望

本书全面系统地探讨了政府购买养老服务中老年人参与的动因、过程和结果，以及分析了实现老年人参与的可操作路径，但由于一些主客观因素，存在一定的不足，未来研究中仍需要对一些问题进行深入探讨。

（一）继续优化政府购买养老服务的制度和环境

综合来讲，稀缺资源的管理和配置与高质高效的服务供给是社会公共服务供给的重要议题，缺乏明确的战略政策和完善的购买机制会使弱势群体，甚至是普通公众被甩出社会保障体系。当前政府向社会力量购买公共服务仍存在政府计划的影子，比较典型的是有的政府部门为了完成“政府购买服务的任务”而设计项目，自己注册社会组织来“承接服务”。政府与社会组织的合作或是基于合谋关系，忽视了老年人作为服务接受者的主体地位，从而将政府购买养老服务管理置于一个伦理的困境之中。所以，继续优化政府购买养老服务的制度和购买环境，是实现老年人有效参与的基础。政府购买养老

---

① Song S，Schennach S M，White H. Estimating nonseparable models with mismeasured endogenous variables [J]. Quantitative Economics，2015，6（3）：749-794.

服务制度的效能受到多种因素的影响，服务方选择机制、政府对服务供给者的监管和评估机制、资金支付机制等还不够健全；社会经济发展水平、政府支付能力、公民意识、社会福利和社会保障制度完善程度等都较低，还需要在实践过程中不断调整和完善购买模式、的制度和程序。

1. 重视合同治理

契约购买作为一种工具，经济部门的应用经验已经表明其能够有效提高公共部门的绩效。政府购买养老服务有多种方式，无论是合同外包、服务券还是补贴制，政府和服务商都以购买合同为基础展开合作，通过购买合同形成一种契约关系。政府购买实质上是一种合同安排，通过购买合同实现“供给”与“生产”的分离，按照合同开展质量管理和经费给付。① “为公众做个好交易不仅取决于是否要签订一份合同、合同交给谁的问题，而且取决于合同从头到尾整个过程的管理”。② “合同本身并不是终点，所有对价格和绩效的关注，最后都取决于合同双方在工作过程中供给产品和服务的能力”。③ 这种通过合同形成的契约关系是政府购买目标实现的坚实基础。政府购买公共服务过程中的公民参与不是阶段性的，而是应该贯穿合同的实施全过程。④ 必须保证公民整个阶段都能参与进来，尤其是在政策规划的早期阶段就要让那些目标公众参与进来，如果前期阶段被排斥或参与不足，则会在后面的过程中造成参与困难。⑤

2. 国际经验借鉴

发达国家 20 世纪 70 年代开始，相继开展了以政府购买社会公共服务为核心的改革。各国基于自身独特的经济和社会背景制定和实施了相应的政策，取得了一定的成绩，也积累了大量经验。发达国家的相关政策实践对于中国政府转变职能，推进购买公共服务具有一定的借鉴和参考意义。⑥ 发展中国家

---

① 孙杨杰．如何为公众做个好交易？——四维模式下的合同制治理［J］．中共福建省委党校学报，2015（10）：25-31.

② 菲利普·库珀．合同制治理——公共管理者面临的挑战与机遇［M］．竺乾威，等，译．上海：复旦大学出版社，2007：61-67.

③ 朱玉知，张雯．政府购买养老服务的优化治理——基于合同制治理的思考［J］．改革与战略，2009，25（1）：30-35.

④ 李丹萍．政府公共服务外包合同：特征及其治理路径［J］．云南大学学报（法学版），2016（4）：12-21.

⑤ Brian Garrod. Local participation in the planning and management of ecotourism：A revised model approach［J］. Journal of Ecotourism，2003，2（1）：33-53.

⑥ 侯志伟．政府购买公共服务的制度目标模式与实现路径——以上海市某服务社为例［J］．河北经贸大学学报，2017，38（3）：50-55.

政府购买公共服务的实践与其自身社会保障制度改革、公民社会发育的进程结合，不断调整和完善各种机制，其经验和教训也值得我们研究和思考。西方政府在公共管理领域不断引进新的企业管理技术和工具，其经验和做法值得我国各级政府吸收和借鉴。合同外包作为一种政府工具能够有效提高公共部门的绩效，很多持支持态度的学者主张政府应在增加资金支持、完善政府购买机制、扩大与社会力量的合作等方面做出努力。未来长期护理保险制度实施后，长期护理服务仍然要以政府购买的方式实现服务供给，当前的研究有利于长期护理保险制度的实践探索。未来的养老服务供给是更大的概念范畴，应该在“社区整合照料”“医养结合”“社会化养老服务体系”背景和趋势下展开，实现社会养老服务资源向最需要的群体倾斜。

3. 政府购买信息的公开

我们在实地调查和访谈过程中发现，政府和社会组织合作几乎没有失败案例，更别说对簿公堂的情况。政府在购买养老服务过程中，虽然一些矛盾被及时处理和化解，但仍有一些矛盾被掩盖。政府部门和服务供应商在购买过程中出现的道德风险和监督失灵问题，通过以往研究文献、具体访谈以及官方报告等渠道不能得到充分的验证，虽然数据和案例较少，但是仍有必要在制度设计上给予预警和防范。应该对一些失败项目给予重视，重点分析其失败的情境因素，如退出或注销的为老服务组织、没有续订合同的购买项目等。

（二）实现老年人的有序参与，防止参与失败

公民参与公共政策的缺陷及不足是一个被持续讨论的议题。在公民参与能否成为一项有效的政策工具问题上还存在广泛争议，参与活动在发挥积极作用的同时，也可能会耗费巨大社会资源，造成管理低效率，造成经济和社会成本损失。① 还有研究者认为，公民参与会削弱政府对公共政策的控制能力，公民参与的耗时、非理性等因素也影响着公共管理者鼓励公民参与的动机。② 当前，公民参与的趋势已不可阻挡，如何抵制公民参与带来的消极影响，充分发挥公民在公共服务供给过程中的积极作用，是未来公共服务决策者应慎重对待的问题。

对于政府而言，如果没有老年人的理解、信任和支持，参与行动就有可

---

① Irvin R A，Stansbury J. Citizen participation in decision making：Is it worth the effort？［J］. Public Administration Review，2004，64（1）：55-65.

② Huang W L，Feeney M K. Citizen participation in local government decision making：The role of manager motivation［J］. Review of Public Personnel Administration，2016，48（2）：52-59.

能演变为对抗行为。在上海市的实践中，老年人参与既不缺乏政府的引导，也不缺乏相关法律法规的支持，更不缺乏广泛的参与基础，老年人参与政府购买养老服务被赋予充足的正当性。然而，必须注意的是，老年人参与并不是灵丹妙药，可能会增加服务购买的时间成本和物质成本[①]，诱发决策质量下降、执行阻力增大等负面后果。[②] 不可让老年人参与变成一种无须论证的正当话语性，甚至变成评判一切购买活动的标准：如果没有老年人参与，或者没有接纳参与者的意见和要求，相关的公共决策和执行行为被认为是不合理的；如果实施了老年人参与，但在代表性和参与效力等方面没有达到公众期望，同样会招致很多非议。鉴于参与成本、老年人知识和能力等因素，政府仍需要对老年人的参与进行适时的引导和限制，保证参与的科学性、有序性。因此，对老年人参与不能抱有民粹主义的心态，应积极、审慎地推进老年人参与机制建设，以应对不断加剧的养老服务供需矛盾。

（三）多主体参与合作生产和服务创新

本书主要以“老年人参与政府购买活动”为切入点开展研究，重点讨论在政府购买行为中，如何建立“老年人有效参与机制”的问题。同样，服务供应商、第三方、其他利益相关者也是重要的参与主体，必须将多个利益相关者之间的合作生产关系考虑在内，研究多个主体参与服务供给和服务创新。此外，老年人参与不仅要强调“顾客满意”的理念，还要强调政府与老年人、服务机构、第三方以及其他社会力量的合作与互动，着眼于“伙伴关系”并促进各个主体的参与能力提升和参与空间拓展。所以，未来应对其他主体间的参与和交互关系进一步探索。服务递送过程中涉及街道和社区为老服务人员、社工人员、专业服务人员等群体，这些服务人员是多主体参与的重要组成部分，其参与程度与老年人满意度有重要联系。未来实践中，政府和服务供应商应打破传统封闭的服务模式，积极吸引更多的参与主体，如老年人、家属、服务人员、上下游供应商等参与到服务供给过程中，同时还要对各参与主体间的影响关系进行针对性地协同管理，这对提升养老服务供给绩效具有重大意义。

政府向社会力量购买养老服务机制，把养老服务中的多重价值赋予政府、市场、社会力量和评估机构等不同主体和不同机制予以实现，这种多元主体供给模式具有价值多元性、主体多样性和责任共担性等特征，而“实现顾客

---

① 付建军，张晓东．政府购买公共服务中的公众参与［J］．贵州社会科学，2017（8）：22-28.

② 周义程．公共服务供给中公民参与有效性的提升路径——基于目标—因素匹配模型构建维度的考量［J］．公共管理与政策评论，2016，5（1）：26-35.

角色和授权、改善合作中的权力关系，对政府来说是一种挑战”。[①] 老年人参与政府购买养老服务实质是公民参与政府治理，政府购买养老服务在缓解政府财政压力、提高服务效率、改善服务质量、赋予老年人更多选择权等方面表现出明显优势，改变了政府责任机制，形成了新的角色和权责关系。政府与老年人的角色和地位发生变化，要把老年人被动参与发展到与政府积极合作治理，老年人与政府的良好合作，也是善治的实质所在。在实践中，存在着参与理论与参与实践的脱节、参与形式与参与实效的差距等一系列问题。政府要真正让渡空间，使老年人和利益相关者都能参与进来，培育各个参与主体的独立地位，以参与和合作的方式供给养老服务，实现对政府购买养老服务的合作治理。真正实现老年人的全过程参与、有效参与和有价值参与，切实保障老年人权益，关键是系统地推进老年人参与的制度化建设。

（四）从顾客参与行为到顾客公民行为

顾客行为可以划分为角色内行为和角色外行为，其中角色内行为主要是顾客必要的合作生产行为；角色外行为是在顾客满意的基础上，表现出的积极的、有益组织的个人公民行为，这一划分得到国内外学者的广泛认同。Bove 等提出顾客组织公民行为（Customer Organizational Citizenship Behavior）的概念，将公民行为的研究对象扩大到了组织、服务人员、服务对象以及其他相关者等，并把公民行为的内涵界定为“服务生产或传递过程中自发的投入时间、精力、身心等成本，做出有益于服务机构以及其他顾客的积极行为”。[②]

从本质上看，老年人参与属于公民参与，以维护公民个人利益为直接目的，只重视个人目标，导致参与过程中缺乏合作与妥协，表现出一定的对抗性。因此，针对老年人参与政府购买养老服务存在的参与公共性不足问题，如何将个人行为向公民行为引导，也是一个值得思考的问题。建立老年人和服务机构之间的满意、信任和承诺关系有助于实现个人参与行为向公民行为转化；而且从老年人参与能够影响老年人感知服务质量和服务满意度的分析结果来看，积极的参与行为会引发积极的顾客公民行为，符合态度和行为理

---

① Petriwskyj A, Gibson A, Webby G. Staff members' negotiation of power in client engagement: Analysis of practice within an Australian aged care service [J]. Journal of Aging Studies, 2015 (33): 37-46.

② Bove L L, Pervan S J, Beatty S E, et al. Service worker role in encouraging customer organizational citizenship behaviors [J]. Journal of Business Research, 2009, 62 (7): 698-705.

论的一致性原则。所以，老年人顾客参与行为向老年人公民参与行为转变是具备理论和现实基础的。要引导老年人从顾客参与行为向顾客公民行为转变，使老年人以及利益相关者积极参与政府购买养老服务成为一种社会自觉，从而实现从公民参与行为向公共参与行为转变。

附录 1　访谈提纲

一、老年人及其主要照顾者的访谈提纲

1. 个人和家庭基本状况

· 子女、主要照护者、退休金、医保、文化程度等个人和家庭基本情况。

2. 参与动机和原因

· 对政府购买养老服务的认识和态度。

· 怎样获得政府养老服务政策和信息的?

· 其他开放式问题。

3. 参与统一需求评估过程

· 怎样获取统一需求评估信息的? 评估过程情况怎样?

· 对评估结果和分配的服务项目满意吗?

· 其他开放式问题。

4. 购买阶段参与情况

· 政府如何主动了解您的情况的?

· 您是如何主动表达自己养老服务需求的?

· 参与政府购买合同内容的制定和执行情况怎样?

· 对当前服务供应商的情况了解怎样?

· 其他开放式问题。

5. 服务阶段参与情况

· 享受服务后，经济负担上和健康上有积极变化吗?

· 服务机构开展服务情况怎样?

· 服务过程中您的参与和互动情况怎样?

· 怎样进行投诉和监督，回应怎样?

· 其他开放式问题。

6. 评估阶段参与情况

· 是否了解第三方评估？
· 是否参与过第三方评估？
· 怎样对服务进行投诉和提出建议的？
· 其他开放式问题。

7. 服务质量和满意度情况

· 对享受服务项目质量怎样评价？
· 对享受服务项目满意情况怎样？整体满意度如何？
· 其他开放式问题。

8. 对老年人参与的态度

· 怎样看待当前您的参与状况？
· 对参与的看法和态度是什么？
· 对政府购买的养老服务有没有更多的期许？
· 其他开放式问题。

二、政府部门人员访谈提纲

1. 政府购买养老服务基本情况

· 本市（区）政府购买养老服务基本情况怎样？

2. 资格评估和对象认定（区分G1类和G2类）

· 本市（区）统一需求评估怎样组织和开展的？
· 统一需求评估实践存在什么问题？
· 老年人参与和反馈情况。
· 其他开放式问题。

3. 政府购买服务的运行机制（区分G1类和G2类）

· 政府购买服务的内容和价格的决策机制是什么？
· 政府购买服务的资金安排是怎样的？
· 政府是如何选择服务提供商的？
· 服务过程中如何合作、监督和付费？
· 其他开放式问题。

4. 社会力量引入和培育（区分G1类和G2类）

· 如何培育和发展社会组织的？

· 企业资质的社会力量进入要求和进入情况怎样?
· 其他开放式问题。

5. 老年人参与情况(区分 G1 类和 G2 类)

· 合同内容决策阶段老年人如何参与的?
· 招投标阶段老年人如何参与的?
· 服务实施和监督过程中老年人如何参与的?
· 服务评估中老年人如何参与的?
· 其他开放式问题。

6. 老年人参与问题

· 您认为当前老年人参与还存在哪些不足?
· 您认为该如何促进老年人参与?
· 其他开放式问题。

三、服务机构人员访谈提纲

1. 机构情况

· 本组织(机构/企业)主要服务范围是什么?
· 本组织(机构/企业)专业优势是什么?

2. 承接购买情况(主要针对 S1 类)

· 招投标信息获取和招投标流程情况。
· 同行业的竞争情况。
· 参与政府购买的主要障碍是什么?
· 标书准备阶段是否组织老年人需求调查和参与?
· 招投标过程中老年人参与情况。
· 其他开放式问题。

3. 老年人参与服务情况

· 服务过程中老年人怎样参与?
· 服务质量管理和日常组织管理时老年人参与情况。
· 如何开展老年人(及其家属)顾客关系管理的?
· 其他开放式问题。

4. 评估与监督(区分 S1 类和 S2 类)

· 老年人参与第三方对本组织的评估情况。

· 老年人（及其家属）对服务的监督情况。
· 如何处理监督与投诉？
· 其他开放式问题。

5. 开放式讨论

· 对行业环境和购买政策如何评价？
· 承接服务的经验和教训怎样？
· 其他开放式问题。

四、第三方机构人员访谈提纲

1. 机构情况

· 本组织（机构/企业）主要服务范围是什么？
· 本组织（机构/企业）专业优势是什么？
· 其他开放式问题。

2. 承接（资格/绩效）评估情况（区分 S3 类和 S4 类）

· 如何承接养老服务需求评估的？或者如何承接绩效评估的？
· 标书准备阶段和招投标过程中老年人参与情况。
· 其他开放式问题。

3 老年人参与评估过程情况（区分 S3 类和 S4 类）

· 合同执行过程中的主要障碍是什么？
· 服务过程中老年人参与情况。
· 其他开放式问题。

4. 老年人参与监督情况（区分 S3 类和 S4 类）

· 老年人（及其家属）如何实现对服务的监督的？
· 本组织如何处理监督与投诉？
· 其他开放式问题。

5. 开放式讨论

· 对行业环境和购买政策如何评价？
· 承接服务的经验和教训怎样？
· 其他开放式问题。

附录 2　访谈对象基本情况

序号	访谈者基本情况			编码	访谈时间
	单位/住址	性别	社会角色		
1	上海市老龄科学研究中心	男	管理人员	G101-YZG	2017 年 3 月 3 日
2	上海市民政局福利处	男	管理人员	G102-ZF	2017 年 3 月 7 日
3	浦东新区老龄事业发展中心	男	管理人员	G103-LGF	2017 年 3 月 9 日
4	普陀区民政局	女	管理人员	G104-FY	2017 年 4 月 6 日
5	闵行区老龄事业发展中心	男	管理人员	G105-SY	2017 年 5 月 3 日
6	徐汇区民政局	男	管理人员	G106-ST	2017 年 6 月 2 日
7	杨浦区民政局	男	管理人员	G107-GYC	2017 年 8 月 4 日
8	莘庄镇社区服务中心	女	老龄干部	G201-SAH	2017 年 5 月 5 日
9	甘泉街道社区服务中心	男	老龄干部	G202-JJJ	2017 年 4 月 7 日
10	斜土路街道社区服务中心	男	老龄干部	G203-XZM	2017 年 6 月 6 日
11	长风新村街道社区服务中心	女	老龄干部	G204-CX	2017 年 4 月 13 日
12	江川路街道社区服务中心	女	老龄干部	G205-HYF	2017 年 5 月 11 日
13	华漕镇政府	女	老龄干部	G206-CJH	2017 年 5 月 19 日
14	闵行区航华一村居委会	男	老龄干部	G207-ZWC	2017 年 5 月 12 日
15	徐汇区金桂苑居委会	女	老龄干部	G208-MML	2017 年 6 月 7 日
16	徐汇区日六（二）社区	女	老龄干部	G209-GLL	2017 年 6 月 12 日
17	闵行区朝晖社区居委会	女	老龄干部	G210-ZQF	2017 年 5 月 15 日
18	长风一村居委会	女	老龄干部	G211-CZQ	2017 年 4 月 10 日
19	爱博五村居委会	女	老龄干部	G212-ZJX	2017 年 5 月 19 日
20	徐汇区福寿康	男	机构负责人	S101-ZJ	2017 年 6 月 16 日
21	闵行区恒研助老服务社	女	机构负责人	S102-CLS	2017 年 5 月 8 日
22	闵行区恒研老年护理站	女	机构负责人	S103-HY	2017 年 5 月 8 日
23	闵行健众护理站	男	机构负责人	S104-HYD	2017 年 5 月 19 日
24	浦东临港养护院	男	机构负责人	S105-HF	2017 年 3 月 10 日
25	继王镇敬老院	女	机构负责人	S106-HJH	2017 年 5 月 21 日
26	普陀区康普护理站	女	护理员	S201-LGT	2017 年 4 月 14 日
27	徐汇区爱照护护理站	女	护理员	S202-YBY	2017 年 6 月 21 日
28	华漕镇敬老院	女	护理员	S203-CYZ	2017 年 5 月 18 日

续表

序号	访谈者基本情况			编码	访谈时间
	单位/住址	性别	社会角色		
29	继王镇敬老院	女	护理员	S204-ZYZ	2017 年 5 月 25 日
30	江川路碧江敬老院	女	护理员	S205-ZLS	2017 年 5 月 22 日
31	普陀区第一社会福利院	女	护理员	S206-WJ	2017 年 4 月 17 日
32	浦东新区第三方评估中心	女	评估员	S301-BR	2017 年 3 月 18 日
33	闵行区第三方评估中心	男	评估员	S302-SBX	2017 年 5 月 26 日
34	徐汇区第三方评估中心	女	评估员	S303-HLZ	2017 年 6 月 26 日
35	上海文会会计师事务所	男	会计师	S401-XXS	2017 年 3 月 13 日
36	创文律师事务所	男	律师	S402-KGH	2017 年 6 月 9 日
37	江川路沧源社区	女	老人	L101-CYD	2017 年 5 月 27 日
38	莘庄镇绿梅二村	男	老人	L102-GYX	2017 年 5 月 13 日
39	莘庄镇绿梅二村	女	老人	L103-JYN	2017 年 5 月 13 日
40	航华一村第二居委会	男	老人	L104-ZWX	2017 年 5 月 21 日
41	航华一村第二居委会	女	老人	L105-JYY	2017 年 5 月 21 日
42	江川路机电（二）社区	女	老人	L106-JCH	2017 年 5 月 27 日
43	爱博家园第一居委会	女	老人	L107-ZJM	2017 年 6 月 10 日
44	长白银峰社区	男	老人	L108-SJH	2017 年 8 月 14 日
45	康城第一居委会	女	老人	L109-ZOC	2017 年 3 月 15 日
46	康城第一居委会	男	老人	L110-SGW	2017 年 3 月 16 日
47	甘泉街道甘泉苑居委会	男	老人	L111-SDL	2017 年 4 月 22 日
48	甘泉街道甘泉苑居委会	女	主要照顾者	L201-YLY	2017 年 4 月 22 日
49	江川路机电（一）社区	男	主要照顾者	L202-CME	2017 年 5 月 27 日
50	江川路沧源社区	女	主要照顾者	L203-LGH	2017 年 5 月 27 日
51	莘庄镇第一福利院	男	主要照顾者	L204-ZBL	2017 年 5 月 28 日
52	大木桥第二社区	女	主要照顾者	L205-CSY	2017 年 6 月 11 日
53	茶陵路第二居委会	女	主要照顾者	L206-TXM	2017 年 6 月 18 日
54	天恒名城居委会	女	主要照顾者	L207-LPY	2017 年 4 月 26 日
55	爱博四村居委会	女	主要照顾者	L208-ZLZ	2017 年 3 月 16 日
56	爱博六村居委会	女	主要照顾者	L209-QYZ	2017 年 3 月 16 日
57	华江新村第二居委会	男	主要照顾者	L210-GSF	2017 年 4 月 28 日
58	红旗新村第六居委会	女	主要照顾者	L211-CMY	2017 年 4 月 28 日
59	鹤庆新村第二居委会	女	主要照顾者	L210-GYG	2017 年 5 月 13 日
60	合生邦城第一居委会	女	主要照顾者	L211-HSH	2017 年 4 月 20 日

附录3　正式调查问卷

问卷编号：□□□□□□□

政府购买养老服务参与状况调查问卷

调查地点：________区__________街道_________居委/机构

访问日期：

问卷说明

您好！本问卷调查对象为经过统一需求评估，且正在享受政府养老服务项目的老年人。本次调查主要是为了了解老年人参与政府购买养老服务的情况，以及接受服务的满意度情况。某些问题老年人不明白时，可由主要照顾者或服务人员帮助解释。您的答案是本研究的重要参考，请根据您的真实情况选择合适答案，谢谢配合！本次采取匿名调查方式，对您的个人信息会严格保密。

个人基本信息

1. 性别：①男　　　②女
2. 年龄：_____岁
3. 婚姻状况：①从未结婚　②有配偶　　③离婚　　④丧偶
4. 子女状况：①儿子____个　②女儿____个
5. 文化程度：

①不识字或识字很少　②小学或私塾　③初中　④高中或职专　⑤大专　⑥本科及以上

6. 政治面貌：①党员　②民主党派　　③群众
7. 经济收入（主要指退休金、低保金或政府征地补贴）：________

①无退休金或低保标准　②1000～2000 元　③2000～3000 元

④3000～4000 元　⑤4000～5000 元　⑥5000～6000 元

⑦6000～7000 元　⑧7000 元以上

8. 您的医疗费用享受什么待遇？

①干部保健医疗待遇 ②城镇职工基本医疗保险 ③城镇居民医疗保险 ④享受亲属半费报销待遇 ⑤医疗救助 ⑥完全自费

9. 您的身体状况（评估等级）情况是？

①1级 ②2级 ③3级 ④4级 ⑤5级 ⑥6级

10. 当前享受的养老服务项目是？

①社区居家养老 ②机构养老 ③社区居家护理 ④机构护理

11. 您是如何申请需求评估的？

①自己主动申请的 ②家人帮助申请的

③街道通知的 ④其他情况（服务机构或社会组织协助申请等）

12. 服务过程中的付费情况？

①完全免费 ②部分付费 ③完全自费

13. 您的主要照顾者？

①自己 ②老伴 ③儿子 ④女儿 ⑤孙代或亲戚 ⑥保姆

⑦机构服务人员

14. 子女对您的直接资金支持情况怎样？

①完全没有 ②较少 ③一般 ④偶尔 ⑤经常

第一部分 参与动因调查问卷

本部分是了解是什么因素影响您参与到政府购买养老服务中，请根据您的实际情况选择最符合的选项。

1完全不符合 2不太符合 3一般 4比较符合 5非常符合					
A1. 我参与政府购买养老服务可以满足我的养老需求	1	2	3	4	5
A2. 我参与政府购买养老服务可以减轻家庭负担	1	2	3	4	5
A3. 我参与政府购买养老服务可以提高生活质量	1	2	3	4	5
A4. 我有权知道政府是如何购买养老服务的	1	2	3	4	5
A5. 我积极参与政府购买养老服务对我们老年人有利	1	2	3	4	5
A6. 政府购买养老服务是肯定了我对社会的贡献	1	2	3	4	5
A7. 我能够向政府表达清楚老年人的服务需求	1	2	3	4	5
A8. 我积极参与政府购买养老服务是有意义的	1	2	3	4	5
A9. 我能够向政府各级部门提供养老服务意见	1	2	3	4	5
A10. 街道/居委会组织的养老服务宣传活动很多	1	2	3	4	5
A11. 街道/居委会经常调查我们的养老服务需求	1	2	3	4	5
A12. 政府设有服务的信息平台、服务热线和服务网站	1	2	3	4	5
A13. 政府部门会随时对我提供帮助	1	2	3	4	5

续表

1 完全不符合 2 不太符合 3 一般 4 比较符合 5 非常符合					
A14. 政府部门会及时给予我养老帮助和支持	1	2	3	4	5
A15. 我了解去哪里查询养老服务的信息	1	2	3	4	5
A16. 法律赋予了我们参与的权利	1	2	3	4	5
A17. 政府通过电视、报纸和广播来宣传养老服务政策	1	2	3	4	5
A18. 政府设置多种制度渠道听取我们的意见	1	2	3	4	5

第二部分　参与过程调查问卷

本部分是了解您在政府购买养老服务的项目决策环节、服务交付环节和评估环节的参与情况。请根据您的实际情况选择最符合的选项。

1 完全不符合 2 不太符合 3 一般 4 比较符合 5 非常符合					
B1. 接受服务前，我与政府部门沟通过我的养老需求	1	2	3	4	5
B2. 接受服务前，我接触过政府部门的需求调查	1	2	3	4	5
B3. 接受服务前，政府就服务设计征求过我的建议	1	2	3	4	5
B4. 接受服务前，我了解服务提供商的相关信息	1	2	3	4	5
B5. 接受服务前，我了解政府购买养老服务招投标情况	1	2	3	4	5
B6. 接受服务时，服务机构跟我有详细的沟通	1	2	3	4	5
B7. 接受服务时，我和服务机构签订了详尽的服务协议	1	2	3	4	5
B8. 接受服务时，我努力配合服务人员工作	1	2	3	4	5
B9. 接受服务时，我会主动与服务人员沟通	1	2	3	4	5
B10. 接受服务时，我可以提出意见和建议	1	2	3	4	5
B11. 接受服务时，我可以参与服务机构的服务管理	1	2	3	4	5
B12. 接受服务后，我会配合机构进行意见反馈	1	2	3	4	5
B13. 接受服务后，我会向服务机构反映意见以提高服务质量	1	2	3	4	5
B14. 接受服务后，我会配合政府或第三方开展服务监督	1	2	3	4	5
B15. 接受服务后，我会向政府部门反映意见以改进服务供给	1	2	3	4	5

第三部分　感知服务质量调查问卷

本部分是了解您对所享受服务项目质量的认识和感受情况，请根据您的实际情况选择最符合的选项。

1 完全不符合　2 不太符合　3 一般　4 比较符合　5 非常符合					
C1. 服务项目的价格我可以接受	1	2	3	4	5
C2. 服务项目种类满足我的需求	1	2	3	4	5
C3. 服务机构的资质符合要求	1	2	3	4	5
C4. 服务机构严格按照服务协议开展服务	1	2	3	4	5
C5. 服务过程中没有出现什么差错	1	2	3	4	5
C6. 服务内容与服务协议一致	1	2	3	4	5
C7. 服务人员工作之外仍愿意主动帮助我	1	2	3	4	5
C8. 服务人员工作具有灵活性	1	2	3	4	5
C9. 服务过程中服务机构与我有良好的交互	1	2	3	4	5
C10. 服务机构提供的服务比我预期的好	1	2	3	4	5
C11. 享受的养老服务满足了我的实际需要	1	2	3	4	5
C12. 享受的养老服务减轻了我的家庭养老负担	1	2	3	4	5

第四部分　老年人满意度调查问卷

本部分是了解您对服务的满意情况和对参与的满意情况，请根据您的实际情况选择最符合的选项。

1 完全不符合　2 不太符合　3 一般　4 比较符合　5 非常符合					
D1. 我对服务机构资质条件满意	1	2	3	4	5
D2. 我对服务等待时间满意	1	2	3	4	5
D3. 我对服务专业水平满意	1	2	3	4	5
D4. 我对服务效果满意	1	2	3	4	5
D5. 我对服务机构的环境和设施设备满意	1	2	3	4	5
D6. 我对政府购买政策公平性满意	1	2	3	4	5
D7. 我对生活质量改善状况满意	1	2	3	4	5
D8. 我对政府选取的服务供应商满意	1	2	3	4	5
D9. 从申请到享受服务，我对政府响应情况满意	1	2	3	4	5
D10. 我对政府部门工作开展情况满意	1	2	3	4	5

您对政府、服务机构还有什么意见和建议？

____

问卷调查到此结束，祝您身体健康、生活愉快！

参考文献

A. 中文参考文献

A-1 著作类文献

[1] [澳] 欧文·E. 休斯. 公共管理导论（第二版）[M]. 彭和平，等，译. 北京：中国人民大学出版社，2001.

[2] [德] 马克斯·韦伯. 社会科学方法论 [M]. 李秋零，等，译. 北京：中国人民大学出版社，1999.

[3] [美] 科特勒·李. 脱离贫困：社会营销之道 [M]. 刘登屹，程勇，译. 北京：电子工业出版社，2015.

[4] [美] E.S. 萨瓦斯. 民营化与公私部门的伙伴关系 [M]. 周志忍，译. 北京：中国人民大学出版社，2002.

[5] [美] R. 爱德华·弗里曼. 战略管理：利益相关者方法 [M]. 王彦华，梁豪，译. 上海：上海译文出版社，2006.

[6] [美] 奥斯本·盖布勒. 改革政府：企业家精神如何改革着公共部门 [M]. 周敦仁，等，译. 上海：上海译文出版社，2006.

[7] [美] 彼得·德鲁克. 下一个社会的管理 [M]. 蔡文燕，译. 北京：机械工业出版社，2007.

[8] [美] 菲利普·科特勒，南希·李. 公共服务：提升绩效之路 [M]. 王永贵，译. 北京：电子工业出版社，2015.

[9] [美] 菲利普·库珀. 合同制治理——公共管理者面临的挑战与机遇 [M]. 竺乾威，等，译. 上海：复旦大学出版社，2007.

[10] [美] 莱斯特·M. 萨拉蒙. 政府工具：新治理指南 [M]. 肖娜，等，译. 北京：北京大学出版社，2016.

[11] [美] 威廉·邓恩：公共政策分析导论（第二版） [M]. 谢明，译. 北京：中国人民大学出版社，2002.

[12] [美] 文森特·奥斯特罗姆，等. 美国地方政府 [M]. 井敏，等，译. 北京：北京大学出版社，2004.

[13] [美] 约翰·克莱顿·托马斯. 公共决策中的公民参与：公共管理

者的新技能与新策略［M］. 孙柏英，译. 北京：中国人民大学出版社，2005.

［14］［美］约翰·克莱顿·托马斯. 公共决策中的公民参与［M］. 孙柏英，译. 北京：中国人民大学出版社，2014.

［15］［美］詹姆斯·N. 罗西瑙. 没有政府的治理：世界政治中的秩序和变革［M］. 南昌：江西人民出版社，2001.

［16］［美］珍妮特·V. 登哈特，罗伯特·V. 登哈特. 新公共服务：服务，而不是掌舵［M］. 丁煌，译. 北京：中国人民大学出版社，2004.

［17］［英］保罗·乔伊斯. 公共服务战略管理［M］. 张文礼，王达梅，译. 北京：清华大学出版社，2008.

［18］［英］戴维·乔布尔，［爱］约翰·费伊. 市场营销学［M］. 徐瑾，杜丽，李莹，等，译. 大连：东北财经大学出版社，2013.

［19］［英］乔·迪德，［美］福兰克·M. 赫尔. 服务创新：对技术机会和市场需求的组织响应［M］. 李靖华，等，译. 北京：知识产权出版社，2010.

［20］［英］沙琳，等. 需要和权利资格：转型期中国社会政策研究的新视角［M］. 北京：中国劳动社会保障出版社，2007.

［21］陈芳. 公共服务中的公民参与——基于多层次制度分析框架的检视［M］. 北京：中国社会科学出版社，2011.

［22］陈信康，等. 服务营销创新研究专论［M］. 上海：上海财经大学出版社，2011.

［23］韩巍. 政府购买公共就业人才服务研究［M］. 北京：中国言实出版社，2016.

［24］侯杰泰，温忠麟，成子娟. 结构方程模型及其应用［M］. 北京：教育科学出版社，2004.

［25］黄恒学，张勇. 政府基本公共服务标准化研究［M］. 北京：人民出版社，2011：201.

［26］贾薇. 顾客参与对顾客价值创造的影响机理研究［M］. 北京：中国林业出版社，2011.

［27］贾西津. 中国公民参与：案例与模式［M］. 北京：社会科学文献出版社，2008.

［28］江立华，沈洁. 中国城市社区福利［M］. 北京：社会科学文献出版社，2008.

［29］姜文芹. 政府公共服务营销模式研究——营销视域下的现代政府公共服务［M］. 北京：中国时代经济出版社，2015.

[30] 刘波，李娜，彭瑾，王力立. 地方政府治理 [M]. 北京：清华大学出版社，2015.

[31] 刘波，彭瑾，李娜. 公共服务外包——政府购买服务的理论与实践 [M]. 北京：清华大学出版社，2016.

[32] 刘金涛. 老年人长期护理保险制度研究 [M]. 北京：科学出版社，2014.

[33] 刘淑妍. 公众参与导向的城市治理：利益相关者分析视角 [M]. 上海：同济大学出版社，2010.

[34] 吕侠. 中国政府购买公共服务研究 [M]. 长沙：湖南师范大学出版社，2015.

[35] 马俊达. 政府购买社会服务研究：以 G 省购买民办社工机构服务为案例 [M]. 北京：中国社会出版社，2015.

[36] 彭建梅，刘佑平，刘凯茜. 政府购买社会组织服务指引 [M]. 北京：中国文史出版社，2014.

[37] 齐海丽. 我国城市公共服务供给中的政社合作研究 [M]. 上海：上海交通大学出版社，2015.

[38] 上海市人民政府发展研究中心. 上海养老服务发展报告（白皮书）[M]. 上海：上海人民出版社，2016.

[39] 施昌奎，孙天法，鄢圣文，王靖. 政府购买服务与事业单位改革研究 [M]. 北京：中国经济出版社，2016.

[40] 石路. 政府公共决策与公民参与 [M]. 北京：社会科学文献出版社，2009.

[41] 孙彩红. 公民参与城市政府治理研究 [M]. 北京：社会科学文献出版社，2016.

[42] 孙洁. PPP 项目的绩效评价研究 [M]. 北京：经济科学出版社，2010.

[43] 汤艳文. 养老服务的社会组织与管理——上海经验 [M]. 广西：广西师范大学出版社，2014.

[44] 王东伟. 我国政府购买公共服务问题研究 [M]. 北京：经济科学出版社，2015.

[45] 王法硕. 公民网络参与公共政策过程研究 [M]. 上海：上海交通大学出版社，2013.

[46] 王俊秀，杨宜音. 2011 年中国社会心态研究报告 [M]. 北京：社会科学文献出版社，2011.

［47］王浦劬，［美］莱斯特·M. 萨拉蒙，等. 政府向社会组织购买公共服务研究——中国与全球经验分析［M］. 北京：北京大学出版社，2010.

［48］王浦劬，［英］郝笛秋. 政府向社会力量购买公共服务发展研究：基于中英经验的分析［M］. 北京：北京大学出版社，2016.

［49］王雪云，高芙蓉. 政府购买公共服务研究［M］. 北京：经济科学出版社，2016.

［50］魏中龙. 政府购买服务的理论与实践研究［M］. 北京：中国人民大学出版社，2014.

［51］熊跃根. 需要、互惠和责任分担——中国城市老人照顾的政策与实践［M］. 上海：上海人民出版社，2008.

［52］杨成虎. 政策过程中的公民参与［M］. 天津：天津人民出版社，2015.

［53］杨欣. 公共服务合同外包中的政府责任研究［M］. 北京：光明日报出版社，2012.

［54］叶响裙. 公共服务多元主体供给：理论与实践［M］. 北京：社会科学出版社，2014.

［55］张汝立. 外国政府购买社会公共服务研究［M］. 北京：社会科学文献出版社，2014.

［56］张文彤. 世界优秀统计工具 SPSS11 统计分析教程（高级篇）［M］. 北京：希望电子出版社，2002.

［57］卢旺. 地方本科院校服务地方机制创新研究［M］. 北京：中国经济出版社，2019.

A-2 学位论文类文献

［1］常晓丹. 政府购买养老服务研究［D］. 南京：南京大学，2016.

［2］车峰. 我国公共服务领域政府与 NGO 合作机制研究［D］. 北京：中央民族大学，2012.

［3］邓金霞. 公共服务外包之隐性进入壁垒研究——以上海市为例［D］. 上海：复旦大学，2013.

［4］董丽. 基本公共服务质量评价问题研究［D］. 长春：吉林大学，2015.

［5］杜琰琰. 顾客和员工双方情绪对服务责任归因的影响——基于顾客参与背景的研究［D］. 上海：复旦大学，2012.

［6］冯桦. 智障人士社区福利服务的可及性研究［D］. 上海：华东理工大学，2013.

［7］耿先锋．顾客参与测量维度、驱动因素及其对顾客满意的影响机理研究——以杭州医疗服务业为例［D］．杭州：浙江大学，2008．

［8］顾迎天．基于政府购买居家养老服务质量的政社互动关系研究——以S市J区为例［D］．上海：华东理工大学，2015．

［9］胡明瑶．网购物流服务方式对消费者忠诚的影响研究［D］．北京：北京交通大学，2017．

［10］贾旭东．基于扎根理论的中国城市基层政府公共服务外包研究［D］．兰州：兰州大学，2010．

［11］贾颖．政府购买社会服务模式创新研究［D］．济南：山东大学，2016．

［12］李春梅．城镇居民公众参与认知、态度和行为关系的实证研究［D］．西安：西南交通大学，2013．

［13］李慧．公共产品供给过程中的市场机制［D］．天津：南开大学，2010．

［14］李硕硕．非政府组织参与居家养老的模式探析［D］．上海：华东政法大学，2015．

［15］刘红芹．政府购买居家养老服务的绩效研究［D］．兰州：兰州大学，2012．

［16］刘建伟．当代西欧公众政治参与研究［D］．长春：吉林大学，2011：96．

［17］芦刚．地方政府绩效评估中的公民参与问题研究［D］．长春：吉林大学，2007．

［18］鲁迎春．从“福利救济”到“权利保障”：上海养老服务供给中的政府责任研究［D］．上海：复旦大学，2014．

［19］栾睿．家居零售业中顾客参与和顾客满意关系的研究［D］．成都：西南财经大学，2012．

［20］申可君．城市社区建设中的居民参与研究［D］．武汉：华中师范大学，2013．

［21］王春婷．政府购买公共服务绩效与其影响因素的实证研究［D］．武汉：华中师范大学，2012．

［22］王京传．旅游目的地治理中的公众参与机制研究［D］．天津：南开大学，2013．

［23］魏中龙．政府购买服务的动作与效率评估研究［D］．武汉：武汉理工大学，2011．

［24］谢远学．中国公众参与社会管理路径研究［D］．武汉：华中科技大学，2014.

［25］袁维勤．政府购买养老服务问题研究［D］．重庆：西南政法大学，2012.

［26］张文辉．顾客参与公司治理研究［D］．武汉：华中科技大学，2008.

［27］张文敏．顾客参与的前因变量与结果效应［D］．广州：华南理工大学，2012.

［28］张旭升．政府购买居家养老服务参与主体的行动逻辑研究［D］．南京：南京大学，2011：122.

［29］张雅．非营利组织服务导向的测量维度、影响因素及作用机制研究［D］．武汉：武汉大学，2014：16.

［30］赵雪晶．我国中学教师教学评价素养研究［D］．上海：华东师范大学，2014.

［31］朱浩．城市社区养老服务的递送机制研究——以杭州市为例［D］．杭州：浙江大学，2015.

［32］朱俊．面向价值融合的全面顾客参与研究［D］．武汉：华中科技大学，2010.

A-3 学术期刊类文献

［1］［澳］乔·沃利斯，布赖恩·多勒瑞．政府失灵、社会资本以及新西兰公共部门改革模式对发展中国家的适用性［J］．孙晓莉，译．上海行政学院学报，2004，5（1）：82-91.

［2］白岩岩，王裕明，蔡玫珠．上海市老年人居家养老服务满意度及影响因素［J］．人口与社会，2013，29（4）：16-21.

［3］包国宪，刘红芹．政府购买居家养老服务的绩效评价研究［J［］．广东社会科学，2012（2）：15-22.

［4］曹海青，苏丽亚．公共服务购买与政府监督职责落实［J］．人民论坛，2016（2）：65-67.

［5］陈建国．政府购买公共服务过程管理研究——以北京市为例［J］．理论探索，2012（4）：115-119.

［6］陈静，周沛．老年社会福利供给中的市场作用及实现机制研究——基于福利多元主义视角［J］．天津行政学院学报，2015，17（2）：45-49.

［7］陈荣秋．顾客中心的管理［J］．管理学报，2005（2）：133-139.

［8］陈潭，王烂辉．微博问政与公众政治［J］．人民论坛，2011（34）：

18-19.

[9] 陈文博. 公共服务质量评价与改进：研究综述 [J]. 中国行政管理，2012 (3)：39-43.

[10] 陈岩燕，陈虹霖. 需求与使用的悬殊：对社区居家养老服务递送的反思 [J]. 浙江学刊，2017 (2)：30-37.

[11] 陈英姿，满海霞. 中国养老公共服务供给研究 [J]. 人口学刊，2013，35 (1)：22-26.

[12] 迟福林，张飞. 推进政府购买公共服务："十三五" 政府职能转变的重点 [J]. 社会治理，2016 (2)：30-35.

[13] 储亚萍，何云飞. 政府购买居家养老服务满意度的影响因素研究——基于国内四市的调查 [J]. 东北大学学报（社会科学版），2017，19 (4)：385-391.

[14] 储亚萍. 发达国家政府购买社区公共卫生服务的可借鉴之处 [J]. 理论探索，2012 (6)：121-125.

[15] 戴建兵. 治理现代化视角下老年人参与政府购买养老服务研究 [J]. 兰州学刊，2020 (10)：199-208.

[16] 丁彤. 中国养老福利市场化改革的反思——基于与日本护理保险改革为对照的分析 [J]. 改革与战略，2016 (2)：11-15.

[17] 董杨，句华. 政府购买公共服务质量保障问题研究 [J]. 中国行政管理，2016 (5)：43-47.

[18] 杜鹏，孙鹃娟，张文娟，等. 中国老年人的养老需求及家庭和社会养老资源现状——基于2014年中国老年社会追踪调查的分析 [J]. 人口研究，2016，40 (6)：49-61.

[19] 杜荣胜. 政府购买公共服务问题和对策研究 [J]. 财政研究，2014 (6)：29-32.

[20] 范柏乃，金洁. 公共服务供给对公共服务感知绩效的影响机理——政府形象的中介作用与公众参与的调节效应 [J]. 管理世界，2016 (10)：50-61.

[21] 范秀成，杜琰琰. 顾客参与是一把 "双刃剑" ——顾客参与影响价值创造的研究述评 [J]. 管理评论，2012，24 (12).

[22] 方国阳，邵建树，靳晓. 公众参与如何影响政府购买公共服务的有效性？——基于政府购买服务项目的案例分析 [J]. 中国行政管理，2022 (4)：36-46.

[23] 风笑天. 生活质量研究：近三十年回顾及相关问题探讨 [J]. 社会

科学研究，2007（6）：1-8.

［24］付建军，张晓东．政府购买公共服务中的公众参与［J］．贵州社会科学，2017（8）：22-28.

［25］高海虹．政府向社会力量购买公共服务的过程管理机制研究［J］．济南大学学报（社会科学版），2016，26（4）：93-98.

［26］谷金．规范流程视角下政府购买公共服务财政监督机制创新［J］．中国政府采购，2016（6）：30-33.

［27］顾永红，刘宇．行政吸纳服务：双重委托代理困境下政府购买养老服务策略研究——基于武汉市“五社联动”经验［J］．社会保障研究，2022（2）：10-18.

［28］关爽，郁建兴．让公民治理运转起来——重新审视《公民治理：引领21世纪的美国社区》［J］．公共行政评论，2014（5）：173-183.

［29］官永彬．民主与民生：民主参与影响公共服务满意度的实证研究［J］．中国经济问题，2015（2）：26-37.

［30］郭庆松．政府绩效评估与公民参与的动力机制［J］．中共中央党校学报，2009（3）：93-95.

［31］洪志生，苏强，霍佳震．服务质量管理研究的回顾与现状探析［J］．管理评论，2012，24（7）：154-165.

［32］侯志伟．政府购买公共服务的竞争性分析框架及制度机制——基于S市经验的案例研究［J］．中国行政管理，2016（7）：57-63.

［33］侯志伟．政府购买公共服务的制度目标模式与实现路径——以上海市某服务社为例［J］．河北经贸大学学报，2017，38（3）：50-55.

［34］胡光景．政府购买社区居家养老服务质量评估体系研究［J］．山东工商学院学报，2012，26（5）：93-98.

［35］黄佳豪．地方政府购买居家养老服务评估研究——以合肥为例［J］．理论与改革，2016（2）：98-101.

［36］黄剑宇．政府购买公共服务的影响因素及其优化机制——基于合作治理变革趋势的分析视角［J］．福建农林大学学报（哲学社会科学版），2014，17（6）：55-60.

［37］黄琳．顾客期望管理方法研究［J］．企业经济，2007（12）：52-54.

［38］黄毅，文军．从“总体—支配型”到“技术—治理型”：地方政府社会治理创新的逻辑［J］．新疆师范大学学报（哲学社会科学版），2014（2）：35-44.

［39］吉鹏，李放．政府购买城市社区养老服务效率评价——基于江苏省三市数据的分析［J］．城市问题，2016（10）：84-88.

［40］吉鹏，李放．政府购买居家养老服务的绩效评价：实践探索与指标体系建构［J］．理论与改革，2013（3）：104-107.

［41］吉鹏．社会养老服务供给主体间关系解析——基于委托代理理论的视角［J］．社会科学战线，2013（6）：10-13.

［42］贾薇，张明立，王宝．服务业中顾客参与对顾客价值创造影响的实证研究［J］．管理评论，2011，23（5）：61-69.

［43］姜宏青，高伟霞．政府购买养老服务的交易价格计量创新［J］．财会通讯，2015（19）：53-56.

［44］姜竹，陈佳．基于“三方共赢”的政府购买服务激励相容效应研究［J］．地方财政研究，2017（4）：50-57.

［45］金太军，周义程．政策过程中公民有序参与有效性的影响因素——基于系统论视角的考量［J］．学术界，2014（5）：84-92.

［46］句华，杨腾原．养老服务领域公私伙伴关系研究综述——兼及事业单位改革与政府购买公共服务的衔接机制［J］．甘肃行政学院学报，2015（3）：4-17.

［47］雷雨若，王娟．地方政府购买居家养老服务中的监管失灵及其矫正——基于南京、宁波、广州、合肥和深圳的分析［J］．济南大学学报（社会科学版），2020，30（1）：145-156+160.

［48］李长远，张会萍．政府购买养老服务的风险及其防治——基于养老服务链视角［J］．经济体制改革，2019（2）：33-38.

［49］李长远．我国政府购买居家养老服务模式比较及优化策略［J］．宁夏社会科学，2015（3）：87-91.

［50］李春梅．公众参与认知对公众参与行为的影响——基于成都市的实证分析［J］．天府新论，2013（4）：97-100.

［51］李丹萍．政府公共服务外包合同：特征及其治理路径［J］．云南大学学报（法学版），2016（4）：12-21.

［52］李洪山，范思阳．治理理论视角下公民参与政府购买公共服务研究［J］．理论导刊，2017（2）：9-12.

［53］李健．政府购买服务绩效评价：逻辑层次、现实困境与发展路径［J］．大社会，2017（1）：20-23.

［54］李杰．顾客导向理念嵌入基层社区组织公共服务供给模式研究——以上海市S社区为例［J］．哈尔滨商业大学学报（社会科学版），2017（3）：

5-11.

［55］李进军，胡培．基于消费驱动的经济增长方式转变研究——消费者参与程度测量模型框架［J］．经济与管理研究，2012（9）：33-40.

［56］李娟，丁良超．从政府购买养老服务看政府与社会组织的协同关系［J］．理论探索，2019（2）：63-69.

［57］李娟．社会组织承接政府养老服务项目面临的制度困境——以新制度主义为视角［J］．苏州大学学报（哲学社会科学版），2020，41（2）：44-50.

［58］李军．公共政策视阈下政府购买居家养老服务研究［J］．江苏大学学报（社会科学版），2014（5）：16-23.

［59］李双全，张航空．政府购买社会组织居家养老服务：典型模式、适用条件及潜在风险［J］．江淮论坛，2019（6）：175-179.

［60］李占乐．中国公民社会参与政策执行的动因和方式［J］．行政论坛，2012，19（2）：31-34.

［61］李珠．政府公共服务购买的合同制治理机制探讨［J］．中国行政管理，2016（2）：45-50.

［62］梁兵，施国庆，张波森．专业社会工作介入政府购买养老服务项目的困境与脱困策略——以南京市J区为例［J］．社会保障研究，2022（2）：3-9.

［63］梁纪毅．我国公民政治参与动因的变迁［J］．党政论坛，2013（11）：33-34.

［64］刘璐，唐娟．顾客导向研究综述［J］．江苏商论，2012（5）：179-180.

［65］刘淑妍，朱德米．当前中国公共决策中公民参与的制度建设与评价研究［J］．中国行政管理，2015（6）：101-106.

［66］刘舒杨，王浦劬．政府购买公共服务中的风险与防范［J］．四川大学学报（哲学社会科学版），2016（5）：5-13.

［67］刘舒杨，王浦劬．中国政府向社会力量购买公共服务的深度研究［J］．新视野，2018（1）：84-89.

［68］刘素仙．政府购买公共服务绩效评价的价值维度与关键要素［J］．经济问题，2017（1）：17-20.

［69］卢俊义，王永贵．顾客参与服务创新与创新绩效的关系研究——基于顾客知识转移视角的理论综述与模型构建［J］．管理学报，2011，8（10）：1566-1574.

[70] 吕建华，柏琳．我国海洋环境管理公众参与机制构建刍议［J］．中国海洋大学学报（社会科学版），2017（2）：32-38.

[71] 吕宣如，章晓懿．多重逻辑视角下政府购买居家养老服务政策扩散研究——基于中国省份数据的事件史分析［J］．东北大学学报（社会科学版），2022，24（4）：54-63+117.

[72] 马海涛，王东伟．完善政府购买公共服务制度的思考［J］．中国政府采购，2016（9）：73-79.

[73] 倪东生，张艳芳．养老服务供求失衡背景下中国政府购买养老服务政策研究［J］．中央财经大学学报，2015（11）：3-13.

[74] 彭婧．公共服务购买中的政府责任研究——一个分析框架［J］．甘肃行政学院学报，2017（3）：28-38.

[75] 彭婧．政府购买养老服务责任模式的转型研究——基于2009—2019年B市的实践［J］．云南民族大学学报（哲学社会科学版），2020，37（6）：82-90.

[76] 彭向刚，张杰．论我国公共服务创新中公民参与的价值及路径［J］．吉林大学社会科学学报，2010（4）：7-12.

[77] 彭艳君．国外顾客参与研究述评［J］．北京工商大学学报（社会科学版），2008，23（5）：56-60.

[78] 彭艳君．企业—顾客价值共创过程中顾客参与管理研究的理论框架［J］．中国流通经济，2014（8）：70-76.

[79] 蒲新微，孙娇娆，党宇菲．年龄结构、养老服务需求与服务满意度——基于万份数据的实证调查［J］．吉林师范大学学报（人文社会科学版），2017，45（4）：63-69.

[80] 齐海丽．公共服务购买场域的制度逻辑冲突与应对策略［J］．学习与实践，2017（1）：54-61.

[81] 曲延春，张帆．“精明买家”的实现：政府购买公共服务的困境与路径选择——基于济南市市中区的调研［J］．中国行政管理，2016（5）：48-52.

[82] 沈永军．中国政府购买养老服务政策探析——基于养老服务供求失衡的背景［J］．山西财经大学学报，2022，44（S1）：8-10.

[83] 石亚军，高红．政府职能转移与购买公共服务关系辨析［J］．中国行政管理，2017（3）：11-14.

[84] 孙杨杰．如何为公众做个好交易？——四维模式下的合同制治理［J］．中共福建省委党校学报，2015（10）：25-31.

［85］孙玉霞．对政府购买服务相关问题与风险的对策建议［J］．中国财政，2015（22）：68-70.

［86］唐迪，余运江，孙旭，等．政府购买社区养老服务的满意度研究——基于上海调查数据的实证分析［J］．西北人口，2017（3）：93-99.

［87］唐钧．构建机构、社区、居家养老全服务体系［J］．中国房地产，2017（8）：56-57.

［88］田北海，王彩云．城乡老年人社会养老服务需求特征及其影响因素——基于对家庭养老替代机制的分析［J］．中国农村观察，2014（4）：2-17.

［89］万勇．完善政府购买养老服务研究——以安徽省为例［J］．经济研究参考，2017（33）：68-73.

［90］王成，赵东霞，李冰杰．财政支持视角下政府购买居家养老服务探析［J］．地方财政研究，2016（8）：90-95.

［91］王海峰．地方公共服务型政府构建中公民参与的困境及对策［J］．行政管理改革，2012（2）：62-67.

［92］王佳欣，孙钰．基于顾客参与的服务质量提升路径研究［J］．甘肃社会科学，2012（4）：21-24.

［93］王京传，李天元．国外公众参与旅游目的地公共事务研究综述［J］．旅游学刊，2014，29（3）：116-128.

［94］王玖河，刘琳．顾客参与价值共创机理研究——基于结构方程模型的量化分析［J］．企业经济，2017（2）：73-81.

［95］王轲，吴湘玲．政府向社会组织购买公共服务满意度研究——以武汉市为例［J］．华东经济管理，2016，30（2）：170-176.

［96］王莉，罗瑾琏．产品创新中顾客参与程度与满意度的关系——基于高复杂度产品的实证研究［J］．科研管理，2012，33（12）：1-9.

［97］王名，乐园．中国民间组织参与公共服务购买的模式分析［J］．中共浙江省委党校学报，2008，24（4）：5-13.

［98］王浦劬．政府向社会力量购买公共服务的改革意蕴论析［J］．吉林大学社会科学学报，2015（4）：78-89.

［99］王思斌．我国城市社区福利服务的弱可获得性及其发展［J］．吉林大学社会科学学报，2009（1）：133-139.

［100］王伟勤．当代中国白领阶层政治参与特征与功能［J］．理论导刊，2011（11）：24-25.

［101］王晛昀，刘亚娜，李春．政府向社会组织购买养老服务中的责任

链条及框架体系构建［J］. 改革与战略，2015（2）：168-172.

［102］王潇，杜建刚，白长虹. 从“产品主导逻辑”到“顾客参与的价值共创”——看西方服务范式四十年来的理论演进［J］. 商业经济与管理，2014（11）：41-49.

［103］王新松. 公民参与、政治参与及社会参与：概念辨析与理论解读［J］. 浙江学刊，2015（1）：71-77.

［104］王旭嘉，梁栋. 基于系统动力学的政府购买养老服务过程管理仿真研究［J］. 新疆大学学报（哲学·人文社会科学汉文版），2014，42（4）：23-26.

［105］王雁红. 公共服务合同外包中的政府责任机制：解构与重塑［J］. 天津社会科学，2016（6）：87-92.

［106］王雁红. 公共政策制定中的公民参与——基于杭州开放式政府决策的经验研究［J］. 公共管理学报，2011，8（3）：24-32.

［107］王阳亮. 政府购买养老服务：属性、问题与对策［J］. 哈尔滨工业大学学报（社会科学版），2017，19（4）：22-27.

［108］王裔艳. 上海居家养老服务的供给、购买与决策：以“福利轮”为分析视角［J］. 华东理工大学学报（社会科学版），2015，30（4）：20-27.

［109］王争亚，吕学静. 福利多元主义视角下我国养老服务供给主体问题解析［J］. 中国劳动，2015（4）：73-78.

［110］吴磊. 政府购买居家养老服务风险影响因素与防范路径研究——基于S市的扎根分析［J］. 中国行政管理，2019（12）：22-27.

［111］吴鲁平. 志愿者的参与动机：类型、结构——对24名青年志愿者的访谈分析［J］. 青年研究，2007（5）：31-40.

［112］吴瑞林，杨琳静. 在公共管理研究中应用结构方程模型——思想、模型和实践［J］. 中国行政管理，2014（3）：62-68.

［113］吴玉霞. 公共服务链：一个政府购买服务的分析框架［J］. 经济社会体制比较，2014（5）：141-147.

［114］吴月. 政府购买公共服务的偏离现象及其内在逻辑研究［J］. 求实，2015（10）：66-71.

［115］夏涛. 政府购买机构养老服务下多方参与的演化博弈研究［J］. 西北人口，2019，40（2）：59-68.

［116］项显生. 论我国政府购买公共服务主体制度［J］. 法律科学：西北政法大学学报，2014，32（5）：69-77.

［117］肖文红. 我国政府购买服务研究的文献计量分析［J］. 科学决策，

2021（10）：125-136.

［118］熊凯，王娟．服务企业顾客期望管理［J］．当代财经，2005（1）：62-65.

［119］徐家良，赵挺．政府购买公共服务的现实困境与路径创新：上海的实践［J］．中国行政管理，2013（8）：28-32.

［120］徐金燕，张倩倩，张颖．政府购买老年康复服务质量满意度的影响因素［J］．中国康复理论与实践，2022，28（6）：730-738.

［121］徐金燕．政府购买社区养老服务运行绩效影响因素的实证研究——以长沙市为例［J］．湖南社会科学，2020（2）：157-165.

［122］徐阳．政府购买社会组织服务中的监管“错位”——以上海市P区社会服务机构的政府监管为例［J］．中国社会组织，2017（8）：21-22.

［123］许光建，吴茵．政府购买公共服务国际经验比较与借鉴［J］．人民论坛，2013（32）：24-25.

［124］颜令帅，吴忠，职韵秋．政府购买居家养老服务的政策过程分析——仅以上海市为例［J］．劳动保障世界：理论版，2012（5）：33-37.

［125］杨成，刘潇潇．论政府购买公共服务中的公众参与［J］．行政与法，2016（10）：17-23.

［126］杨凤华．结构方程模型在公共部门公众满意度测评中的应用［J］．南通大学学报（社会科学版），2008，24（5）：127-131.

［127］杨复卫．政府购买养老服务的合同风险及其法律治理［J］．当代法学，2021，35（6）：109-120.

［128］杨菊华．中国流动人口的社会融入研究［J］．中国社会科学，2015（2）：61-79.

［129］杨琪，黄健元．政府购买居家养老服务政策的类型及效果［J］．城市问题，2018（1）：4-10.

［130］杨倩文，杨硕，王家合．政府购买机构养老服务绩效评价指标体系构建与实证应用［J］．社会保障研究，2021（5）：60-71.

［131］于永达，苑全玺，潘星霖．政府购买公共服务的模式选择——基于上海、武汉、无锡三地的比较研究［J］．广东行政学院学报，2016，28（4）：17-23.

［132］俞可平．公民参与的几个理论问题［J］．青海人大，2007（1）：56-58.

［133］郁建兴，瞿志远．公私合作伙伴中的主体间关系——基于两个居家养老服务案例的研究［J］．经济社会体制比较，2011（4）：109-117.

［134］张桂敏，吴湘玲．社会组织参与居家养老服务的规则探析——基于应用规则的逻辑［J］．西北人口，2021，42（3）：52-62.

［135］张晖，许琳．需求评估在长期护理保险中的作用及实施［J］．西北大学学报（哲学社会科学版），2016，46（5）：124-131.

［136］张辉，汪涛，刘洪深．顾客参与了为何仍不满意——顾客参与过程中控制错觉与顾客满意的关系研究［J］．南开管理评论，2011，14（5）：153-160.

［137］张梦婉．政府购买公共服务法理基础的重构——以公民权利为中心［J］．天府新论，2015（1）：89-98.

［138］张鹏，孙毅．合同治理理论在政府购买居家养老服务中的运用［J］．管理学刊，2015，28（3）：58-61.

［139］张祥，陈荣秋．顾客参与链：让顾客与企业共同创造竞争优势［J］．管理评论，2006，18（1）：51-56.

［140］张晓杰，娄成武，耿国阶．评估公众参与公共决策：理论困境与破解路径［J］．上海行政学院学报，2016，17（5）：43-50.

［141］张旭升，牟来娣．政府向民间组织购买居家养老服务的实践困境及破解之道——以M市Y区为例［J］．中共福建省委党校学报，2018（1）：1-8.

［142］张雅．购物价值对顾客重顾意愿的影响研究——以关系质量为研究中介［J］．中南财经政法大学学报，2012（3）：108-113.

［143］张懿玮．顾客期望对服务质量的影响机制分析［J］．河北经贸大学学报（综合版），2012，12（2）：86-90.

［144］张雨婷，徐兰．基于扎根理论的政府购买公共服务质量影响因素研究［J］．江苏科技大学学报（社会科学版），2017，17（3）：89-96.

［145］章晓懿，刘帮成．社区居家养老服务质量模型研究——以上海市为例［J］．中国人口科学，2011（3）：83-92.

［146］章晓懿．政府购买养老服务模式研究：基于与民间组织合作的视角［J］．中国行政管理，2012（12）：48-51.

［147］赵定东，张英英，毕婧千．社会质量和生活质量研究的规范、目标分歧及其融合［J］．山东社会科学，2015（6）：57-62.

［148］赵刚印．公众参与的应然与实然——增强公众参与社会治理有效性的路径选择［J］．理论探讨，2006（3）：34-36.

［149］赵菁，陈信康．顾客参与对行为意向的影响研究［J］．现代营销（学苑版），2010（9）：20-23.

[150] 赵勇，李景丽，郑佳慧．政府购买养老服务的难点及建议 [J]．中国财政，2016 (1)：47-49.

[151] 郑秋莹，姚唐，范秀成，等．基于Meta分析的“顾客满意—顾客忠诚”关系影响因素研究 [J]．管理评论，2014，26 (2)：111-120.

[152] 郑莹，高源．政府购买社区养老服务的法学审视 [J]．辽宁大学学报（哲学社会科学版)，2017，45 (3)：113-120.

[153] 钟仁耀．提升长期护理服务质量的主体责任研究 [J]．社会保障评论，2017 (3)：79-95.

[154] 钟荣华．社会组织视角下政府购买服务政策研究——基于湖南案例分析 [J]．地方财政研究，2021 (3)：42-50.

[155] 周俊．政府购买公共服务的风险及其防范 [J]．中国行政管理，2010 (6)：13-18.

[156] 周义程．公共服务供给中公民参与有效性的提升路径——基于目标—因素匹配模型构建维度的考量 [J]．公共管理与政策评论，2016，5 (1)：26-35.

[157] 周义程．政府购买公共服务的风险识别与防范——基于运作流程维度的考量 [J]．苏州市职业大学学报，2017 (2)：2-9.

[158] 朱洪军，张林．大型体育赛事与城市公众参与的实证研究 [J]．体育科学，2014，34 (6)：11-17.

[159] 朱玉知，张雯．政府购买养老服务的优化治理——基于合同制治理的思考 [J]．改革与战略，2009，25 (1)：30-35.

[160] 朱志伟．基于服务对象需求的政府购买服务机制研究——以制度变迁理论为分析视角 [J]．云南行政学院学报，2017，19 (4)：155-160.

A-4 其他类文献

[1] 庞建忠．PPP 与政府购买服务有什么区别？ [N]．中国财经报，2017-04-06 (5).

[2] 张开云．提高社会治理的公众参与度 [N]．襄阳日报，2017-08-14 (5).

[3] 张开云，张兴杰．提高社会治理的公众参与度 [N]．人民日报，2017-08-13 (5).

[4] 郑功成．养老服务业需做大调整 [N]．人民日报，2015-11-20 (13).

[5] 中央党校民生与社会建设班课题组．探索社会组织参与养老服务的新路径 [N]．人民日报，2017-07-26 (7).

[6] 张思锋，张泽滈．将养老服务推向高质量发展阶段［N］．中国科学报，2018-03-06（8）．

[7] 财政部．关于做好政府购买养老服务工作的通知［EB/OL］．http：//www. mof. gov. cn/pub/shehuibaozhangsi/zhengwuxinxi/201409/. html.

[8] 国务院．关于全面放开养老服务市场提升养老服务质量的若干意见［EB/OL］．http：//www. gov. cn/zhengce/content/2016-12/23/content_ 5151747. htm.

[9] 国务院．国务院办公厅关于政府向社会力量购买服务的指导意见［EB/OL］．http：//www. gov. cn/zwgk/2013-09/30/content_ 2498186. htm.

[10] 国务院新闻办公室．国家人权行动计划（2016—2020 年）［EB/OL］．http：//www. scio. gov. cn/zxbd/wz/document/1492804/1492804_ 1. htm.

[11] 金山区民政局．关于建立养老基本公共服务合格供应商制度的通知［EB/OL］．http：//js. shmzj. gov. cn/gb/mzjsq/xxgk/zxgkxx/u1ai2273. html.

[12] 上海市民政局．对《关于印发长期护理保险服务项目清单和相关服务标准、规范（试行）的通知》的解读［EB/OL］．http：//www. shmzj. gov. cn/gb/shmzj/node687/u1ai43982. html.

[13] 上海市民政局．老年照护需求统一评估体系将在上海全市推开［EB/OL］．http：//www. shanghai. gov. cn/nw2/nw2314/nw2315/nw17239/u21aw1023974. html.

[14] 上海市民政局．“五个发展”系列新闻通气会［EB/OL］．http：//www. shmzj. gov. cn/gb/shmzj/node8/node890/u1ai41276. html.

[15] 上海市民政局. 普陀区积极推进长期护理保险试点工作［EB/OL］．http：//www. shmzj. gov. cn/gb/shmzj/node4/node10/n2603/u1ai44379. html，2017-05-04.

[16] 上海市民政局．上海市长期护理保险试点办法［EB/OL］．http：//www. shanghai. gov. cn/nw2/nw2314/nw2319/nw12344/u26aw51124. html.

[17] 上海市统计局．2016 上海统计年鉴［EB/OL］．http：//www. stats-sh. gov. cn/html/sjfb/201701/1000339. html.

[18] 中国共产党中央委员会．中共中央关于全面深化改革若干重大问题的决定［EB/OL］．http：//www. gov. cn/jrzg/2013-11/15/content_ 2528179. htm.

[19] 中国政府采购网．上海虹口试点推出“养老服务包”［EB/OL］．http：//www. ccgp. gov. cn/gpsr/zhxx/df/201708/t20170807_ 8640710. htm.

[20] 上海市民政局．社区居家养老服务规范［EB/OL］．http：//www. shmzj. gov. cn/gb/shmzj/node8/node15/node55/node230/node246/userobject1ai25

433. html.

B. 英文参考文献

B-1 著作类文献

[1] Akter S, D'Ambra J, Ray P. Development and validation of an instrument to measure user perceived service quality of mHealth [M]. Elsevier Science Publishers B. V, 2013.

[2] Choi Y C. The dynamics of public service contracting: The british experience [M]. Policy Press, 1999.

[3] Cohen P, Evans L, Govan H. Community-based, co-management for governing small-scale fisheries of the pacific: A solomon Islands' case study [M]. Springer International Publishing, 2015.

[4] Gill, Richard. Mastering english literature [M]. Macmillan, 1985.

[5] Hesselbach J, Herrmann C. Functional thinking for value creation [M]. Springer Berlin Heidelberg, 2011.

[6] Jentoft S, Chuenpagdee R. Interactive governance for small - scale fisheries [M]. Springer International Publishing, 2015.

[7] Liu W T, Kendig H. Who should care for the elderly?: An East-West value divide [M]. Co-Published with singapore university Press, 2000.

[8] NESF. Improving the delivery of quality public services [M]. Openaccess, 2006.

[9] OECD. Citizens as partners: Information, consultation and public participation in policy-making [M]. OECD Publishing, 2001.

[10] Pearson A, Tadisina S, Griffin C. The role of e-service quality and information quality in creating perceived value: Antecedents to web site loyalty [M]. Taylor & Francis, 2012.

[11] Simon Domberger. The contracting organization: A strategic guide to outsourcing [M]. Oxford University Press, 1998.

[12] Tidd J, Pavitt K. Managing innovation: Integrating technological, market and organizational change [M]. Wiley, 2010.

B-2 学位论文类文献

[1] Chon, Yongho. The access and use of services in the long-term care insurance in Korea: The view from Carers, Care Managers and Service providers [D]. The University of York, 2010.

[2] Gilani H R. Chain of custody certification adoption, innovation, and change management in the British Columbia value-added wood products sector [D]. University of British Columbia, 2015.

[3] Junrith K. Predictors of Physical activity participation in the older foreign-born population in the United States: Data from the National Health Interview Survey (NHIS) 2002-2009 [D]. University of North Texas, 2011.

[4] Karina T. Liljedal. Communicated consumer co-creation. consumer response to consumer co-creation in new product and service development [D]. Stockholm School of Economics, 2016.

[5] Shruti Saxena. Consumer participation and perceived service quality in extended service delivery and consumption [D]. Arizona State University, 2011.

[6] Sindakis, Stavros. Corporate venturing and customer driven innovation in the mental health care market: The case of the Euromedica Group [D]. University of Portsmouth, 2014.

B-3 学术期刊类文献

[1] Adres E, Vashdi D R, Zalmanovitch Y. Globalization and the retreat of citizen participation in collective action: A challenge for public administration [J]. Public Administration Review, 2016, 76 (1): 142-152.

[2] Ahn J, Rho T. Influence of customer-firm relationships on customer participation in the service industry [J]. Service Business, 2016, 10 (1): 113-133.

[3] Alam I, Perry C. A customer-oriented new service development process [J]. Journal of Services Marketing, 2002, 16 (6): 515-534.

[4] Alam I. An exploratory investigation of user involvement in new service development [J]. Journal of the Academy of Marketing Science, 2002, 30 (3): 250-261.

[5] Alford J, Yates S. Co-production of public services in australia: The roles of government organisations and co-producers [J]. Australian Journal of Public Administration, 2015, 75 (2): 159-175.

[6] Amin M, Nasharuddin S Z. Hospital service quality and its effects on patient satisfaction and behavioural intention [J]. Clinical Governance An International Journal, 2013, 18 (3): 238-254.

[7] Andrea M. Petriwskyj, Jeni Warburton, Jo-anne Everingham, et al. Seniors' motivations for participation in local governance: Evidence from an australian study [J]. Local Government Studies, 2014, 40 (2): 240-263.

[8] Anguelov L G. Monitoring arrangements for outsourced public services: The importance of service characteristics for the distribution of oversight responsibilities [J]. International Public Management Journal, 2020, 23 (2): 252-275.

[9] Awdry R. Assignment outsourcing: Moving beyond contract cheating [J]. Assessment & Evaluation in Higher Education, 2021, 46 (2): 220-235.

[10] Bach - Mortensen A M, Barlow J. Outsourced austerity or improved services? A systematic review and thematic synthesis of the experiences of social care providers and commissioners in quasi - markets [J]. Social Science & Medicine, 2021 (276): 113-844.

[11] Bazzoli G J, Stein R, Alexander J A, et al. Public - private collaboration in health and human service delivery: Evidence from community partnerships [J]. Milbank Quarterly, 2010, 75 (4): 533-561.

[12] Bentler P M, Chou C. Practical issues in structural modeling [J]. Sociological Methods Research, 1987, 16 (1): 78-117.

[13] Besley T, Ghatak M. Incentives, choice, and accountability in the provision of public services [J]. Oxford Review of Economic Policy, 2003, 19 (2): 235-249.

[14] Bitew K, Ayichiluhm M, Yimam K. Maternal satisfaction on delivery service and its associated factors among mothers who gave birth in public health facilities of debre markos town, northwest ethiopia [J]. Biomed Research International, 2015, (2): 320-368.

[15] Bo E, Roos I. Critical incident techniques: Towards a framework for analyzing the criticality of critical incidents [J]. International Journal of Service Industry Management, 2001, 12 (3): 251-268.

[16] Boelsma F, Baur V E, Woelders S, et al. "Small" things matter: Residents' involvement in practice improvements in long-term care facilities [J]. J Aging Stud, 2014 (31): 45-53.

[17] Bovaird T. Public - private partnerships: From contested concepts to prevalent practice [J]. International Review of Administrative Sciences: An International Journal of Comparative Public Administration, 2004, 70 (2): 199-215.

[18] Bovaird T. The ins and outs of outsourcing and insourcing: What have we learnt from the past 30 years? [J]. Public Money & Management, 2016, 36 (1): 67-74.

[19] Bove L L, Pervan S J, Beatty S E, et al. Service worker role in encour-

aging customer organizational citizenship behaviors [J]. Journal of Business Research, 2009, 62 (7): 698-705.

[20] Box R C, Marshall G S, Reed B J, et al. New public management and substantive democracy [J]. Public Administration Review, 2001, 61 (5): 608-619.

[21] Brady M K, Cronin J. Some new thoughts on conceptualizing perceived service quality: A hierarchical approach [J]. Journal of Marketing, 2001, 65 (3): 34-49.

[22] Bresler-Gonen R, Dowding K. Shifting and Shirking: Political appointments for contracting out services in israeli local government [J]. Urban Affairs Review, 2009, 44 (44): 807-831.

[23] Brian Garrod. Local participation in the planning and management of ecotourism: A revised model approach [J]. Journal of Ecotourism, 2003, 2 (1): 33-53.

[24] Button S B, Mathieu J E, Aikin K J. An examination of the relative impact of assigned goals and self-efficacy on personal goals and performance over time [J]. Journal of Applied Social Psychology, 2010, 22 (22): 1758-1775.

[25] Carlson R. Service science: At the integration of management, social and engineering sciences [J]. IBM Systems Journal, 2008, 47 (1): 41-45.

[26] Castro C M D. Public hearings as a tool to improve participation in regulatory policies: Case study of the National Agency of Electric Energy [J]. Revista De Administração Pública, 2013, 47 (5): 1069-1087.

[27] Cedric, Hsi-Jui Wu. A re-examination of the antecedents and impact of customer participation in service [J]. Service Industries Journal, 2011, 31 (6): 863-876.

[28] Cermak D S P, File K M, Prince R A. Customer participation in service specification and delivery [J]. Journal of Applied Business Research, 2011, 10 (2): 90-97.

[29] Cheung P T Y. Civic engagement in the policy process in Hong Kong: Change and continuity [J]. Public Administration & Development, 2011, 31 (2): 113-121.

[30] Choi M, Han K, Choi J. The effects of product attributes and service quality of transportation card solutions on service user's continuance and word-of-mouth intention [J]. Service Business, 2015, 9 (3): 463-490.

[31] Claycomb C, Lengnick-Hall C A, Inks L W. The customer as a productive resource: A pilot study and strategic implications [J]. Center for Business and Economic Research, 2001, 18 (1): 47-69.

[32] Claycomb C, Martin C L. Building customer relationships: An inventory of service providers'objectives and practices [J]. Marketing Intelligence & Planning, 2001, 19 (6): 385-399.

[33] C. Stănuş. Government engagement in co-operative service delivery in Romania: Knowledge and acknowledgement [J]. Romanian Journal of Political Science, 2015, 15 (2): 80-106.

[34] Damali U, Miller J L, Fredendall L D, et al. Co-creating value using customer training and education in a healthcare service design [J]. Journal of Operations Management, 2016, 22 (3): 80-97.

[35] Damanpour F, Magelssen C, Walker R M. Outsourcing and insourcing of organizational activities: The role of outsourcing process mechanisms [J]. Public Management Review, 2020, 22 (6): 767-790.

[36] Deber R B, Kraetschmer N, Urowitz S, et al. Patient, consumer, client, or customer: What do people want to be called? [J]. Health Expectations, 2005, 8 (4): 345-351.

[37] Delbecq A L. A group process model for problem identification and program planning [J]. The Journal of Applied Behavioral Science: A Publication of the NTL Institute, 1971, 7 (4): 466-492.

[38] Deleon L, Denhardt R B. The political theory of reinvention [J]. Public Administration Review, 2000, 60 (2): 89-97.

[39] Dodds S, Bulmer S, Murphy A. Consumer value in complementary and alternative medicine (CAM) health care services [J]. Australasian Marketing Journal, 2014, 22 (3): 218-229.

[40] Dong B. How a customer participates matters: "I am producing" versus "I am designing" [J]. Journal of Services Marketing, 2015, 29 (6/7): 498-510.

[41] Dow B, Sparrow P, Moore K, et al. What do older Australians want? [J]. Australasian Journal on Ageing, 2013, 32 (4): 236-240.

[42] Dykstra P A, Fokkema T. Relationships between parents and their adult children: A West European typology of late-life families [J]. Ageing & Society, 2011, 31 (4): 545-569.

[43] Eckersley P, Ferry L. Public service outsourcing: The implications of

"known unknowns" and "unknown unknowns" for accountability and policy-making [J]. Public Money & Management, 2020, 40 (1): 72-80.

[44] Ende J V D, Frederiksen L, Prencipe A. The front end of innovation: Organizing search for ideas [J]. Journal of Product Innovation Management, 2015, 32 (4): 482-487.

[45] Engström J, Elg M. A self-determination theory perspective on customer participation in service development [J]. Journal of Services Marketing, 2015, 29 (6/7): 511-521.

[46] Feldman J M. Beyond attribution theory: Cognitive processes in performance appraisal [J]. Journal of Applied Psychology, 1981, 66 (2): 127-148.

[47] Fitzgerald C, Mccarthy S, Carton F, et al. Citizen participation in decision-making: Can one make a difference? [J]. Journal of Decision System, 2016, 25 (sup1): 248-260.

[48] Fukui S, Yamamotomitani N, Fujita J. Five types of home-visit nursing agencies in Japan based on characteristics of service delivery: Cluster analysis of three nationwide surveys [J]. Bmc Health Services Research, 2014, 14 (1): 1-8.

[49] Gallan A S, Jarvis C B, Brown S W, et al. Customer positivity and participation in services: An empirical test in a health care context [J]. Journal of the Academy of Marketing Science, 2013, 41 (3): 338-356.

[50] Ge L, Wang X, Yang Z. The strategic choice of contract types in business process outsourcing [J]. Business Process Management Journal, 2021, 27 (5): 1569-1589.

[51] Gilman M E. Legal accountability in an era of privatized welfare [J]. Social Science Electronic Publishing, 2001, 89 (3): 569-642.

[52] Godden N J. The participation imperative in co-operative inquiry: Personal reflections of an initiating researcher [J]. Systemic Practice & Action Research, 2017, 30 (1): 1-18.

[53] Goodwin N. Can older people with cognitive impairments make effective choices about their health and social care? A commentary on Meinow, Parker and Thorslund from an English perspective [J]. Social Science & Medicine, 2011, 73 (9): 1290-1291.

[54] Gronroos C. Service quality: The six criteria of good perceived service quality [J]. Review of Business, 1988, 11 (6): 10-13.

[55] Groth M. Managing service delivery on the Internet: Facilitating customers' coproduction and citizenship behaviors in service organizations [J]. Atmospheric Environment, 2001, 35 (34): 5923-5933.

[56] Grönroos C, Ravald A. Service as business logic: Implications for value creation and marketing [J]. Journal of Service Management, 2011, 22 (1): 5-22.

[57] Guston D H. Principal-agent theory and the structure of science policy, revisited: "Science in policy" and the US Report on Carcinogens [J]. Science & Public Policy, 2003, 30 (5): 347-357.

[58] Hawkins D G, Lake D A, Nielson D L, et al. Delegation and agency in international organizations [J]. Environmentalist, 2006, 32 (1): 28-34.

[59] Henninger M. Government information: Literacies, behaviours and practices [J]. Government Information Quarterly, 2017, 34 (1): 8-15.

[60] Hollander S C, Rassuli K M. Shopping with Other People's Money: The marketing management implications of surrogate-mediated consumer decision making [J]. Journal of Marketing, 1999, 63 (2): 102-118.

[61] Howard J A. Further appraisal of correspondent inference theory [J]. Personality and Social Psychology Bulletin, 1985, 11 (4): 467-477.

[62] Huang B, Zhu P, Wu C. Customer-centered careflow modeling based on guidelines [J]. Journal of Medical Systems, 2012, 36 (5): 3307-3319.

[63] Huang W L, Feeney M K. Citizen participation in local government decision making: the role of manager motivation [J]. Review of Public Personnel Administration, 2016, 48 (2): 52-59.

[64] HungChang Chiu, NengPai Lin. A service quality measurement derived from the theory of needs [J]. Service Industries Journal, 2004, 24 (1): 187-204.

[65] Iossa E, Martimort D. Risk allocation and the costs and benefits of public-private partnerships [J]. Rand Journal of Economics, 2012, 43 (3): 442-474.

[66] Irvin R A, Stansbury J. Citizen participation in decision making: Is it worth the effort? [J]. Public Administration Review, 2004, 64 (1): 55-65.

[67] Islam S. Involving the third sector in local service delivery in Bangladesh: Why and how? [J]. Commonwealth Journal of Local Governance, 2015, 2 (16/17): 108-122.

[68] Jenatabadi H S. An overview of path analysis: Mediation analysis concept in structural equation modeling [J]. Nordic Journal of Psychiatry, 2015, 70 (5): 380-391.

[69] Joe Tidd. Complexity, Networks & Learning: Integrative Themes for Research on innovation management [J]. International Journal of Innovation Management, 2012, 1 (1): 1-21.

[70] Kam P K. From disempowering to empowering: Changing the practice of social service professionals with older people [J]. Hallym International Journal of Aging, 2002, 4 (2): 161-183.

[71] Kane R L, Kane R A. What older people want from long-term care, and how they can get it [J]. Health Affairs, 2001, 20 (6): 114-127.

[72] Karim A M, Fermina R P, Gloria F M, et al. Associative participation of older adults and subjective quality of life: Exploring self-selection bias [J]. Ageing & Society, 2015, 35 (7): 1343-1363.

[73] Kellogg D L, Youngdahl W E, Bowen D E. On the relationship between customer participation and satisfaction: Two frameworks [J]. International Journal of Service Industry Management, 1997, 8 (3): 206-219.

[74] Knapp M, Bauer A, Perkins M, et al. Building community capital in social care: Is there an economic case? [J]. Community Development Journal, 2013, 48 (2): 313-331.

[75] Ku H H, Hsu K H. Effects of inviting customers to share responsibility in the context of impersonal service [J]. Journal of Service Theory & Practice, 2015, 25 (3): 267-284.

[76] KyuNahm Jun, Feng Wang, Dapeng Wang. E-government use and perceived government transparency and service capacity [J]. Public Performance & Management Review, 2014, 38 (1): 125-151.

[77] Lars Nordgren. The performativity of the service management discourse: "Value creating customers" in health care [J]. Journal of Health Organization and Management, 2008, 22 (5): 510-528.

[78] Lee G R, Lee S, Malatesta D, et al. Outsourcing and organizational performance: The employee perspective [J]. The American Review of Public Administration, 2019, 49 (8): 973-986.

[79] Lee S, Kingsley G. The impact of relational factors on contracting management in public organizations [J]. Review of Public Personnel Administration,

2009, 29 (3): 270-292.

[80] Leitch S and Motion J. Public-private partnerships: Consultation, cooperation and collusion [J]. Journal of Public Affairs, 2003, 3 (3): 273-277.

[81] Lien V M, Patricia D V, Tony M, et al. Active ageing within the nursing home: A study in Flanders, Belgium [J]. European Journal of Ageing, 2016, 13 (3): 219-230.

[82] Lu B, Liu X, Yang M. A budget proposal for China's public long-term care policy [J]. Journal of Aging & Social Policy, 2017, 29 (1): 84-103.

[83] Ludwig N, Heidenreich S, Kraemer T, et al. Customer delight: Universal remedy or double-edged sword? [J]. Journal of Service Theory & Practice, 2017, 27 (1).

[84] M K Marvel, H P Marvel. Outsourcing oversight: A comparison of monitoring for in-house and contracted services [J]. Public Administration Review, 2007, 67 (3): 521-530.

[85] Malfait S, Eeckloo K, Hellings J, et al. The impact of stakeholder involvement in hospital policy decision-making: A study of the hospital's business processes [J]. Acta Clinica Belgica, 2016: 1-9.

[86] Mandell M B. Modelling effectiveness-equity trade-offs in public service delivery systems [J]. Management Science, 1991, 37 (4): 467-482.

[87] Mandy H. Participatory research with older people: A sourcebook [J]. Helpage International, 2002: 1-4.

[88] Marsh H W, Abduljabbar A S, Morin A J S, et al. The big-fish-little-pond effect: Generalizability of social comparison processes over two age cohorts from Western, Asian, and Middle Eastern Islamic countries [J]. Journal of Educational Psychology, 2015, 107 (1): 258-271.

[89] Marvel M K, Marvel H P. Outsourcing oversight: A comparison of monitoring for in-house and contracted services [J]. Public Administration Review, 2007, 67 (3): 521-530.

[90] Mary K Marvel, Howard P Marvel. Shaping the provision of outsourced public services [J]. Public Performance & Management Review, 2009, 33 (2): 183-213.

[91] Matos A R, Serapioni M. The challenge of citizens' participation in health systems in Southern Europe: A literature review [J]. Cadernos De Saúde Pública, 2017, 33 (1): e00066716.

[92] Mccoll-Kennedy J R, Snyder H, Elg M, et al. The changing role of the health care customer: Review, synthesis and research agenda [J]. Journal of Service Management, 2017, 28 (1): 2-33.

[93] Meinow B, Parker M G, Thorslund M. Consumers of eldercare in Sweden: The semblance of choice [J]. Social Science & Medicine, 2011, 73 (9): 1285.

[94] Mills P K, Morris J H. Clients as "Partial" employees of service organizations: Role development in client participation [J]. Academy of Management Review, 1986, 11 (4): 726.

[95] Mitchell R K, Agle B R, Wood D J. Toward a theory of stakeholder identification and salience: Defining the principle of who and what really counts [J]. Academy of Management Review, 1997, 22 (4): 853-886.

[96] Moran M. Governance theory and practice: A cross - disciplinary approach-by vasudha chhotray and gerry stoker [J]. Public Administration, 2010, 87 (4): 982-983.

[97] Mulholland P, Barnett T, Woodroffe J. Critical incident technique - A useful method for the paramedic researcher's toolkit [J]. Australasian Journal of Paramedicine, 2015, 12 (3): 103-129.

[98] Mustak M, Jaakkola E, Halinen A, et al. Customer participation management: Developing a comprehensive framework and a research agenda [J]. Journal of Service Management, 2016, 27 (3): 250-275.

[99] Nguyen T V, Le C Q, Tran B T, et al. Citizen participation in city governance: Experiences from vietnam [J]. Public Administration & Development, 2015, 35 (1): 34-45.

[100] Nisar T M. Implementation constraints in social enterprise and community public private partnerships [J]. International Journal of Project Management, 2013, 31 (4): 638-651.

[101] Olshansky S J, Carnes B A, Désesquelles A. Prospects for human longevity [J]. Science, 2001, 291 (5508): 1491-1492.

[102] Ouschan R, Sweeney J, Johnson L. Customer empowerment and relationship outcomes in healthcare consultations [J]. European Journal of Marketing, 2006, 40 (9/10): 1068-1086.

[103] Parasuraman A, Zeithaml V A, Berry L L. Servqual: A multiple-item scale for measuring consumer perceptions of service quality [J]. Journal of Retai-

ling, 1988, 64 (1): 12-40.

[104] Petraitis P S, Dunham A E, Niewiarowski P H. Inferring multiple causality: The limitations of path analysis [J]. Functional Ecology, 1996, 10 (4): 421-431.

[105] Petriwskyj A, Gibson A, Webby G. Participation and power in care: Exploring the "client" in client engagement [J]. J Aging Stud, 2014, 31 (31): 119-131.

[106] Petriwskyj A, Gibson A, Webby G. Staff members' negotiation of power in client engagement: Analysis of practice within an Australian aged care service [J]. Journal of Aging Studies, 2015 (33): 37-46.

[107] Popolin M P, Touso M M, Yamamura M, et al. Integrated health service delivery networks and tuberculosis avoidable hospitalizations: Is there a relation between them in Brazil? [J]. Bmc Health Services Research, 2016, 16 (1): 1-11.

[108] Price A, Liew S M, Kirkpatrick J, et al. Mind the gap in clinical trials: A participatory action analysis with citizen collaborators [J]. Journal of Evaluation in Clinical Practice, 2017, 23 (6): 178-319.

[109] Quiggin J. Contracting out: Promise and performance [J]. Economic & Labour Relations Review, 2002, 13 (1): 88-104.

[110] Ramona McNeal, Kathleen Hale, Lisa Dotterweich. Citizen-government interaction and the internet: Expectations and accomplishments in contact, quality, and trust [J]. Journal of Information Technology & Politics, 2008, 5 (5): 213-229.

[111] Redwood S, Brangan E, Leach V, et al. Integration of research and practice to improve public health and healthcare delivery through a collaborative 'Health Integration Team' model - a qualitative investigation [J]. Bmc Health Services Research, 2016, 16 (1): 201-213.

[112] Rhodes C A. User involvement in health and social care education: A concept analysis [J]. Nurse Education Today, 2012, 32 (2): 185-189.

[113] Richard Hil. "Globalisation", Governance and social work: Some implications for theory and practice [J]. Australian Social Work, 2001, 54 (4): 63-77.

[114] Rijckmans M J, Bongers I M, Garretsen H F, et al. A clients' perspective on demand-oriented and demand-driven health care [J]. International

Journal of Social Psychiatry, 2007, 53 (1): 48-62.

[115] Royer N, Larivière N, Carbonneau H, et al. Match between needs and services for participation of older adults receiving home care [J]. Leadership in Health Services, 2014, 27 (3): 204-223.

[116] Saks A M, Ashforth B E. Organizational socialization: Making sense of the past and present as a prologue for the future [J]. Journal of Vocational Behavior, 1997, 51 (2): 234-279.

[117] Schipper L, Luijkx K G, Meijboom B R, et al. Access to long-term care: Perceptions and experiences of older Dutch people [J]. Quality in Ageing & Older Adults, 2014, 16 (2): 83-93.

[118] Schipper L, Luijkx K, Meijboom B, et al. The 3 A's of the access process to long-term care for elderly: Providers experiences in a multiple case study in the Netherlands [J]. Health Policy, 2015, 119 (1): 17-25.

[119] Scupola A, Zanfei A. Governance and innovation in public sector services: The case of the digital library [J]. Government Information Quarterly, 2016, 33 (2): 237-249.

[120] Serrat R, Warburton J, Petriwskyj A, et al. Political participation and late - life learning: A cross - cultural study of older People's participation in seniors'interest organisations in Australia and Spain [J]. Voluntas International Journal of Voluntary & Nonprofit Organizations, 2016, 28 (7): 265-287.

[121] Shareef M A, Dwivedi Y K, Kumar V, et al. Reformation of public service to meet citizens' needs as customers: Evaluating SMS as an alternative service delivery channel [J]. Computers in Human Behavior, 2016, 61 (C): 255-270.

[122] Sherman N C, Gold J A, Sherman M F. Personality and social psychology bulletin attribution theory and evaluations of older men among college students, their parents, and grandparents [J]. Personality and Social Psychology Bulletin, 1978, 4 (3): 440-442.

[123] Sherry R, Arnstein. A ladder of citizen participation [J]. Journal of the American Institute of Planners, 1969, 35 (4): 216-224.

[124] Shiferaw S, Spigt M, Tekie M, et al. The effects of a locally developed mhealth intervention on delivery and postnatal care utilization; A prospective controlled evaluation among health centres in ethiopia [J]. Plos One, 2016, 11 (7): 1-14.

[125] Siguaw J A, Gassenheimer J B, Hunter G L. Consumer co-creation and the impact on intermediaries [J]. International Journal of Physical Distribution & Logistics Management, 2014, 44 (1/2): 6-22.

[126] Sixsmith J, Boneham M. Older men's participation in community life: Notions of social capital, health, and empowerment [J]. Ageing International, 2003, 28 (4): 372-388.

[127] Song S, Schennach S M, White H. Estimating nonseparable models with mismeasured endogenous variables [J]. Quantitative Economics, 2015, 6 (3): 749-794.

[128] Svirydzenka N, Ronzoni P, Dogra N. Meaning and barriers to quality care service provision in Child and Adolescent Mental Health Services: Qualitative study of stakeholder perspectives [J]. Bmc Health Services Research, 2017, 17 (1): 151.

[129] Syam A Y, Chandrarin G. Effects of fiscal health on human development index in indonesia: Regional government performance mediating role [J]. International Journal of Innovative Science and Research Technology, 2019: 50-59.

[130] Taiwo A. The need for government to embrace public-private partnership initiative in housing delivery to low-income public servants in Nigeria [J]. Urban Design International, 2015, 20 (1): 56-65.

[131] Thomsen M K. Citizen coproduction: The influence of self-efficacy perception and knowledge of how to coproduce [J]. American Review of Public Administration, 2015, 4 (3): 340-353.

[132] Tien Hsieh A N, Chang E T. The effect of consumer participation on price sensitivity [J]. Journal of Consumer Affairs, 2004, 38 (2): 282-296.

[133] Tirado-Morueta R, Ángel Hernando-Gómez, Aguaded-Gomez J I. The capacity of elderly citizens to access digital media in Andalusia (Spain) [J]. Information Communication & Society, 2016, 19 (10): 1427-1444.

[134] Tran B X, Nguyen L H, Phan H T, et al. Patient satisfaction with methadone maintenance treatment in vietnam: A comparison of different integrative-service delivery models [J]. Plos One, 2015, 10 (11): e0142644.

[135] Van Dinh, Lee Pickler. Examining service quality and customer satisfaction in the retail banking sector in vietnam [J]. Journal of Relationship Marketing, 2012, 11 (4): 199-214.

[136] Vargo S L, Lusch R F. Evolving to a New Dominant Logic [J]. Journal of Marketing, 2004, 68 (1): 1-17.

[137] Vigoda E. From responsiveness to collaboration: Governance, citizens, and the next generation of public administration [J]. Public Administration Review, 2002, 62 (5): 527-540.

[138] Vrablikova K. How context matters? Mobilization, political opportunity structures, and nonelectoral political participation in old and new democracies [J]. Comparative Political Studies, 2014, 47 (2): 203-229.

[139] Vredenburg J, Bell S J. Variability in health care services: The role of service employee flexibility [J]. Australasian Marketing Journal, 2014, 22 (3): 168-178.

[140] Wallis J, Dollery B. Government failure, social capital and the appropriateness of the New Zealand model for public sector reform in developing countries [J]. World Development, 2001, 29 (2): 245-263.

[141] Wanarat K, Nuanwan T. Using 3D visualisation to improve public participation in sustainable planning process: Experiences through the creation of koh mudsum plan, thailand [J]. Procedia - Social and Behavioral Sciences, 2013 (91): 679-690.

[142] Wathieu L, Brenner L, Carmon Z, et al. Consumer control and empowerment: A primer [J]. Marketing Letters, 2002, 13 (3): 297-305.

[143] Weiner B. An attributional interpretation of expectancy-value theory [J]. Cognitive Views of Human Motivation, 1974, 4 (6): 51-69.

[144] Westby M D, Klemm A, Li L C, et al. Emerging role of quality indicators in physical therapist practice and health services delivery [J]. Physical Therapy, 2016, 96 (1): 90-100.

[145] Whiting S, Dalipanda T, Postma S, et al. Moving towards universal health coverage through the development of integrated service delivery packages for primary health care in the solomon islands [J]. International Journal of Integrated Care, 2016, 16 (1): 1-7.

[146] Win Tadd. Decent care for older people: Why digity matters: The european experence [J]. Medicine & Philosophy, 2006, 332 (7551): 1166.

[147] Woolsey L K. The critical incident technique: An innovative qualitative method of research [J]. Canadian Journal of Counselling, 1986, 20 (4): 242-254.

[148] Yamashita J. Citizen participation or low-cost care providers? Welfare

non-profit organisations in Japan [J]. Social Science Japan Journal, 2013, 16 (1): 45-62.

[149] Yeh-Liang H. Smart technology for the older adults to facilitate independent living and social participation [J]. International Journal of Automation & Smart Technology, 2015, 5 (4): 195-196.

[150] Yi Y, Gong T. Customer value co-creation behavior: Scale development and validation [J]. Journal of Business Research, 2013, 66 (9): 1279-1284.

学术术语索引

Y

Z

后 记

未来，政府购买将成为基本养老服务供给的主流方式，如何在多元参与过程中提升服务供给效率、保障服务质量、提升老年人获得感和满意度，是摆在政府和社会面前的重要课题。政府购买养老服务必须以老年人的需求为导向，一方面，老年人作为公民，有权利参与到政府购买养老服务的政策过程中，表达自己的诉求，并要求政府给予回应；另一方面，老年人作为服务“使用者”，应该以“顾客”身份参与到整个服务供给过程中，充分表达其需要什么样的服务、实际得到了什么样的服务以及怎样改进服务。因此，从“用者参与”视角展开研究，无论是对改善政府购买养老服务的效率和效果，还是对提升老年人的参与感和获得感都有重要意义。应在政府购买服务全流程中探索促进老年人参与的可操作路径：首先完善的需求表达机制是老年人参与政府购买养老服务的前提和基础，要增强其参与意识、提高其参与能力、培育其参与精神；在购买决策阶段，老年人应充分参与到服务购买合同设计和组织安排过程中，使政府购买合同内容更符合自身需求；在购买实施阶段，老年人应充分参与到合同执行中，在服务生产和递送环节促进供应商重视服务质量和回应性；在合同评估阶段，老年人应发挥主体作用，参与到服务的监督与评价中。

如何将有限的社会养老服务资源，尤其是护理服务资源，分配给最需要的老年群体，是笔者近年来关注和思考的问题，也是本书得以形成并出版的重要原因。受专业知识和研究能力的限制，书中的结论和观点难免有偏颇之处，希望读者朋友给予批评指正。书稿修改过程中得到诸多师长和朋友的支持，在这里一并表达感谢；出版过程中得到中国经济出版社编辑夏军城的大力支持和帮助，在这里表示衷心感谢！本书得到2023年度河南省教育厅人文社会科学研究项目“养老护理员服务中的共情问题及干预策略研究”（2023-ZZJH-106）、2023年度河南省软科学研究计划项目“积极老龄化背景下养老护理员‘共情’的作用机制与干预策略研究”（232400411181）等项目资金的支持。

华北水利水电大学　李文杰

2023年2月